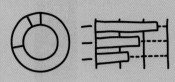

즐거운
프로그래밍
경험

DATA

모두의
구글

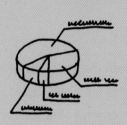

**GA4로 하는
디지털 마케팅 데이터 분석**

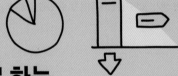

애널리틱스4

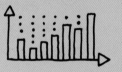

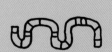

김도연 지음

길벗

이 책은 GA를 처음 접하는 사람이 UA와 GA4를 모두 익힐 수 있도록 기초부터 차근차근 설명하고 있습니다. UA를 사용했어도 GA4에서 아직 회색지대로 느껴지는 부분들이 많은데, 그 부분을 친절하게 비교해 줘서 이해하기 좋았습니다. 또한, 한국어판에 번역된 메뉴 옆에 영문 메뉴가 함께 기입되어 있어 공식 문서의 번역체가 낯설게 느껴지는 저 같은 사람이라면 좀 더 제대로 용어를 익힐 수 있을 것 같습니다. 저자가 직접 운영하는 사이트에서 실제 데이터가 어떻게 쌓이는지 확인하고 분석해 볼 수 있는 것도 큰 장점입니다. GA를 한 번도 접하지 않았던 사람이라도, 책에 등장하는 김지아 대리가 웹 사이트에 쌓이는 데이터를 어떻게 분석하고 활용하는지를 함께 따라 가다 보면 GA4의 보고서 활용법을 자연스럽게 익힐 수 있습니다.

임은경 | 데이터 분석가

UA 서비스 종료 시기가 다가오면서 기존 분석가와 마케터들은 GA4를 익혀야만 되는 상황이 되었습니다. 사실 GA4는 지금 이 글을 쓰고 있는 시점에도 새로운 기능이 나오거나 업데이트되는 등 변화가 많은 도구입니다. 그리고 UA 시절부터 그랬지만 GA는 많은 기능을 담고 있기 때문에, 좋은 점도 많지만 그만큼 어렵기도 합니다. 이 책은 이런 혼란스러운 시점에 좋은 가이드가 되어 줄 것이라고 생각됩니다. 이 책으로 기본기를 갖춘다면 GA4에 조금씩 변경 사항이 생기더라도 손쉽게 적응할 수 있을 것입니다.

송진영 | 데이터 분석가

GA의 변천사와 개념을 명쾌하고 설명하고 있습니다. 문장의 구성과 형태가 좋아서 가독성이 좋고 정말 술술 읽힙니다. 실습도 크롬 브라우저에서 쉽게 할 수 있어, 비개발자 직군도 쉽게 따라 할 수 있으며, 실습 또한 재미있습니다. GA 도구의 기본기를 익히는 데 이보다 좋은 책은 없을 것 같습니다. 개념 구조도와 같은 그림이나 실습을 위한 하이라이트 표시 등 모든 면에서 완성도 높은 책입니다.

장대혁 | NLP 개발자

독자의 1초를
아껴주는 정성을
만나보세요!

세상이 아무리 바쁘게 돌아가더라도 책까지 아무렇게나 빨리 만들 수는 없습니다.
인스턴트 식품 같은 책보다 오래 익힌 술이나 장맛이 밴 책을 만들고 싶습니다.
땀 흘리며 일하는 당신을 위해 한 권 한 권 마음을 다해 만들겠습니다.
마지막 페이지에서 만날 새로운 당신을 위해 더 나은 길을 준비하겠습니다.

모두의 구글 애널리틱스4

Google Analytics4 for Everyone

초판 발행 · 2023년 1월 25일
2쇄 발행 · 2023년 6월 23일

지은이 · 김도연
발행인 · 이종원
발행처 · (주)도서출판 길벗
출판사 등록일 · 1990년 12월 24일
주소 · 서울시 마포구 월드컵로 10길 56(서교동)
대표 전화 · 02)332-0931 | **팩스** · 02)323-0586
홈페이지 · www.gilbut.co.kr | **이메일** · gilbut@gilbut.co.kr

기획 및 책임편집 · 안윤경(yk78@gilbut.co.kr) | **디자인** · 책돼지 | **제작** · 이준호, 손일순, 이진혁
마케팅 · 임태호, 전선하, 차명환, 박민영, 지운집, 박성용 | **영업관리** · 김명자 | **독자지원** · 윤정아, 최희창

교정교열 · 강민철 | **전산편집** · 책돼지 | **출력 및 인쇄** · 금강인쇄 | **제본** · 금강인쇄

ISBN 979-11-407-0279-4　93000
(길벗 도서번호 080308)

정가 28,000원

독자의 1초를 아껴주는 정성 길벗출판사

(주)도서출판 길벗 | IT교육서, IT단행본, 경제경영서, 어학&실용서, 인문교양서, 자녀교육서
www.gilbut.co.kr
길벗스쿨 | 국어학습, 수학학습, 어린이교양, 주니어 어학학습, 학습단행본
www.gilbutschool.co.kr

페이스북 · www.facebook.com/gbitbook

GA4는 이전과 획기적으로 달라진 모습을 하고 있는데, 더욱 강력해지고 다양한 분석 기능이 눈길을 끕니다. 이 책은 구글 애널리틱스를 처음 사용하는 분도 어렵지 않게 사용할 수 있도록 가입, 설정부터 데이터 저장, 분석까지 필요한 모든 과정을 설명합니다. 각 단계별 페이지를 그림으로 보여 주기 때문에 쉽게 이해하고 따라 할 수 있습니다. GA4를 본격적으로 다루는 7장은 강력한 GA4의 기능을 원하는 대로 사용할 수 있는 비법서입니다. 또한 8장의 실전 데이터 분석은 실무에 그대로 적용해서 쓸 수 있을 것 같습니다. 역시 '모두의' 시리즈네요. GA4를 너무 쉽게 설명하고 있어, GA4를 사용하고 있거나 사용하려는 분들의 책상에 꼭 있어야 할 책입니다.

김동우 | 백앤드 개발자(프리랜서)

저는 개발자 관점에서 프로그램을 설계하고 개발하고 있습니다. 이 책을 통해 구글에서 제공하는 GA로 데이터를 수집하고 분석하는 법을 접할 수 있는 좋은 기회였습니다. 베타테스트를 진행하면서 마케팅 관점에서 데이터를 바라볼 수 있었는데 데이터에 관심 있는 분들에게 많은 도움이 될 것 같습니다.

안종식 | 개발자

구글 애널리틱스는 구글의 대표적인 제품으로, 디지털 마케팅과 데이터 분석 관련 업무에 종사하고 있는 분들뿐만 아니라 학생이나 일반인에게도 잘 알려진 데이터 분석 도구입니다. 이런 구글 애널리틱스가 15년이 넘게 사용하던 기존의 체계를 바꾸어서 새로운 버전인 구글 애널리틱스4(GA4)로 출시되었습니다. 하지만 급하게 출시되다 보니 구글 애널리틱스4와 관련된 정보가 많지 않은 것이 사실입니다. 이에 새롭게 구글 애널리틱스4를 학습하려는 독자뿐만 아니라 기존 구글 애널리틱스를 경험했던 독자들도 구글 애널리틱스4를 학습하는 데 어려움을 겪고 있습니다.

그래서 구글 애널리틱스를 처음 접하는 분이나 기존 사용자 모두 큰 어려움 없이 구글 애널리틱스4의 사용법을 자연스럽게 체득하고 익숙해지는 데 도움이 되도록 이 책을 집필했습니다. 처음 접하는 분들에게는 구글 애널리틱스4를 최대한 이해하기 쉽게 설명하고, 기존 구글 애널리틱스(UA)를 알고 있는 분들에게는 새로운 구글 애널리틱스4가 어떻게 변했는지 비교하면서 설명해 구글 애널리틱스4로 쉽게 넘어갈 수 있게 했습니다. '어떻게 하면 과도기적인 현상황에 잘 대응하면서, 새로운 구글 애널리틱스4를 쉽게 설명할 수 있을까'에 대해 많이 고민했고 이를 책에 최대한 담고자 했습니다.

또한, 데이터 셰프의 레시피 사이트(https://www.datachef.co.kr)에 구글 애널리틱스4 자격증 추가 자료도 따로 정리해서 제공합니다. 책 내용만 익히면 충분히 이해할 수 있습니다.

탈고 시점에는 늘 아쉬움과 홀가분한 마음이 교차합니다. 이 책은 〈모두의 SQL〉, 〈모두의 R 데이터 분석〉에 이어 제가 집필한 세 번째 책입니다. 두 책 모두 제가 예상했던 것보다 더 많이 사랑받았고, 지금도 사랑받고 있습니다. 세 번째 책을 탈고하는 시점에서 되돌아보니, 세 권의 책에 등장하는 한결같은 주인공 최분석 팀장처럼, 모든 책이 일관되게 저만의 느낌과 성격을 갖게 된 것 같습니다. 어쩌면 지금까지 집필한 책들은 이 책들을 사랑해 주신 독자분들뿐만 아니라, 저에게도 여러 가지 의미로 성장의 기회를 준 것이 아닐까 생각해 봅니다.

구글 애널리틱스는 계속 변화하고 있습니다. 구글 애널리틱스4의 등장으로 혼란스럽고 정보도 부족한 지금 같은 시기에, 이 책이 여러분에게 어둠 속의 촛불 같은 존재가 되었으면 합니다.

가을의 마지막 날.
어스름한 햇살이 비치는 군산 앞바다에서.

김도연

이 책은 구글 애널리틱스4(GA4)를 모르는 입문자와 기존 구글 애널리틱스(UA) 사용자 중 새롭게 구글 애널리틱스4를 배우고자 하는 사람들을 주요 독자라 가정하고, 구글 애널리틱스4의 내용을 자연스럽게 체득하고 익숙해지도록 하는 데 초점을 맞추어 크게 세 부분으로 구성했습니다.

1 준비하기
(1~2장)

구글 애널리틱스가 무엇인지 알아보고, 학습에 필요한 구글 애널리틱스 환경을 준비합니다.

2 구글 애널리틱스와
구글 애널리틱스4의
주요 기능 익히기
(3~7장)

계정, 속성, 보기 등 구글 애널리틱스의 기본 개념을 알아보고 분석 환경을 설정합니다. 또한, 구글 애널리틱스 사용법을 학습한 후 UA 보고서로 데이터를 분석해 봅니다. 이렇게 구글 애널리틱스에 익숙해지면 새로운 구글 애널리틱스4의 특징과 '사용자 화면', 보고서 등 구글 애널리틱스4와 관련된 핵심 내용을 설명합니다.

3 실무 프로젝트
경험하기
(8장)

지금까지 배운 내용을 활용하여 디지털 마케팅 캠페인 프로젝트를 진행하고 직접 분석해 봅니다. 저자가 운영하는 데이터 셰프 사이트의 데이터를 기반으로 실무 프로젝트의 모든 과정을 경험할 수 있습니다.

+ 자격증 대비

구글 애널리틱스4 자격증 기출 문제를 정리해 데이터 셰프 사이트에 올려 두었으니 적극 활용하세요! 책 내용을 모두 학습했다면 충분히 이해할 수 있습니다.

제가 집필한 다른 책들과 마찬가지로, 구글 애널리틱스 역시 T자 학습법을 제안합니다. T자
학습법이란 가장 중요한 것을 순서대로 익히고, 이후에 확장 지식을 더 깊게 익혀 나가는 방
식입니다. 그 모양이 알파벳 T자와 비슷해서 T자 학습법이라고 정했습니다. 다음 그림과 같이
필수로 여겨지는 핵심 지식을 먼저 익히고, 어느 정도 수준이 되었을 때 확장 지식을 익혀 나
갑니다. 모든 주제를 순서대로 익히는 것보다 훨씬 효율적으로 지식을 습득할 수 있습니다. 이
책은 T자 학습법에 따라 핵심 지식 위주로 구성했습니다.

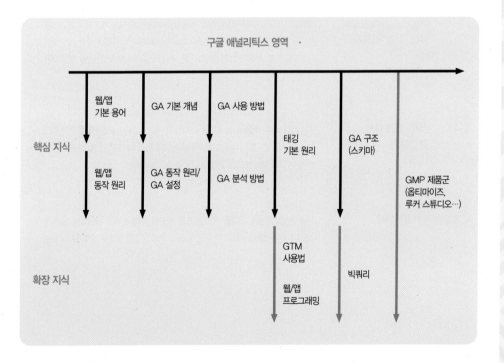

목차

1장 구글 애널리틱스 알아보기 023

6장   UA 보고서로 분석해 보기   157

7장　**GA4 본격적으로 다루기**　183

8장 디지털 마케팅 캠페인을 실행하고 GA4로 분석해 보기 321

이 책에서 구글 애널리틱스를 설명하는 방법

이 책에서는 구글 애널리틱스(GA, Google Analytics)가 데이터를 처리하는 흐름에 맞춰 구글 애널리틱스를 다루는 방법을 3단계로 나눠서 설명합니다. 또한, 구글 애널리틱스의 데이터 처리 흐름 속에서 분석가가 해야 하는 일들에 집중해서 설명합니다.

구글 애널리틱스의 데이터 처리 흐름에 따라 설명한다

구글 애널리틱스는 데이터를 ① 수집하고 ② 저장해서 ③ 분석하는 도구입니다. 따라서 책에서도 이 흐름에 따라 3단계로 구분해서 설명하겠습니다.[1]

그림 1 | 구글 애널리틱스의 처리 흐름

① 1단계 '수집'은 구글 애널리틱스 계정과 이와 연결된 추적 코드와 관련이 있는데, 2장에서 다룹니다.

② 2단계 '저장'은 구글 애널리틱스의 기본 개념과 구동 원리를 알아야 합니다. 3, 4장에서 주로 다룹니다.

③ 3단계 '분석'은 웹 데이터를 수집하고 저장한 뒤 본격적으로 구글 애널리틱스를 활용하는 단계입니다. 5, 6, 7장에서 주로 다룹니다.

그리고 마지막으로 8장에서는 앞서 배운 내용을 총동원해 디지털 마케팅 캠페인을 실행하고 구글 애널리틱스4 분석을 진행합니다.

---

1 수집과 저장 영역은 개발 요소가 많습니다. 하지만 분석가도 기본 내용을 알고 있어야 깊이 있는 분석이 가능하므로 필수 요소 위주로 설명합니다.

구글 애널리틱스를 활용하려는 분석가가 해야 할 일과 데이터 분석 흐름을 연결해서 다시 정리하면 다음과 같습니다. 분석가가 해야 할 일은 이 책의 내용이기도 합니다.

구글 애널리틱스 데이터 처리 흐름	분석가가 해야 할 일	목차
1. 수집	계정 만들기	2장
	추적 코드 삽입하기	
2. 저장	구글 애널리틱스의 주요 개념과 동작 익히기 구글 애널리틱스의 저장 구조 및 설정 익히기	3장, 4장
3. 분석	구글 애널리틱스 사용법 익히기	5장, 6장, 7장
	보고서 활용법 익히기	
	구글 애널리틱스4 본격적으로 다루기	

실무 실습 진행 (8장)

그림 2 | 분석가가 해야 할 일

이렇게 3단계로 구분하여 익히면 구글 애널리틱스의 데이터 처리 순서와 함께 작동 원리와 활용 방법을 논리적으로 익힐 수 있습니다.

유니버설 애널리틱스(UA)와 구글 애널리틱스4(GA4)를 동시에 익힌다

유니버설 애널리틱스(UA = GA3)와 구글 애널리틱스4(GA4)는 공통 개념도 있고 서로 다른 개념도 존재합니다. 이 책에서는 유니버설 애널리틱스와 구글 애널리틱스4의 공통 개념을 먼저 알아보고, 유니버설 애널리틱스와 구글 애널리틱스4의 다른 점을 비교해서 설명합니다. 특히 7장, 8장에서는 새로운 버전인 구글 애널리틱스4에 대해 집중적으로 설명합니다.

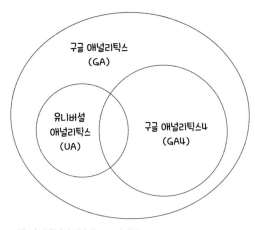

그림 3 | 이 책에서 설명하는 GA의 범위

이렇게 익히면 지난 15년간 GA의 기본 체계를 잡아 온 UA를 기초로 GA의 전체적인 개념을 익히면서, 새롭게 출시된 GA4에 대한 지식도 놓치지 않을 수 있습니다.

GA4는 UA의 부분 기능이었던 앱+웹 속성[2]에서 발전한 분석 도구입니다. 앱+웹 속성은 웹 분석 기능이 강력했지만 앱 분석 기능에는 미흡했던 GA의 단점을 보완하고자 개발된, 웹/앱 데이터를 모두 담을 수 있는 속성이었습니다. 따라서 UA의 속성이었던 앱+웹 속성이 GA4로 발전한 만큼, GA4는 UA의 유전자를 많이 갖고 있습니다. GA4는 완성형이 아니라 여전히 계속 진화하고 있는 분석 도구입니다. 실제로 GA4는 시간이 지날수록 기존 UA의 지표, 보기 등 UA에 있던 개념과 기능들을 조금씩 추가하고 있습니다. 이것이 우리가 여전히 UA도 알아야 하는 이유입니다. 이를 위해 각 장의 'UA와 GA4 비교' 섹션에서 UA와 비교해서 GA4가 특별히 다르거나 변경된 점을 설명하겠습니다.

---

2   일단 GA 데이터를 저장하는 데이터베이스라고 알아 둡니다.

GA 측정 지표와 용어도 빠트리지 않는다

GA로 데이터를 분석하기 위해서는 측정 지표와 용어를 정확히 아는 것이 매우 중요합니다. 그럼에도 불구하고 지금까지 나온 GA 교재들은 이런 고민 없이 설명하다 보니, 내용을 명확하게 전달하지 못한 경우가 많았습니다. 예를 들어 한국어판 GA에서 디멘션(dimension)은 '측정기준', 또 메트릭(metric)은 '측정항목'으로 번역되어 있습니다. GA의 고유명사인 디멘션과 메트릭이 측정기준과 측정항목이라고 일반명사처럼 번역되다 보니, 처음 GA를 접하는 사람은 개념을 이해하기가 쉽지 않습니다. 또 인사이트(insight)를 '통계', GA4 이벤트 생성하기를 '일정 만들기'라고 완전히 다르게 번역하는 등 분석가를 혼란스럽게 하는 요소들이 있습니다. 여기에 더해 GA4의 기능이 개선되면서 한국어판 메뉴 이름과 지표 항목 이름이 계속해서 바뀌고 있습니다.

그래서 이 책에서는 본래 용어의 뜻을 명확하게 전달할 수 있도록 가급적 한글과 영문을 병기해서 표기합니다. 한국어판이라면 한글 메뉴를 따라 하면 되고, 영문판이라면 옆에 표기된 영문 메뉴를 참고하면 됩니다. 또한, GA에서 사용하는 '계정', '보기', '속성', '측정기준', '측정항목', '이벤트', '보고서' 등과 같은 고유 지표나 용어는 처음 나올 때만 굵은 글씨(bold)로 표현했으며, 이후에는 별도로 구분하지 않았습니다.

저자가 직접 만든 국내 웹 사이트의 실습 데이터로 GA4를 제대로 경험해 본다

GA에서는 구글 머천다이즈 스토어(Google Merchandise Store) 웹 사이트와 플러드잇(Flood-It) 앱 등의 데모 데이터를 제공하고 있지만, 해외 서비스라서 아무래도 국내 웹 사이트나 앱 구조와는 조금 다른 면이 있습니다. 이 책에서는 구글 머천다이즈 스토어 실습 웹 사이트 외에 '데이터 셰프의 레시피(www.datachef.co.kr)'라는 국내 실습 웹 사이트 데이터도 제공해서 실제 환경과 유사한 웹 사이트에서 학습할 수 있게 구성했습니다.

데이터 셰프 사이트에서 제공하는 GA4 자격증 기출 문제로 자격증까지 대비한다

이 책의 실습 사이트인 데이터 셰프의 레시피(www.datachef.co.kr)에서 GA4 자격증 기출 문제를 제공합니다. 이 책은 GA4 자격증 기출 문제에 나오는 내용을 대부분 담고 있습니다. 이 책으로 GA4를 학습하고 실습 사이트에서 제공하는 기출 문제를 풀어 보면 자격증을 취득하는 데 많은 도움이 될 것입니다. 적극 활용하세요!

이 책으로 GA4만 빨리 학습하는 방법

이 책은 UA와 GA4를 모두 학습할 수 있도록 구성되어 있습니다. 하지만 GA4만 빠르게 학습할 수도 있습니다.

- UA 관련 내용이 많은 5장, 6장을 제외한 모든 장을 학습하면 됩니다. 하지만 GA4가 UA에서 사용하는 개념들과 '사용자 화면'을 많이 계승한 만큼, 5장과 6장도 읽어 두면 GA4 학습에 도움이 됩니다. 예를 들어 UA 보고서 학습을 통해 분석에 대한 인사이트를 얻을 수도 있습니다.
- 4장은 UA 환경 설정에 대해서 설명하지만, GA와 관련해서 알아 두면 좋은 지식들과 기능적으로 GA4로 이어지는 내용들이 많으므로 참고로 읽으면 됩니다.
- 7장과 8장은 GA4에 대해 집중적으로 설명하므로 앞의 내용들을 떠올리면서 정독합니다.

구글 애널리틱스 전문 지식 찾기

이 책은 GA의 가장 핵심적이고 중요한 부분 위주로 설명하면서 GA의 전체적인 개념과 동작 원리, 분석 방법을 익히는 것을 목표로 하고 있습니다. GA를 깊이 있게 들여다보면, 생각보다 다양하고 복잡한 개념들이 있고 IT 개발 요소도 많은 것을 알 수 있습니다. 이런 내용들을 이 책 한 권으로 전부 소개하기는 어려운 일입니다. 구글 애널리틱스 전문 지식에 대한 추가 정보가 필요할 때는 구글 검색을 이용하세요. 특히 키워드에 'google analytics' 또는 'GA4'를 붙여 검색하면 구글에서 제공하는 공식 문서와 이와 관련된 사설 문서들을 검색할 수 있습니다.

그림 4 | 구글 애널리틱스 'dimension' 검색 예시

1장

구글 애널리틱스
알아보기

구글 애널리틱스는 웹과 앱 데이터를 분석하는 도구입니다.
웹과 앱은 무엇인지, 디지털 마케팅과 구글 애널리틱스의
관계는 어떠한지 그리고 구글 애널리틱스의 종류와
관련 도구에는 어떤 것이 있는지 알아봅니다.

1.1 구글 애널리틱스와 데이터 분석

세상이 온라인 중심으로 변하고 있습니다. 우리는 이미 사회, 경제 등 모든 환경 요소들이 아날로그에서 디지털로, 또 오프라인 중심에서 온라인 중심으로 이동하고 있음을 알고 있습니다. 이에 눈치 빠른 기업들은 디지털 트랜스포메이션(digital transformation)[1]이라는 목표를 내세우며 핵심 비즈니스를 시대의 변화에 맞추고 있습니다. 그럼에도 불구하고 전통적인 사업 분야의 기업들은 여전히 변화에 미온적이고 느리게 대처했습니다.

그러던 중 2020년, 21세기의 흑사병이라 불리는 코로나 바이러스가 세계를 강타하여 사람 간의 접촉을 최소화하는 이른바 사회적 거리 두기를 반드시 지켜야만 하는 상황이 되었습니다. 이로 인해 사람들의 삶의 패턴이 기존과는 확연히 달라졌습니다. 야외 활동은 통제되었고 재택 근무가 보편화되었습니다.

이에 따라 삶의 방식이 오프라인에서 온라인으로 급속도로 전환되기 시작했습니다. 집에 머무르는 시간이 늘어나면서 쇼핑도 온라인으로 하는 것이 일반화되었으며, 온라인 상거래 활동도 훨씬 늘었습니다. 결국 고객들을 상대로 이윤을 창출해야 하는 기업들도 시대의 변화에 맞춰 사업의 중심을 오프라인에서 온라인으로 바꿔야만 했습니다.

기업과 밀접한 관련이 있는 데이터 분석 분야도 변화할 수밖에 없습니다. 기존에는 오프라인 플랫폼[2] 중심의 데이터 분석이 강세였다면, 이제는 온라인 플랫폼 중심의 분석이 매우 중요해졌습니다. 기업의 온라인 상거래 플랫폼은 웹(web)과 앱(app)으로 제작되어 있습니다. 이런 웹과 앱 분석을 위해 전 세계적으로 가장 널리 사용되는 분석 도구가 바로 구글 애널리틱스(GA, Google Analytics)입니다.

---

1 정보통신 기술을 활용하여 기존의 전통적인 구조에서 디지털 구조로 전환하는 과정을 의미합니다.

2 장치 혹은 시스템 등에서 이를 구성하는 기초가 되는 틀 또는 골격을 지칭합니다.

1.2 웹, 앱 그리고 하이브리드 앱

구글 애널리틱스는 다양한 유형의 플랫폼에 대해 분석할 수 있지만, 주요 대상은 웹과 앱입니다. 웹(web) 플랫폼과 앱(app) 플랫폼은 주로 디지털 기기(device)에서 사용됩니다. 웹은 웹 사이트처럼 PC 기반 기기 환경에 적합한 형태이며, 앱은 스마트폰, 태블릿과 같은 모바일 기기 환경에 적합한 형태입니다. 먼저 웹에 대해 알아보겠습니다(앞으로는 가급적 플랫폼이란 말은 빼고 웹, 앱으로 부르겠습니다).

1 웹

웹은 WWW(World Wide Web)을 사용하는 서비스로, 인터넷이 출현한 이래 줄곧 가장 주요한 서비스로 여겨졌습니다. 웹은 구글 크롬(Chrome)이나 마이크로소프트 엣지(Edge)와 같은 브라우저(browser)를 사용해 접속합니다. 그리고 웹에 접속하면 웹 제작자가 만들어 놓은 콘텐츠가 브라우저를 통해 표현됩니다.

인터넷 쇼핑몰에 접속하는 경우를 예로 들어 보겠습니다.

① 여러분이 상품을 구입하기 위해 인터넷 쇼핑몰을 접속하면 다양한 상품이 메인 페이지에 나타납니다.

그림 1-1 | 쇼핑몰 메인 화면

❷ 관심이 있는 상품을 클릭하면 상품 상세 소개 화면으로 이동합니다. 상품이 마음에 들어 [구매하기] 버튼을 클릭합니다.

그림 1-2 | 쇼핑몰 상품 상세 보기 화면

❸ 결제를 위한 화면으로 이동합니다.

그림 1-3 | 쇼핑몰 결제 화면

이렇게 웹에서 기능이나 목적에 따라 화면 단위로 구성하여 표현한 것을, 마치 책의 쪽과 같다 하여 페이지(page)라고 합니다. 또 페이지들은 복잡하게 상호 연결(link)되어 있는데, 이것이 마치 거미줄 같다 하여 웹(web)이라 합니다. 두 단어를 합쳐(web + page) 웹 페이지(web page)라고 합니다. 이런 웹 페이지가 모여서 웹 사이트(web site)가 됩니다.[3]

---

3 웹 사이트는 홈페이지(home page)라고 부르기도 합니다.

브라우저가 웹 사이트를 해석하는 과정

웹 사이트에서 페이지 간의 연결, 화면 색상과 폰트, 이미지 등 모든 구조는 HTML(HyperText Markup Language), 자바스크립트(JavaScript), CSS(Cascading Style Sheets) 같은 언어(language)로 구현됩니다. 구글 크롬이나 마이크로소프트 엣지 등의 웹 브라우저는 HTML 등으로 구현된 웹 사이트를 해석해서 우리에게 보여 줍니다.

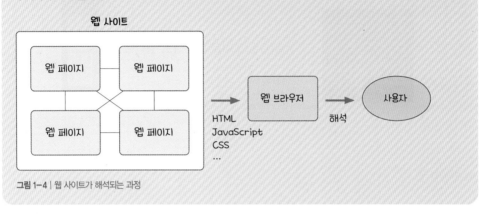

그림 1-4 | 웹 사이트가 해석되는 과정

■ 고정형 웹

고정형 웹은 화면 구성이 기기 해상도에 맞춰 고정되어 있는 전통적인 웹 형태입니다. 제작자가 의도한 화면이 정확하게 표현된다는 장점이 있는 반면, 기기가 바뀌어 화면 해상도가 달라지면 화면이 잘리거나 너무 작게 보이는 등 보기 불편하다는 단점도 있습니다. 과거에는 주로 PC에서 인터넷 브라우징(탐색)을 했기 때문에 큰 문제가 없었지만, 지금은 스마트폰과 태블릿 같은 기기도 많이 사용합니다. 따라서 보통 고정형 웹이 사용되는 경우 PC 전용인 PC 웹과 모바일 전용인 모바일 웹을 별도로 제작하여, 방문자의 사용 기기에 맞는 웹 사이트로 방문을 유도합니다. 웹 방문자는 앞으로 앱 사용자와 함께 통칭하여 사용자로 부르겠습니다.

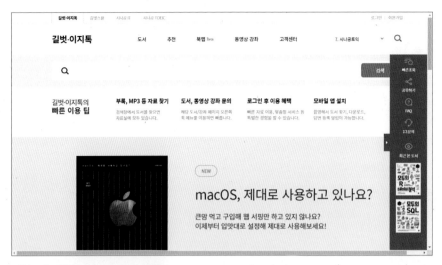

그림 1-5 | 고정형 웹 - 길벗 출판사 웹 사이트

■ **반응형 웹**

반응형 웹이란 사용자가 사용하는 기기(화면 크기에 따른 해상도)에 따라 화면 구성을 적합하게 변형해서 보여 주는 웹을 말합니다. 예를 들어 화면이 넓은 데스크톱에서 반응형 웹에 접속하면 다음 그림처럼 전체 게시물을 보여 줍니다.

그림 1-6 | 반응형 웹 - 데이터 셰프의 레시피(데스크톱 모드)

또 스마트폰 같은 해상도가 낮은 모바일 기기에서는 다음 그림처럼 작은 화면에 맞춰 웹 사이트의 구성을 변경해서 보여 줍니다.

그림 1-7 | 반응형 웹 – 데이터 셰프의 레시피(모바일 모드)

고정형 웹은 기기에 따라 PC 웹과 모바일 웹을 따로 제작할 경우 개발과 유지 보수에 많은 노력이 필요합니다. 하지만 반응형 웹은 PC 웹과 모바일 웹을 따로 만드는 수고를 덜어 주고 기기에 구애받지 않는 최적의 웹 콘텐츠를 보여 주므로, 최근에는 반응형 웹이 선호되고 있습니다.

2 앱

스마트폰이 널리 쓰이면서 모바일 기기에서 동작하는 전용 애플리케이션의 필요성이 대두되었습니다. 모바일 기기에 최적화된 순수 앱(app)[4]은 네이티브 앱(native app)[5]이라고도 불립니다. 스마트폰에서 구글 플레이 스토어(Google Play Store)나 앱 스토어(App Store)와 같은 온라인 앱 스토어에서 내려받아 설치하는 애플리케이션은 대부분 앱이라고 생각하면 됩니다.

---

4   우리가 흔히 '어플'이라 부르는 것인데, 어플은 애플리케이션(application)을 줄여 말하는 것으로, 잘못된 표현입니다. 애플리케이션은 응용 프로그램 또는 소프트웨어(software)와 같은 말입니다.

5   뒤에 설명하는 웹이 포함된 하이브리드 앱 등과 구분해서 전용 앱, 즉 네이티브 앱이라고 부릅니다. 네이티브 앱은 주로 모바일 OS(운영체제)인 안드로이드(Android) 혹은 iOS 기반의 전용 소프트웨어 개발 도구(SDK)와 프로그래밍 언어를 이용해서 개발됩니다.

그림 1-8 | 앱 – 길벗 출판사 앱

③ 하이브리드 앱

웹, 앱 외에 하이브리드 앱(hybrid app)이라는 것도 있습니다. 하이브리드 앱은 콘텐츠 표현 영역은 웹으로 개발하고, 전체적인 동작과 배포는 앱의 형태로 처리한 애플리케이션을 말합니다. 웹을 앱으로 감쌌다고도 말할 수 있습니다. 즉, 웹 표준을 준수하는 모바일 웹과 개인화 서비스가 가능한 앱의 장점을 모두 갖고 있는 것이 하이브리드 앱입니다. 예를 들어 브라우저로 네이버 모바일 웹에 접속할 때보다, 네이버 전용 앱[6]을 사용해 네이버에 접속하면 훨씬 다양하고 최적화된 기능이 제공되는 것을 확인할 수 있습니다. 하지만 웹과 앱의 기술을 동시에 다루므로 조합과 성능 부분이 고려되어야 합니다.

---

6   네이버 앱은 네이티브 앱처럼 보이지만, 사실 하이브리드 앱입니다.

구글 애널리틱스는 웹, 앱(그리고 하이브리드 앱)에서 발생하는 데이터를 분석하는 도구입니다. 정확하게 말하면 웹과 앱의 사용자와 관련된 데이터를 주로 분석한다고 생각하면 됩니다.

그림 1-9 | 하이브리드 앱 – 네이버 앱

1.3 웹/앱 데이터 분석

웹/앱 데이터 분석의 기본은 로그(log) 분석입니다. 사용자는 웹 사이트와 앱에서 다양할 활동을 합니다. 이렇게 사용자가 활동할 때 데이터가 발생하는데, 사용자의 데이터를 기록한 것을 로그(log)라고 하고, 로그를 분석하는 것을 로그 분석이라고 합니다. 구글 애널리틱스도 사용자가 남긴 다양한 로그를 분석하는 로그 분석 도구의 한 종류라고 생각하면 됩니다.

전자상거래 웹 사이트를 예로 온라인 데이터 분석 과정을 생각해 보겠습니다.

1. 사용자가 웹 사이트를 방문하면 웹 사이트에서 상품 보기, 스크롤, 장바구니 담기, 결제 등의 다양한 활동을 합니다.

2. 사용자의 활동 내역(로그)이 데이터베이스에 저장됩니다.

3. 분석가는 데이터를 분석해서 마케팅, 상품 기획에 활용합니다.

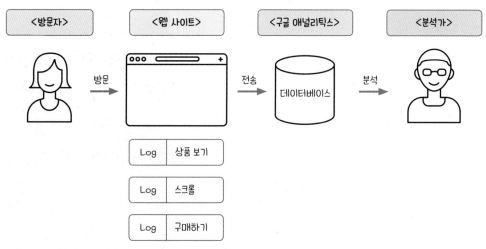

그림 1-10 | 온라인 데이터 분석 과정

온라인 데이터는 데이터베이스에 거의 실시간으로 저장되기 때문에 데이터의 변화가 많고, 데이터 양도 많습니다. 데이터 정리와 저장은 구글 애널리틱스(GA)가 수행하며, 분석가는 GA의 데이터베이스라 할 수 있는 속성이나 보기에 접근해 데이터를 분석합니다. 여기서 분석가는 GA를 사용하는 여러분을 말합니다.[7]

웹/앱 데이터 분석은 온라인 환경이 부각되면서 특히 중요하게 여겨지고 있습니다. 우리가 알아보려는 구글 애널리틱스는 웹/앱에서 발생하는 대용량의 실시간, 동적 온라인 데이터를 분석하는 데이터 분석 도구입니다.[8]

---

7   GA의 고유 명사인 '사용자'와 구분하기 위해 여러분을 '분석가'라고 지칭하겠습니다.

8   최근 오프라인 데이터와 온라인 데이터를 융합하여 분석하려는 시도가 많아지고 있습니다.

1.4 디지털 마케팅과 데이터 분석

그렇다면 온라인 데이터 분석(이하 데이터 분석)을 통해 어떤 것을 알 수 있을까요? 데이터 분석으로 확인할 수 있는 것은 서비스에 대한 선호도(웹 기획), 화면 메뉴에 대한 반응(UI/UX 디자인) 등 다양합니다. 그중 가장 중요하게 여겨지는 것은 전자상거래, 디지털 마케팅, 마케팅 실적 분석입니다.

웹 사이트를 그냥 두기만 해도 사용자가 방문할 수는 있습니다. 하지만 대부분의 웹 사이트 운영자라면, 내 웹 사이트에 많은 사용자가 방문하기를 원할 것이고, 또 내가 최종 목적으로 하는 행위들이 많이 발생하기를 원할 것입니다. 특히 전자상거래 웹 사이트라면 웹 사이트에 사용자가 꾸준히 많이 유입되는 것과, 사용자의 구매 행위가 많이 발생해서 매출을 최대화하는 것이 목표일 것입니다. 이렇게 사용자가 내가 원하는 행위를 하게 하는 것이 **디지털 마케팅**이며, 사용자의 행위를 측정하고 해석하는 것이 **데이터 분석**입니다. 그리고 데이터 분석에 사용하는 도구가 **구글 애널리틱스**입니다. 이 책에서는 전자상거래 웹 사이트를 분석한다는 것을 전제로 내용을 풀어 나가겠습니다.

1 디지털 마케팅의 종류

디지털 마케팅은 인터넷을 기반으로 하는 다양한 기기를 통해 상품과 서비스를 알리는 온라인 마케팅을 말하며, 이메일 마케팅, SNS 마케팅, 콘텐츠 마케팅, 모바일 마케팅, 디지털 광고 마케팅 등 그 종류가 매우 다양합니다. 최근에는 디지털 마케팅 기법들이 매시업(mash-up, 융합)되면서 명확하게 구분하기 어려운 경우도 많지만, 주요한 디지털 마케팅의 종류 몇 가지를 살펴보면 다음과 같습니다.

표 1-1 | 디지털 마케팅의 종류[9]

종류	내용
이메일 마케팅	고객의 동의를 얻고 광고 이메일을 보냅니다. 비용이 저렴하다는 특징이 있습니다.
SNS 마케팅	페이스북, 인스타그램의 소셜 플랫폼을 이용합니다. 개인의 일상을 기반으로 마케팅합니다.
콘텐츠 마케팅	유튜브, 카페, 블로그 등에서 콘텐츠를 활용해서 진행하는 마케팅입니다.
모바일 마케팅	스마트폰을 이용한 마케팅을 말합니다. SMS, 앱 푸시 등을 이용하며, 개인 성향을 감안한 실시간 마케팅이 특징입니다.
디지털 광고 마케팅	배너 광고, 검색 키워드 광고 등을 말합니다. 보통 광고 플랫폼 및 도구가 제공됩니다.

과거 TV 광고, DM(Direct Mail) 등의 전통적 마케팅 기법은 불특정 다수를 대상으로 삼는 경우가 많았고, 광고 효과를 측정하기도 어렵다는 단점이 있었습니다. 하지만 디지털 마케팅 기법은 마케팅 대상을 명확하게 정할 수 있고, 효과를 숫자로 측정할 수 있다는 특징이 있습니다. 또한, 실시간으로 효과를 측정하면서 마케팅에 투입되는 비용을 조절하거나 마케팅 전략을 바꿀 수도 있어 현 시대에 적합한 마케팅 기법으로 각광받습니다.

② 디지털 마케팅 광고 플랫폼

디지털 마케팅을 실행할 수 있는 도구 즉, 광고 플랫폼에는 어떤 것들이 있을까요? 다양한 광고 플랫폼이 있지만 우리가 잘 아는 플랫폼으로는 대표적으로 네이버, 페이스북, 구글 광고 플랫폼이 있습니다. 광고 플랫폼의 주요 특징은 다음과 같습니다.

표 1-2 | 대표적인 디지털 마케팅 광고 플랫폼

광고 플랫폼	주요 특징
네이버 광고	국내 회원을 많이 보유하고 있으며, 국내 전자상거래 환경과 연동하기 쉽습니다.
페이스북 광고	소셜 네트워크 기반의 인구통계 및 감성 데이터를 활용하며, 인스타그램 등 자사 플랫폼과 연동할 수 있습니다.
구글 마케팅 플랫폼 (GMP)	구글 생태계의 융합 데이터를 기반으로 하며, 전 세계적으로 가장 광범위한 데이터를 보유하고 있습니다. 구글 애즈 서비스가 대표적입니다.

---

9 이런 디지털 마케팅 기법은 여러 가지를 한 번에 실행하면서 명확한 경계가 사라지고 있습니다.

정도의 차이는 있지만 대부분의 플랫폼은 자신들의 기업 생태계 안에 있는 회원들을 대상으로 머신 러닝(machine learning)[10]을 활용해 마케팅 대상으로 찾아 주고, 입찰 체계[11]를 이용해 광고 비용을 설정합니다. 자신의 비즈니스에 가장 적합한 광고 플랫폼을 선택해 디지털 마케팅을 실행하면 됩니다.

그림 1-11 | 페이스북 광고 관리 화면

이런 광고 플랫폼들은 대체로 구글 애널리틱스와 잘 호환됩니다. 광고 플랫폼으로 광고를 집행하고 이에 대한 고객의 반응을 구글 애널리틱스로 이어서 분석할 수 있습니다. 즉, 디지털 플랫폼으로 광고를 집행하고, 구글 애널리틱스로 고객의 행동 패턴과 마케팅 효과를 거의 실시간으로 측정할 수 있습니다. 또 광고 플랫폼과 구글 애널리틱스를 접목하여 광고를 집행하고 분석을 진행하면 고객에 대해 깊이 있는 부분까지 알아낼 수 있습니다.[12]

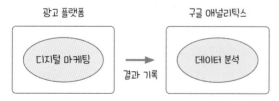

그림 1-12 | 광고 플랫폼과 구글 애널리틱스의 관계

---

10 머신 러닝이란 데이터를 기반으로 지속적인 기계 학습을 통해 성능을 개선해 나가는 기법입니다.

11 입찰 체계란 광고 집행 비용을 광고주끼리의 비용 경쟁을 통해 설정하는 것을 말합니다.

12 이 책의 마지막 장에서 구글 애즈와 페이스북으로 실제 디지털 마케팅을 실행하고, 구글 애널리틱스로 분석해 볼 것입니다.

3 데이터 분석

디지털 마케팅을 실행했으면 실행 결과를 분석해야 합니다. 사용자가 어떤 광고 콘텐츠에 반응해서 어떤 경로로 우리 웹 사이트로 유입되었고, 어떤 행동 패턴을 보였으며, 결국 상품을 구입하거나 구입하지 않았는지 등을 확인해 볼 필요가 있습니다. 이처럼 디지털 마케팅 플랫폼과 구글 애널리틱스는 실과 바늘과 같은 관계입니다.[13]

보통 데이터 분석은 다음과 같은 단계로 진행합니다.

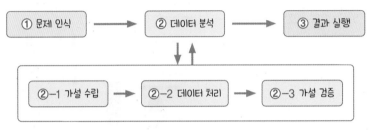

그림 1-13 | 데이터 분석 단계

① **문제 인식**: 해결해야 할 문제를 발견하거나 목표를 세우는 단계입니다. 예를 들어 '우리 웹 사이트 고객의 구매율은 업계 평균 대비 현저히 떨어진다. 이유는 무엇일까?' 등이 있습니다.

② **데이터 분석**: 실제로 데이터를 분석하는 단계입니다. 데이터 분석 단계는 다시 몇 단계로 나뉩니다.

②-1 **가설 수립**: 문제를 해결하기 위해 원인을 유추해서 가설을 세우는 단계입니다. 예를 들어 'SNS 마케팅 캠페인에 따른 고객 유입이 많을 것이다'라든가 '웹 사이트 결제 단계에 문제가 있을 것이다' 등이 있습니다.

②-2 **데이터 처리**: 가설을 검증하기 위해 데이터를 수집하고 가공하고 정리하는 과정입니다. 이 단계에서는 원천 데이터를 모으고 표준화해서 검증할 수 있는 형태로 정리합니다. 이를 전처리라고도 부르는데, 온라인 분석에서 이 과정은 구글 애널리틱스가 맡습니다. 하지만 오프라인 데이터 분석에서는 분석가가 SQL, 파이썬, R 등 분석 도구 등을 이용해서 데이터를 직접 처리해야 하는 경우가 많습니다.

---

13 광고 플랫폼에서도 광고 실적을 자체적으로 분석할 수는 있지만 구글 애널리틱스처럼 자세히 분석할 수 없는 경우가 많습니다.

②-3 **가설 검증:** 처리된 데이터를 기반으로 가설이 맞는지를 검증합니다. 이 단계에서는 앞서와 마찬가지로, 다양한 분석 도구를 이용해서 데이터 마이닝이나 통계적 과정을 거쳐 검증하기도 합니다. 하지만 'SNS 마케팅 캠페인 효과로 인한 고객 유입이 정말 많았는가?', '웹 사이트 결제 단계에서 고객이 이탈이 많았는가?'와 같은 간단한 가설에 대해서는 기본 지표 항목만으로 검증할 수도 있습니다.

③ **결과 실행:** 검증된 가설을 기반으로 결과를 실행합니다. 예를 들어 'SNS 마케팅 캠페인으로 유입된 고객이 많았기 때문에 SNS 마케팅 캠페인을 주로 실행한다' 등이 있습니다. 가설이 맞지 않았을 수도 있고, 분석 결과가 명확하지 않을 수도 있습니다. 이런 경우에는 다시 가설을 세워 데이터 분석을 진행합니다.

1.5 구글 애널리틱스 자세히 알아보기

구글 애널리틱스(GA, Google Analytics)는 웹/앱 분석을 위한 분석 도구이자 클라우드[14] 서비스입니다. 구글 애널리틱스가 무엇인지 알아보고 구글 애널리틱스와 함께 사용할 수 있는 도구들에 대해서 알아보겠습니다.

1 구글 애널리틱스란

구글 애널리틱스는 웹 사이트와 앱의 트래픽(traffic)[15]을 추적하여 분석하는 분석 도구이자 서비스입니다. 구글 애널리틱스는 어친(Urchin) 애널리틱스가 모태이며, 어친 애널리틱스를 2005년 구글이 인수하여 많은 서비스를 개선하거나 추가한 것이 바로 구글 애널리틱스입니다. 이후 구글 애널리틱스의 많은 장점 덕분에 전 세계에서 가장 널리 쓰이는 분석 도구가

---

14 인터넷에 접속하기만 하면 언제 어디서든 이용할 수 있는 온라인 기반의 컴퓨팅 서비스를 말합니다.

15 네트워크 내에서 전송되는 데이터의 양(volume)을 말합니다.

되었으며, 유니버설 애널리틱스(UA, Universal Analytics)라 불리는 GA3에 이어 최근에는 구글 애널리틱스4(GA4)가 출시되었습니다. 구글 애널리틱스의 특징을 살펴보면 다음과 같습니다.

■ 클라우드 기반의 무료 서비스

구글 애널리틱스는 클라우드 기반의 서비스이므로 별도의 소프트웨어를 설치할 필요가 없으며, 인터넷에 연결되어 있다면 서비스 사용에 동의하는 것만으로 바로 사용할 수 있습니다. 구글 애널리틱스는 무료 버전인 스탠다드 버전을 제공하며, GA4 역시 무료 버전이 출시되었습니다. 무료이지만 다른 상용 분석 도구가 제공하는 기능 못지 않게 웹 사이트 분석을 위한 핵심 기능을 지원하며, 새로운 기능들도 지속적으로 업데이트되고 있습니다.

■ 고객 데이터 측정 및 분석에 집중

구글 애널리틱스는 기본적으로 고객 데이터 측정 및 분석에 집중하는 분석 도구입니다. 고객 분석을 위한 다양한 분석 보고서를 제공하며, 메뉴 화면도 이에 적합하게 구성되어 있습니다. 특히 웹 사이트 내 고객의 흐름을 파악하는 퍼널 분석(funnel analysis)[16] 기능과 전자상거래 분석 기능을 제공하고 있어 전자상거래 분석 환경에 최적화되어 있습니다. 검색 조건으로 정규 표현식(regular expression)[17]을 지원하기 때문에 복잡한 분석 조건을 적용하면서 고객 데이터를 측정하고 분석할 수도 있습니다.

■ 사용하기 쉬운 협업 플랫폼

구글 애널리틱스의 사용자 인터페이스는 직관적이며 사용하기 쉽습니다. 구글 애널리틱스에서는 다수의 주요 분석 보고서들을 제공하며, 보고서는 조회 조건과 검색 조건을 쉽게 적용할 수 있게 구성되어 있습니다. 분석가가 원한다면 분석가만의 보고서를 직접 구성할 수도 있습니다. 또한, 구글 애널리틱스는 여러 분석가가 함께 사용할 수 있도록 설계되었습니

---

16 퍼널이란 우리말로 깔때기라는 의미입니다. 우리 서비스의 사용자가 어떻게 유입되어 어떻게 전환되고 있는지를 시각화해서 확인하는 분석 방법을 말합니다.

17 문자열의 집합을 표현하는 데 사용하는 규칙으로, 복잡한 문자열의 검색과 치환을 위해 사용됩니다.

다. 읽기, 편집, 협업을 하거나 GA 사용자 관리 권한을 차등 부여할 수 있으며, 내가 만든 보고서를 다른 사람과 공유할 수 있습니다.

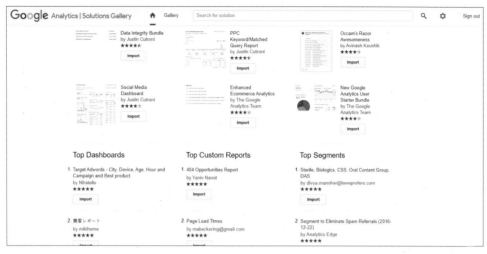

그림 1-14 | 사용자 보고서와 대시보드 등을 공유하는 구글 애널리틱스 솔루션 갤러리

■ 구글 생태계의 확장성

구글이 제공하는 다양한 서비스를 연동할 수 있는 것도 구글 애널리틱스의 큰 장점입니다. 구글 태그 매니저(태그 관리자), 옵티마이즈(최적화 도구) 등 구글 마케팅 플랫폼뿐만 아니라 구글 크롬, 지메일, 구글 스프레드시트 등의 서비스와도 잘 연동됩니다. 다양한 서비스를 연동하여 사용할 수 있기 때문에 구글 애널리틱스를 단지 웹/앱 분석 도구가 아닌 통합 분석 도구로도 사용할 수 있습니다.

구글 애널리틱스 버전별 비교

구글 애널리틱스는 스탠다드 버전과 360 버전, 그리고 UA 버전과 GA4 버전으로 구분할 수 있습니다. 종류별 구글 애널리틱스의 차이를 알아보겠습니다.

■ UA 스탠다드와 UA 360

UA 스탠다드(standard) 버전이란 소규모 비즈니스용 버전으로, 여러분이 이 책에서 실습하게 될 무료 버전을 말하며, UA 360은 대규모 비즈니스용 버전인 유료 버전을 말합니다. 구글 제품의 명명 규칙상 360이 붙으면 유료 버전이라고 생각하면 됩니다. 스탠다드 버전은 유료 버전과 달리 기능 제약이 있습니다. 중소규모의 웹 사이트라면 스탠다드 버전으로도 충분하지만, 대형 웹 사이트라면 기능 제약이 없는 UA 360 버전을 고려해야 합니다. UA 스탠다드 버전과 UA 360 버전의 주요한 기능 차이는 다음과 같습니다. 생소한 용어들이 있을 수 있는데 뒤에 자세히 배우게 될 내용이므로 간단히 알아 두고 넘어가세요.

- **세션**: 사용자를 세는 단위
- **속성**: 구글 애널리틱스가 수집한 데이터를 저장한 원천 데이터베이스
- **보기**: 분석가 데이터베이스
- **측정기준과 측정항목**: 데이터를 분석하기 위한 기준

표 1-3 | UA 스탠다드와 UA 360

구분	UA 스탠다드	UA 360
히트(트래픽) 제한(매월)	1천만	5억
보고서 출력 데이터 행 제한	5만 행	3백만 행
비표본 추출 데이터	50만 세션	1억 세션
비표본 추출 데이터 전송(API)	불가	가능
목표 설정 가능 개수	20개	20개
속성 개수 제한	50개	200개
보기 개수 제한	속성당 25개	속성당 400개
측정기준 및 측정항목 제한	20개/20개	200개/200개

* 이 외에도 360 버전은 여러 속성을 하나로 통합해 분석할 수 있는 롤업 속성(roll-up property)을 제공합니다.

■ UA 스탠다드와 GA4 스탠다드

GA4는 본래 UA의 앱+웹 속성(APP+WEB Property)이라 불렸습니다. 기존에는 UA의 기능 요소 중 하나였던 앱+웹 속성이 별도로 독립되어 신버전으로 출시된 것이 바로 GA4입니다.

GA4는 기존의 웹 로그[18] 분석에도 초점을 맞춘 분석 도구로, **다양한 분석 기능들을 앱과 웹에 적합하게 사건(이벤트) 기반**으로 구성한 것이 특징입니다. 또한, 상대적으로 복잡했던 UA에 비해 사용자 인터페이스(UI, User Interface)도 간결해졌습니다. 특정 항목을 마우스로 끌어다 쓰는 드래그&드롭 방식의 탐색(Explore) 분석 기능을 적극적으로 사용하며, 무료 버전에서도 빅쿼리[19] 연동 기능을 제공하기 때문에 GA 사용자가 직접 데이터를 구성해서 분석할 수 있는 것도 특징입니다. GA4는 출시 이래 웹 생태계가 앱 생태계로 이동하거나 융합될 것이라는 구글의 판단 하에, 구글 애널리틱스 주요 제품으로 자리잡고 있습니다. 다음은 UA 스탠다드 버전, 즉 GA3 스탠다드 버전과 GA4 스탠다드 버전의 특징을 비교한 표입니다.

표 1-4 | UA 스탠다드와 GA4 스탠다드

구분	UA(GA3) 스탠다드	GA4 스탠다드
주요 분석 대상 플랫폼	웹	웹, 앱
주요 분석 데이터	세션 기반 페이지 뷰, 이벤트	이벤트
주요 보고서 특징	사전 정의/깊이 있음	GA 사용자 자율/직관
히트(트래픽) 제한(매월)	1천만	1천만
주요 협업 도구	GTM	GTM, 파이어베이스
전환 설정 가능 개수	20개 골(목표)	30개 이벤트
보고서	110여 개	30여 개
측정기준 및 측정항목 제한	20개/20개	75개/50개
빅쿼리	유료 라이선스(GA 360) 구입 필요	무료 빅쿼리 지원

 잠깐만요

구글에서 UA 스탠다드 버전은 2023년 7월부터, UA 360 버전은 2024년 7월부터 신규 데이터 생성 기능이 정지된다고 알리면서, 차세대 분석 솔루션은 GA4가 될 것이라고 예고했습니다.

---

18 아울러 웹 데이터를 합쳐서 분석하는 것을 목표로 합니다.

19 데이터베이스를 조작하는 언어인 SQL(Structured Query Language) 기반의 빅데이터를 다루는 기술입니다.

구글 마케팅 플랫폼과 구글 클라우드 플랫폼

구글 애널리틱스는 구글 플랫폼의 다양한 제품들과 연계하여 사용할 수 있습니다. 주요한 구글 플랫폼에는 구글 마케팅 플랫폼과 구글 클라우드 플랫폼, 두 가지가 있습니다.

■ 구글 마케팅 플랫폼

구글 마케팅 플랫폼(GMP, Google Marketing Platform)은 구글에서 개발한 온라인 광고 및 분석 플랫폼입니다. 이 플랫폼은 하나의 서비스가 아니라 상호 연관성을 갖는 여러 서비스 제품들이 모인 구글 생태계라고 생각하면 됩니다. 모든 제품이 클라우드 서비스 형태로 제공되며, 구글 애널리틱스, 태그 매니저, 옵티마이즈, 루커 스튜디오[20] 등이 있습니다. 구글 마케팅 플랫폼은 인터넷에서 광고를 실행하고 분석하는 데 주로 사용됩니다. 플랫폼 사용자는 플랫폼 내의 여러 서비스 제품을 함께 사용해서 상호 시너지를 내도록 계획하고 실행하며, 측정하고 분석할 수 있습니다. 구글 마케팅 플랫폼의 주요 제품에는 어떤 것이 있는지 알아보겠습니다.

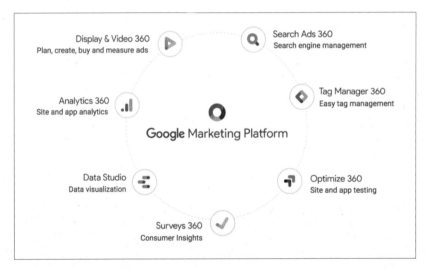

그림 1-15 | 구글 마케팅 플랫폼의 종류

---

20 2022년 10월, 데이터 스튜디오가 루커 스튜디오로 이름을 바꿨습니다.

① 구글 태그 매니저

구글 태그 매니저(Google Tag Manager)는 태깅(Tagging)[21]을 쉽고 편하게 관리하기 위한 도구입니다. 태그 매니저를 사용하면 웹 사이트의 정보 수집 과정을 간소화할 수 있으며, 관리화면 한곳에서 태그를 제작해 테스트하고 배포할 수 있습니다. 구글 태그 매니저를 사용하지 않는다면 웹 페이지의 데이터 수집 요소에 대해 하나하나 소스 코드를 적용해야 합니다. 중형 이상의 웹 사이트는 웹 사이트 구조가 매우 복잡하므로, 태그 제작과 관리를 위한 구글 태그 매니저를 필수로 여기고 있습니다.

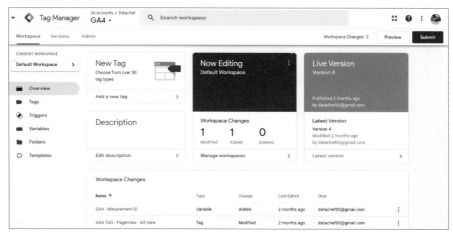

그림 1-16 | 구글 태그 매니저

② 구글 옵티마이즈

구글 옵티마이즈(Google Optimize)는 디지털 마케팅에서 두 가지 이상의 마케팅 시안 중 최적 안을 선정하기 위해 실험하는 기법인 A/B 테스트를 수행하는 도구입니다. A/B 테스트란 예를 들어 10명의 고객 중 5명에게는 A안을 보여 주고 5명에게는 B안을 보여 준 다음, A안과 B안의 반응을 비교하여 효과를 검증하는 실험 방법입니다. 구글 옵티마이즈를 사용하면 소스를 수정하지 않고도 A/B 테스트를 진행할 수 있습니다. 이를 통해 사용자들의 캠페인 선호도를 확인하거나, 사용자 인터페이스(UI)와 사용자 경험(UX)을 개선할 수 있습니다.

---

21 태깅은 태그(tag)를 적용하는 작업을 말하며, 태그는 웹 사이트에서 데이터를 수집해서 구글 애널리틱스로 보내는 꼬리표 기능을 하는 로직입니다.

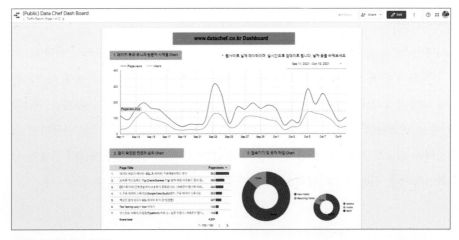

그림 1-17 | 구글 옵티마이즈

③ 구글 루커 스튜디오(예전 명칭: 구글 데이터 스튜디오)

구글 루커 스튜디오(Google Looker Studio)는 직관적으로 보고서를 제작할 수 있는 데이터 시각화 도구입니다. 루커 스튜디오는 드래그&드롭을 지원하기 때문에 사용하기 쉬울 뿐만 아니라, 다양한 시각화 차트와 필터 기능을 지원하므로 원하는 보고서와 대시보드를 쉽게 만들 수 있습니다. 또한, 구글 애널리틱스, 스프레드시트, 구글 애즈(Google Ads), 빅쿼리(BigQuery) 등 구글 마케팅 플랫폼 제품군과 그 외 다른 데이터 소스를 통합해서 표현하는 기능도 제공합니다.[22]

그림 1-18 | 구글 루커 스튜디오

---

22 루커 스튜디오는 2022년 10월, 이름 변경과 동시에 구글 클라우드 플랫폼 영역으로 재분류되었습니다.

④ 구글 서베이

구글 서베이(Google Survey)를 사용하면 맞춤 설문조사를 간단하게 설계할 수 있으며, 실시간으로 응답 결과를 수집할 수 있습니다. 그래프 및 차트를 통해 데이터의 의미를 쉽게 파악할 수 있으며, 공유가 가능한 대시보드 제공도 제공합니다.

그 외 구글 마케팅 플랫폼 제품군으로는 디스플레이 광고를 관리하는 구글 DV 360(Google Display & Video 360), 검색 광고를 관리하는 구글 서치 애즈 360(Google Search Ads 360), 캠페인을 관리하는 CM 360(Campaign Manager 360) 등이 있습니다.

구글 마케팅 플랫폼에는 속하지 않지만 구글 애즈(Google Ads)와 파이어베이스(Firebase)도 있습니다. 구글 애즈는 디지털 마케팅 광고 타기팅, 자동 입찰 등 기능을 제공하기 때문에 캠페인을 최적화하고 관리하는 도구입니다. 특히 구글 광고를 통해 구글 검색 결과, 유튜브, 지메일, 서드파티(third-party)[23] 웹 사이트 및 앱의 노출 영역에 텍스트, 이미지, 동영상 등 다양한 형식의 광고를 게재할 수 있습니다. 또한, 구글 애널리틱스와 연계하여 광고 성과를 정교하게 분석할 수도 있습니다.

그림 1-19 | 구글 애즈

---

23 구글 제품 외 타사 제품이나 서비스를 말합니다.

파이어베이스는 안드로이드와 iOS 앱을 GA와 연계해 개발하기 위한 소프트웨어 개발 도구(SDK)를 제공합니다. GA에서 앱 분석을 하려면 파이어베이스를 사용해서 분석 환경을 구현해야 합니다[24].

■ 구글 클라우드 플랫폼

구글 클라우드 플랫폼(GCP, Google Cloud Platform)은 클라우드를 사용하는 컴퓨팅 자원 모음이라고 할 수 있습니다. 구글 클라우드 플랫폼은 통합 클라우드 자원을 서비스 형태로 제공합니다. 예를 들어 여러분이 구글 클라우드 플랫폼을 이용하게 된다면 웹 사이트 운영을 위해 필요한 서버, 저장 장치 등을 별도로 구입하고 설치할 필요가 없습니다. 구글 클라우드 서비스를 통해 해당 자원을 인터넷에서 바로 사용할 수 있고, 이와 관련된 다양한 개발 프로그램도 사용할 수 있게 됩니다. 즉, 상황에 따라 구글 클라우드 플랫폼을 통해 장비를 직접 구입해서 설치하고 운영할 때보다 저렴한 비용으로 웹 서버 등을 구축할 수 있으며, 성능과 보안이 보장된 장비를 빠르게 입맛에 맞게 구성할 수도 있습니다.

그림 1-20 | 구글 클라우드 플랫폼

구글 클라우드 플랫폼에는 AWS(Amazon Web Services)[25]처럼 컴퓨팅 서비스를 포함하며, 파일 저장, 데이터베이스를 지원하는 클라우드 스토리지, 방대한 양의 데이터 운영과 분석을

---

24 GA 태깅과 개발은 이 책에서 자세히 다루지 않습니다. 개발자의 영역이므로 GA 분석을 위해서는 이러한 중요한 요소들이 있다고 알아 둡니다.

25 아마존에서 운영하는 서버, 저장 장치, 네트워크 등의 인프라를 대여해 주는 서비스입니다.

위한 빅쿼리 등이 있습니다. 이 중에서 빅쿼리와 구글 애널리틱스를 연동하면 원천 데이터를 마음껏 변형하고 분석할 수 있습니다. 이를 통해 온라인 데이터와 오프라인 데이터를 연계해서 개발하고 분석하는 것도 가능해집니다.

구글 클라우드 플랫폼

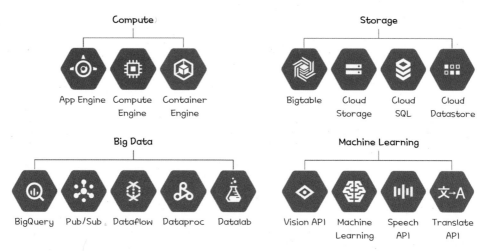

그림 1-21 | 구글 클라우드 플랫폼 서비스 종류

이처럼 구글 마케팅 플랫폼과 구글 클라우드 플랫폼을 구글 애널리틱스와 연계해서 사용하면 구글 애널리틱스의 기능은 더욱 강력해집니다.

지금까지 구글 애널리틱스를 소개하면서 버전별 차이점과 구글 마케팅 플랫폼 등에 대해 살펴보았습니다. 다음 장부터는 본격적으로 구글 애널리틱스를 다뤄 보겠습니다.

MEMO

2장

구글 애널리틱스
시작 준비하기

구글 애널리틱스는 데이터를 수집하고 저장한 뒤 분석합니다.
이번 장에서는 구글 애널리틱스가 데이터를 수집하는 원리를
알아보고 앞으로 계속해서 실습할 실습 계정을 만들어 봅니다.
지금부터는 GA3인 유니버설 애널리틱스를 특별히 가리킬 때는
UA로 부르고, 구글 애널리틱스4를 가리킬 때는
GA4로 구분해서 부르겠습니다. 또한, 구글 애널리틱스를
통칭할 때는 GA라고 부르겠습니다.

앞서 GA는 일종의 로그 분석 도구라고 설명했습니다. 데이터를 수집하려면 수집기가 있어야 하고, 수집기를 이용해 데이터가 수집되면 이 데이터는 GA로 전송되어 저장됩니다. 웹 사이트를 예시로 설명하면 다음과 같습니다(앱의 경우도 앱 화면에 수집기가 설치되는 점 말고는 크게 다르지 않습니다).

① 웹 사이트의 모든 페이지에 수집기가 설치됩니다.

② 수집된 데이터가 GA로 전송됩니다.

③ 데이터가 GA에 저장됩니다.

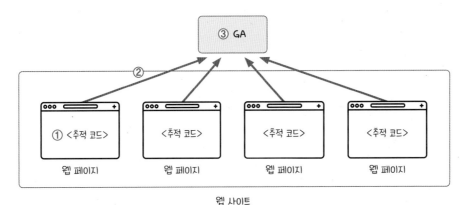

그림 2–1 | 추적 코드로 데이터를 수집하여 전송하는 과정(웹 사이트 사례)

이런 수집기를 GA에서는 **추적 코드(tracking code)**라고 부릅니다. 추적 코드는 데이터를 수집하기 위한 스크립트 코드(script code)로, 데이터를 수집하려는 모든 웹 페이지에 추적 코드가 삽입되어야 합니다.[1] 삽입된 추적 코드는 웹이나 앱에서 발생하는 다양한 정보를 GA로 전송하는 수집기 역할을 합니다. 데이터를 수집하기 위한 고유 번호가 부여된 추적 코드는 GA 계정과 연결되어 있습니다. 이 말은 GA 계정을 먼저 생성해야 한다는 얘기입니다. 다음

---

1 카페24 같은 임대 몰의 경우에는 추적 코드를 설정 화면에서 한 번만 입력하기도 하는데, 이것은 실제로 코드를 한 번만 입력하는 것이 아니라 한 번의 입력으로 모든 페이지에 추적 코드를 삽입한 것 같은 기능을 제공하기 때문입니다.

절에서는 GA 계정을 만드는 방법을 알아보겠습니다.

GA 추적 코드 삽입

GA에서 많이 사용하는 **추적 코드**의 형태에는 크게 두 가지가 있습니다. 첫 번째는 **지태그(gtag)**라 부르는 gtag.js이고, 또 다른 하나는 **GTM 스니펫(snippet)**[2]입니다. 둘의 코드 형태는 다르지만 하는 역할은 동일합니다. 둘 간의 차이는 다음과 같습니다.

1. **gtag.js:** 웹 페이지에서 데이터를 수집하는 자바스크립트(JavaScript) 코드입니다. 수동 태깅이 필요한 경우나 소규모 웹 사이트에서 주로 사용합니다. 추적 코드는 [관리 〉 속성 〉 추적 정보 〉 추적 코드(Admin 〉 Property 〉 Tracking Info 〉 Tracking Code)]에서 확인할 수 있으며 다음과 같은 형태입니다.

```
<!-- Global site tag (gtag.js) - Google Analytics -->
<script async src="https://www.googletagmanager.com/gtag/js?id=UA-212197826-1"></script>
<script>
  window.dataLayer = window.dataLayer || [];
  function gtag(){dataLayer.push(arguments);}
  gtag('js', new Date());

  gtag('config', 'UA-212197826-1');
</script>
```

그림 2-2 | gtag.js 스크립트 코드

2. **GTM 스니펫:** 구글 태그 매니저가 관리하는 추적 코드입니다. 구글 태그 매니저는 대규모 사이트에서 태 깅[3]할 때 주로 사용합니다. 구글 태그 매니저에서 사용하는 GTM 스니펫은 GA에서 확인할 수 없고, 구글 태그 매니저에서 확인할 수 있습니다. 형태는 다음과 같습니다.

그림 2-3 | GTM 스니펫

● 계속

---

2 스니펫이란 작은 코드 덩어리를 말합니다.

3 앞서 1.5.3절의 구글 태그 매니저 부분에서 태깅에 대해 간단히 소개했습니다.

구글 태그 매니저는 GA와는 별개의 도구이고, 별도의 설정이 필요하므로 이 책에서는 여기까지만 알아봅니다. 두 추적 코드 모두 웹 페이지 HTML의 head나 body 영역[4]에서 가장 위쪽에 삽입하기를 추천합니다. 웹 페이지는 가장 상단부터 HTML 코드가 로딩되는데, 로딩 중간에 작동이 안 되거나 데이터가 유실되는 것을 방지하려는 목적이며, 코드의 실행 순서는 매우 중요합니다.

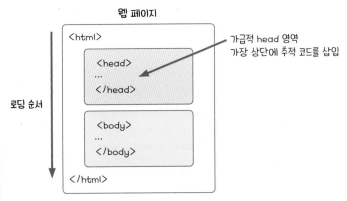

그림 2-4 | head 영역에 추적 코드 삽입하기

웹 페이지에 추적 코드를 삽입하는 것은 개발의 영역입니다. 코드를 올바르게 삽입하지 않는다면 GA뿐만 아니라 웹 사이트에도 좋지 않은 영향을 미칩니다. 앞서 설명한 원리로 데이터가 수집되고 GA로 전달된다는 것만 이해하고, 추적 코드 삽입은 개발자나 전문가에게 맡기는 것이 좋습니다.

 UA와 GA4 비교

GA4에서는 웹과 앱(안드로이드와 iOS)으로 구분한 데이터 스트림(data stream) 방식을 사용해서 데이터를 수집합니다. 데이터 스트림은 7장에서 다시 설명합니다. 앞서 설명한 gtag.js와 GTM 스니펫은 GA4에서도 잘 작동합니다.

표 2-1 | UA와 GA4 데이터 수집 방식 비교

구분	UA(GA3)	GA4	비고
gtag.js	O	O	
GTM 스니펫	O	O	
데이터 스트림	X	O	

---

4   HTML에서 웹 사이트의 화면은 위아래로 크게 head와 body 영역으로 나뉩니다.

2.2 GA 계정 만들기

GA는 클라우드 기반의 서비스이기 때문에 따로 프로그램을 설치할 필요가 없습니다. 다만 웹 브라우저는 필수로 설치해야 합니다. 다양한 웹 브라우저 중에 구글 도구와 가장 호환성이 좋은 크롬 웹 브라우저를 설치하겠습니다. 크롬 웹 브라우저는 구글 검색창에서 '크롬' 혹은 '크롬 웹 브라우저'라고 검색해서 내려받으면 됩니다.

그림 2-5 | 크롬 브라우저 검색하기

또한, GA 계정을 만들려면 구글 계정(@gmail.com)이 있어야 합니다. 구글 계정이 없다면 미리 만들어 두세요. 회원가입만 하면 계정이 자동으로 생성됩니다.

크롬 웹 브라우저를 설치하고 구글 계정도 만들었다면 GA 계정을 만들 차례입니다.

❶ 자신의 **구글 계정으로 로그인한 뒤 GA 웹 사이트로 접속**합니다. 웹 브라우저 주소창에 https://analytics.google.com이라고 직접 입력해도 되고, 앞서와 마찬가지로 구글 검색창에서 '구글 애널리틱스'로 검색해서 접속해도 됩니다. 이전에 GA 계정을 만든 적이 없다면 다음과 같은 화면이 나타납니다.[5] 가운데 [측정 시작] 버튼을 클릭합니다.

---

5   이미 만든 적 있다면 GA 메인 화면이 나타납니다.

그림 2-6 | 구글 애널리틱스 첫 접속 화면

❷ **계정 설정:** 계정 이름을 정할 차례입니다. [계정 이름]에 원하는 이름을 입력하세요(①). 저는 '모두의GA'로 입력했습니다(책과 똑같이 입력해도 상관없습니다). 화면 아래의 체크 박스에 보이는 선택 사항들은 기본 설정 그대로 둡니다. 계정 이름을 입력했으면 하단의 [다음]을 클릭해 다음 화면으로 넘어갑니다(②).

그림 2-7 | 계정 세부정보 화면

❸ **속성 설정:** 속성은 계정 하위에 존재하는 원천 데이터베이스와 같은 개념입니다. 프로퍼티(property)라고도 부릅니다. [속성 이름]에 원하는 이름을 입력하고 [보고 시간대]와 [통화]는 자신에게 맞는 항목으로 선택합니다. 저는 [속성 이름]에 '모두의GA_속성'(①), [보고 시간대]는 '대한민국'(②), [통화]는 '대한민국 원(₩)'(③)으로 바꿨습니다. 여기에서 [다음]으로 넘어가지 말고 [고급 옵션 보기]를 클릭합니다(④).

그림 2-8 | 속성 설정 화면

❹ **고급 옵션 설정:** 고급 옵션은 유니버설 애널리틱스(UA) 속성을 만들 수 있는 옵션입니다. 다음 화면이 나타나면 그림 아래에 설명한 내용대로 설정합니다.

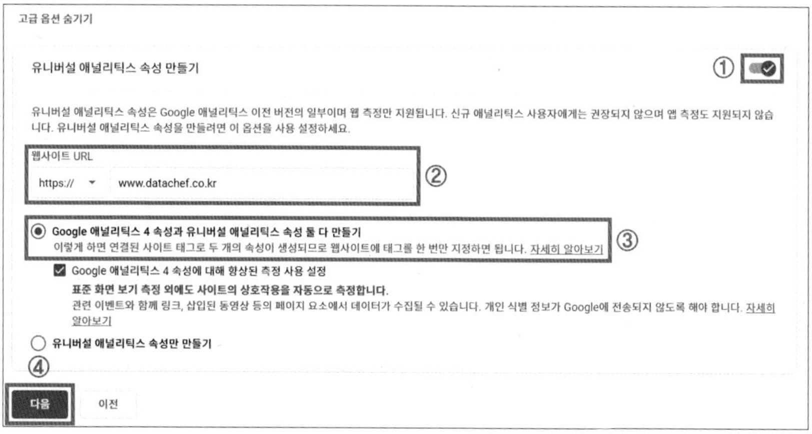

그림 2-9 | 고급 옵션 설정

① [유니버설 애널리틱스 속성 만들기] 토글 버튼을 눌러 유니버설 애널리틱스를 활성화합니다. 우리는 UA도 학습할 것이기 때문에 반드시 활성화해야 합니다.[6]

② [웹 사이트 URL]에 분석하려는 웹 사이트 주소를 입력합니다. 분석 웹 사이트가 정해지지 않았다면, 일단 아무 주소나 입력해도 상관없습니다. 저는 데이터 셰프의 레시피(https://www.datachef.co.kr) 웹 사이트 주소를 입력했습니다.

③ [Google 애널리틱스 4 속성과 유니버설 애널리틱스 속성 둘 다 만들기]를 선택합니다. 이렇게 하면 UA 속성과 GA4 속성, 2개가 만들어집니다(참고로 아래에 있는 [유니버설 애널리틱스 속성만 만들기]를 선택하면 GA4 속성은 만들어지지 않고 유니버설 애널리틱스 속성만 만들어집니다).

④ 모두 선택했다면 [다음]을 클릭해 다음 화면으로 이동합니다.

⑤ **비즈니스 정보 입력:** 자신의 웹 사이트 정보를 입력하는 화면입니다. 나중에 지금 입력하는 정보의 카테고리 등을 기준으로 다른 웹 사이트와 현황을 비교할 수 있습니다. 적절히 선택한 후 [만들기]를 클릭합니다. 책에서는 그림처럼 몇 가지를 선택했습니다.

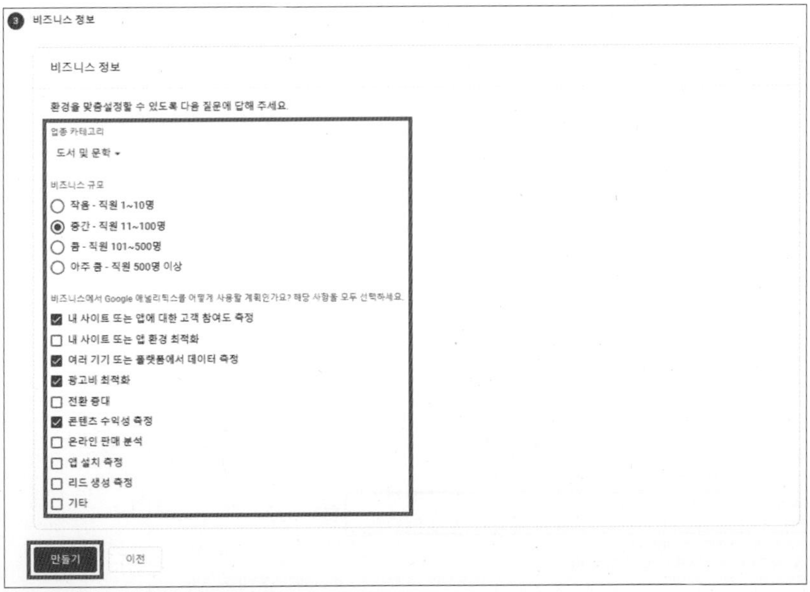

그림 2-10 | 비즈니스 정보 입력 화면

---

6 구글에서는 별도 옵션으로 UA를 활성화하게 했습니다. 2023년 하반기부터는 이 옵션을 제공하지 않을 것으로 예상되는데, 이런 경우는 현재 과정에서 UA 활성화는 제외하고 GA4 속성만 생성해서 계정을 만듭니다.

❻ 약관 동의: GA 서비스 약관 계약 화면입니다. 운영하는 웹 사이트에 해당하는 국가를 선택하세요. 저는 '대한민국'을 선택했습니다(①). 'GDPR에서 요구하는 데이터 처리 약관에도 동의합니다.' 체크 박스에 체크한 후(②) [동의함]을 클릭해(③) 다음 화면으로 이동합니다.

그림 2-11 | 서비스 약관 계약 화면

❼ 이메일 커뮤니케이션 설정 팝업이 뜬다면 자신의 선호에 따라 옵션을 선택합니다. 책에서는 아무것도 선택하지 않고 [저장]을 클릭했습니다.

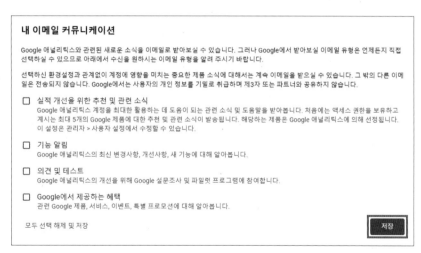

그림 2-12 | 이메일 커뮤니케이션 팝업

❽ 모든 설정이 완료되었습니다. 우리는 GA4 속성과 UA 속성을 둘 다 만들었으므로 GA4 속성 기준의 '웹 스트림 세부정보' 화면이 나타납니다.[7] 다음 그림은 웹 스트림 세부정보 화면입니다. 아무것도 하지 말고 왼쪽 상단의 [×] 버튼을 선택해 창을 닫습니다.

그림 2-13 | 웹 스트림 세부정보 화면

❾ 그런 다음 상단의 GA 로고 옆의 [모든 계정 〉 모두의GA 〉 모두의GA_속성 – GA4]를 선택합니다.[8] 이 영역을 **계정 선택기**라고 부릅니다.

그림 2-14 | 계정 선택 화면

---

7   기본으로 나타납니다.

8   속성 이름에 UA 속성과 구분하기 위한 ' – GA4'라는 접미어가 붙었음에 유의하세요. GA4 속성만 단독 생성하면 접미어가 붙지 않습니다.

화면 왼쪽의 [홈(Home) ]을 클릭하면 다음과 같이 우리가 앞에서 생성한 GA4 메인 화면이 나타납니다.

그림 2-15 | GA4 메인 화면

지금은 아무 데이터도 수집하지 않았기 때문에 웹 사이트에서 받은 데이터가 없다고 나옵니다.

UA 속성으로 전환해 보겠습니다. 계정 선택기에서 [모두의GA 〉 모두의GA_속성 〉 전체 웹사이트 데이터]를 선택합니다.

그림 2-16 | GA 계정과 속성, 속성 보기 선택

처음과는 다른 GA인 UA 메인 화면이 나타납니다.

그림 2-17 | UA 메인 화면

이렇게 UA와 GA4 속성이 잘 만들어진 것을 확인할 수 있습니다.

2.3 실습 환경 만들기

계정	속성 및 앱	보기
모두의GA	모두의GA_속성	전체 웹 사이트 데이터 (All Web Site Data)
메뉴 경로	홈 (Home)	**지정 날짜**	–

GA 계정을 만들고 **추적 코드**를 삽입하면 추적 코드를 통해 데이터가 GA로 전송됩니다. 하지만 여러분 모두가 웹 사이트에 코드를 삽입해서 데이터를 GA로 전송할 수 있는 환경을 갖추지는 못했을 것입니다. 이런 경우에는 실습을 위한 추적 코드가 웹 사이트에 삽입되어 있는 **Google 애널리틱스 데모 계정**을 사용하면 됩니다.

책에서는 Google 애널리틱스 데모 계정을 기반으로 하는 실습 환경을 만들어 보겠습니다. Google 애널리틱스 데모 계정의 데이터는 구글 상품을 주로 판매하는 구글 머천다이즈 스토어(Google Merchandise Store) 웹 데이터와 캐주얼 게임 플러드잇(Flood-It) 앱 데이터입니다. 특히 구글 머천다이즈 스토어는 구글의 기념품(goods)을 판매하는 사이트로, 우리가 학습하려 하는 전자상거래 분석 환경이 구현된 웹 사이트입니다.

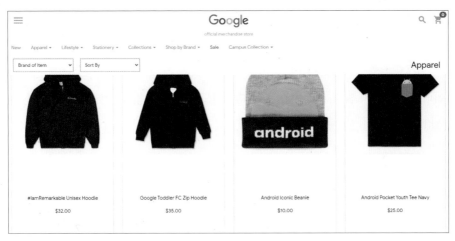

그림 2-18 | 구글 머천다이즈 스토어 웹 사이트 메인 화면

플러드잇은 모바일 기반 퍼즐 게임으로, 앱 환경에서 구동되는 앱 데모 데이터를 제공합니다.[9]

그림 2-19 | Flood-It! 메인 화면

이 책의 실습은 주로 Google 애널리틱스 데모 계정 데이터를 활용해 진행하고, 디지털 마케팅과 데이터 분석 실무는 제가 운영하는 국내 웹 사이트인 '데이터 셰프의 레시피' 웹 사이트 데이터를 통해 경험해 볼 것입니다.

---

9 국내 구글 플레이 스토어에는 출시되지 않았습니다.

앞서 우리는 GA 계정을 만들고 GA4와 UA 메인 화면 접속에 성공했습니다. 이번에는 기존 GA 계정은 그대로 두고, Google 애널리틱스 데모 계정을 추가해 보겠습니다.

❶ Google 애널리틱스 데모 계정을 추가하기 위해 GA 계정에 로그인한 뒤 GA 메인 화면 (Home)에 접속합니다(https://analytics.google.com). 계정 선택기에서 [모든 계정 〉 모두의 GA 〉 모두의GA_속성 〉 전체 웹 사이트 데이터]가 선택된 것을 확인합니다(①). 웹 사이트 에서 데이터를 수집하지 않기 때문에 아무런 데이터도 나타나지 않는 상태입니다. 왼쪽 하 단에 [탐색(Discover) �}️] 메뉴를 클릭합니다(②).

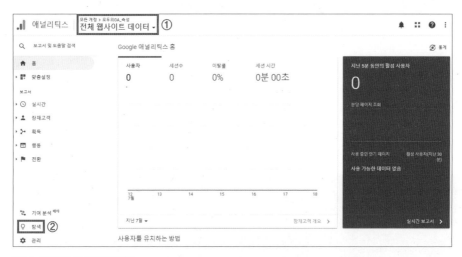

그림 2-20 | 구글 데모 계정 연동하기

❷ [Google 애널리틱스 데모 계정(Google Analytics Demo Account)]을 선택합니다.

그림 2-21 | Google 애널리틱스 데모 계정 선택

또는 구글 검색창에서 '구글 애널리틱스 데모 계정'으로 검색해서 나타나는 검색 결과를 선택해도 됩니다. UA를 사용할 수 없거나 [탐색(Discover)] 메뉴가 나타나지 않으면 이 방법을 사용합니다.

그림 2-22 | 구글 검색창에서 '구글 애널리틱스 데모 계정' 검색

❸ 애널리틱스 고객센터의 구글 애널리틱스 데모 계정에 대한 설명이 나옵니다. 아래로 화면을 조금만 내려서 스크롤해 보면 3개의 데모 링크가 보입니다. 이 데모 링크가 우리가 실습할 링크들입니다.

그림 2-23 | 데모 링크

④ 이 링크들을 클릭해 GA에 적용해 보겠습니다. 그림 2-23의 링크 3개를 모두 클릭합니다. 그러면 3개의 데모 화면이 열립니다. 다음 그림은 'Google 애널리틱스 4 속성: Google Merchandise Store(웹 데이터)' 링크를 선택하면 나오는 데모 화면입니다.

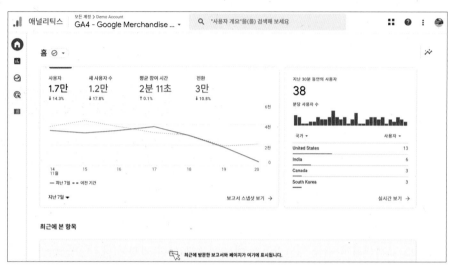

그림 2-24 | Google 애널리틱스 4 속성: Google Merchandise Store 데모 화면

⑤ 이 데모 화면의 계정 선택기에서 계정 경로(모든 계정 〉 Demo Account 〉 GA4 - Google Merchandise Store)를 선택합니다. 그러면 계정 선택 화면이 펼쳐집니다.

그림 2-25 | 데모 화면의 계정 선택기

⑥ 이 중에서 [최근] 탭을 클릭합니다.

전체 사용 가능	즐겨찾기	최근		검색		Platform 홈 방문

애널리틱스 계정	속성 및 앱	
모두의 GA 250038925	GA4 - Flood-It! 153293282	☆
Demo Account 54516992 〉	GA4 - Goo... 213025502	✓ ☆
	UA - Google Merchandi... UA-54516992-1	

그림 2-26 | [최근] 탭 선택

❼ [최근] 탭을 선택하면 앞서 우리가 열어 본 링크 3개의 데모 목록이 나타납니다. 항목 오른쪽의 즐겨찾기 추가 기능인 별 아이콘(☆)을 클릭합니다. 그러면 별 아이콘 색상이 바뀌면서 즐겨찾기에 추가됩니다.

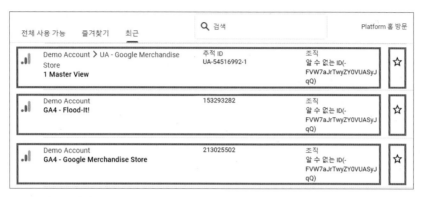

그림 2-27 | 최근 사용한 계정에 즐겨찾기 추가하기

❽ [즐겨찾기] 탭을 클릭해서 화면을 이동해 보면, 앞서 즐겨찾기에 추가한 데모 계정 (Demo Account)이 나타납니다. 여기 있는 각각의 계정이 '속성 및 앱'에 해당하며, 실습 상황에 따라 데모 속성이나 앱을 선택해서 사용하면 됩니다. 속성 및 앱은 줄여서 '속성'이라고도 부릅니다.

그림 2-28 | 즐겨찾기에 추가된 실습용 데모 계정

데모 계정의 데이터 종류는 다음과 같습니다.[10]

표 2-2 | 데모 계정 속성 및 앱의 종류

속성 및 앱	보기	설명
GA4 – Flood-It!	–	구글 Flood-It! 앱 데이터(GA4용)
GA4 – Google Merchandise Store	–	구글 머천다이즈 스토어 데이터(GA4용)
UA – Google Merchandise Store	1 Master View	구글 머천다이즈 스토어 데이터(UA용)

이렇게 웹/앱 분석을 위한 GA 실습 환경까지 구현했습니다.

---

10 GA4는 속성 및 앱은 있지만 '보기'는 없습니다.

구글 애널리틱스의 주요 개념

구글 애널리틱스가 데이터를 수집하면 이 데이터는 계정, 속성,
보기라는 구글 애널리틱스의 구성 요소에 속하게 됩니다.
이번 장에서는 구글 애널리틱스가 데이터를 어디에 어떻게
저장하는지 알아보고, 저장된 데이터의 명칭과
개념에 대해서 알아보겠습니다.

잠깐만요

앞으로는 아래처럼 실습할 화면 경로를 미리 알려 드리겠습니다. 다음 경로를 봐 주세요.

계정	속성 및 앱	보기
Demo Account	UA – Google Merchandise Store	1 Master View
메뉴 경로	획득 〉 전체 트래픽 〉 채널 (Acquisition 〉 All traffic 〉 Channels)	**날짜**	2022/01/01 ~ 2022/01/31

[Demo Account 계정 〉 UA – Google Merchandise Store 〉 1 Master View]에서 [채널] 보고서를 선택하고 캘린더 기간을 '2022/01/01 ~ 2022/01/31'로 지정해서 조회하라는 의미입니다.

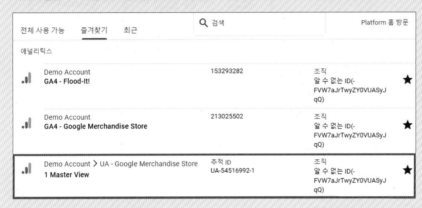

그림 3-1 | 실습 경로 선택하기

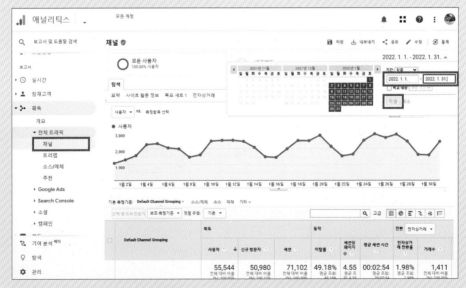

그림 3-2 | 채널 보고서 선택과 캘린더 날짜 지정 조회

⊕ 계속

그러면 다음과 같은 결과 화면이 나타납니다.

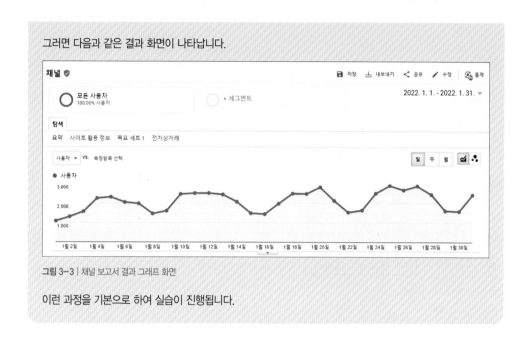

그림 3-3 | 채널 보고서 결과 그래프 화면

이런 과정을 기본으로 하여 실습이 진행됩니다.

3.1 계정, 속성, 보기: GA의 데이터 관리 구조

계정	속성 및 앱	보기
Demo Account	UA - Google Merchandise Store	1 Master View

가장 먼저 우리가 실습하는 경로인 **계정**(account, 어카운트), **속성 및 앱**(property & app, 프로퍼티 & 앱), **보기**(view, 뷰)의 개념에 대해서 알아보겠습니다. GA는 앞에서 제시한 실습 경로처럼 크게 3단계 구조로 구성되어 있습니다. '계정'이 가장 상위 개념이고, 하위 개념이 '속성 및 앱', 그다음 하위 개념이 '보기'입니다.

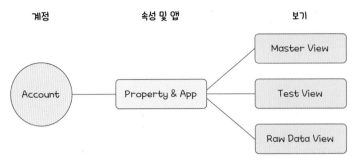

그림 3-4 | GA의 데이터 관리 구조

계정이나 속성 및 앱, 보기를 선택하려면 상단의 계정 선택기를 클릭합니다.

그림 3-5 | 계정 선택기 유형1

계정에 따라서는 다음 그림과 같이 나타나는 경우도 있습니다(구글 머천다이즈 스토어 데모
계정).

그림 3-6 | 계정 선택기 유형2

어느 것이든 기능은 동일합니다.

잠깐만요

구글에서 계정 선택기의 화면을 계속 수정하고 업데이트하고 있습니다. 책의 표기와 조금 다르더라도 괜찮습
니다. 책의 과정을 그대로 따라 했다면 충분히 유추할 수 있습니다.

 1 **GA 계정: 어카운트**

계정은 GA 어카운트(account)를 말합니다. 우리는 2장에서 '모두의GA' 계정을 새로 만들고 구글 데모 계정을 추가했습니다. 계정은 새롭게 만들 수 있으며, 권한이 있다면 이미 만들어진 다른 계정을 추가할 수도 있습니다. 계정 선택기를 클릭하면 다음과 같은 화면이 열립니다. 이 화면에서 계정을 선택할 수 있습니다. '속성 및 앱'과 보기도 마찬가지입니다.

그림 3-7 | GA 계정 영역 화면

2 속성: 원천 데이터베이스

속성 및 앱은 영문으로 프로퍼티 & 앱(Property & App)이라고도 부르는데, GA 계정의 하위 개념으로 GA 데이터가 실제로 저장되는 공간을 말합니다. '속성 및 앱'은 원래 '속성'이라고 불렀는데, GA4가 출시되면서 앱 데이터도 같이 수집하게 되어 '속성 및 앱'으로 불리고 있습니다. 이 책에서는 이후부터는 **속성**이라고 부르겠습니다.

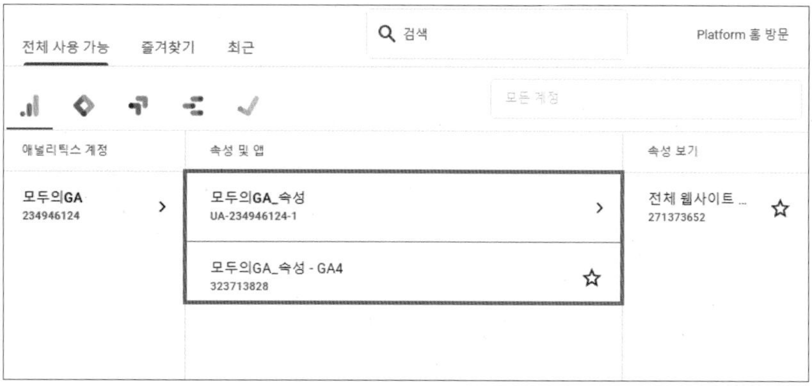

그림 3-8 | 속성 및 앱 영역 화면

속성은 GA의 '원천 데이터베이스'라고 생각하면 이해하기 쉽습니다. 웹 사이트 또는 앱에서 데이터를 수집하면 속성에 저장됩니다.

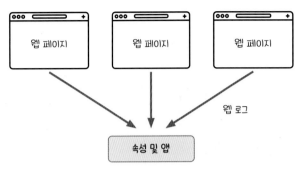

그림 3-9 | 웹 페이지로부터 수집된 데이터와 속성

3 보기: 분석가가 보는 데이터베이스

보기는 영어로 **뷰(view)**라고도 부르는데, 속성의 데이터를 분석가가 미리 정해 놓은 형태로 정리해서 보여 줍니다.

그림 3-10 | 보기 영역

데이터를 저장하는 최종 단위라고 생각해도 좋습니다. 다만 GA4 스탠다드 버전에서는 보기가 없습니다.

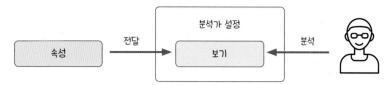

그림 3-11 | 분석가의 분석 대상이 되는 보기

우리가 실습하려는 UA – Google Merchandise Store 속성에는 '1 Master View', '2 Test View', '3 Raw Data View' 이렇게 3개의 보기가 존재합니다. 구글 머천다이즈 스토어 의 보기 구조를 확인하려면 상단 계정 선택기 영역의 '검색' 입력란에 'UA – GOOGLE MERCHANDISE STORE'라고 입력하면 됩니다.

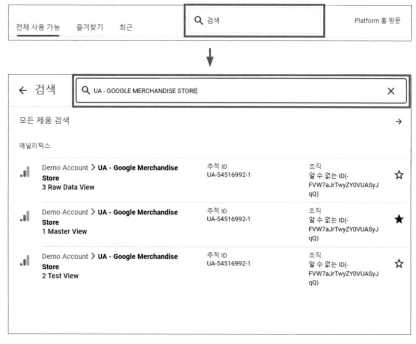

그림 3-12 | 계정 선택기 영역 검색 입력

각각의 보기는 용도가 서로 다른데, 정리하면 다음과 같습니다.

표 3-1 | 구글 머천다이즈 스토어 보기의 종류

보기 이름	목적	GA에서 부르는 다른 이름
① 1 Master View	실제 GA 운영 및 분석을 위한 보기	마스터 보기
② 2 Test View	GA 테스트를 위한 보기	테스트 보기
③ 3 Raw Data View	원천 데이터 그대로 보기	로우 데이터 보기

보기는 GA 사용자가 마음대로 만들 수 있지만, GA에서는 실제 분석 데이터 외의 테스트 데이터와 원천 데이터를 저장하는 3가지 종류의 보기를 필수적으로 만드는 것을 암묵적 원칙으로 하고 있습니다. 즉, 원천 데이터를 유지하면서(③ 3 Raw Data View), 비교하고 테스트해 보고(② 2 Test View), 실제 분석 환경에 적용하는 식입니다(① 1 Master View). 여러분도 보기를 만들 때 3가지 종류의 보기를 만드는 것이 좋습니다. 다만, GA4 스탠다드 버전에서는 보기가 없으므로 앞서와 같은 종류의 보기를 생성하려면 속성 수준에서 생성하는 수밖에 없습니다. GA의 모든 데이터는 수집 시작 시점부터 저장되기 시작합니다. 예를 들어 속성이나 보기를 오늘 만들었다면 오늘부터 데이터가 저장됩니다. 하루 전, 일주일 전 데이터는 소급해서 저장할 수 없습니다. 이 점에 꼭 주의하세요.

 UA와 GA4 비교

GA4도 데이터가 수집되는 원리와 데이터 저장소 구조는 비슷합니다. 또한, 동일하게 계정과 속성이 존재합니다. GA4 스탠다드 버전에서는 UA에서 있는 보기의 개념이 존재하지 않습니다. 다만, GA4 360에는 UA의 보기에 해당하는 **보조 속성**(서브프로퍼티, subproperty)이 최근 생겼습니다. 이는 무료 버전인 GA4 스탠다드 버전에 대한 일종의 기능 제약이라고도 생각할 수 있습니다.

그림 3-13 | GA4 스탠다드에는 보기가 없음

◆ 계속

UA와 GA4의 계정 구조를 비교하면 다음과 같습니다.

표 3-2 | UA와 GA4 계정 구조 비교

구분	UA(GA3)	GA4	비고
계정 구조	계정 〉 속성 〉 보기 (Account 〉 Property 〉 View)	계정 〉 속성 (Account 〉 Property)	GA4 360는 UA 보기에 해당하는 보조 속성이 있습니다.

3.2 사용자와 세션 그리고 페이지 뷰와 이벤트: GA 분석을 위한 기본 요소

보기에 저장된 데이터는 웹/앱 로그 데이터입니다. GA에서는 웹/앱을 방문하는 사용자들이 주고받는 로그 데이터의 양을 트래픽(traffic)이라고 부르며, 데이터를 세는 단위를 **세션(session)**이라고 부릅니다. 세션은 상위 개념으로 **사용자**, 하위 개념으로 **이벤트**를 갖습니다.

1 사용자와 세션: 사용자를 세는 단위

인터넷은 웹 사이트 사용자의 신원을 알기 어려운 구조로 되어 있습니다. 예를 들어 여러분이 쇼핑몰에 접속해도 로그인하지 않으면 웹 사이트에서 여러분이 누구인지 알 수 없습니다.[1] 사용자를 전혀 구분할 수 없으면 데이터 분석을 진행하기 매우 곤란할 것입니다. 예를 들어 새 사용자를 구분하려 해도 지금 막 웹 사이트에 처음으로 방문한 사용자인지, 방금 전에 방문했던 사용자인지 알 수 없기 때문입니다. 따라서 데이터 분석을 정밀하게 진행하기 위해서는 사용자를 구분할 수 있는 단위가 필요합니다. GA는 사용자가 웹 사이트에 접속할 때 접속에 대해 식별 기준을 부여하는데 이것이 바로 **사용자(user)**와 **세션**입니다. 사용자가 상위 개념이고 세션이 하위 개념입니다. 하나의 사용자는 여러 개의 세션을 가질 수 있습니다.

---

1 로그인하면 가입할 때 정보를 바탕으로 확실하게 누구인지 알 수 있습니다. GA에서는 이런 식별 아이디를 UID 또는 유저 ID라고 부릅니다.

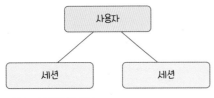

그림 3-14 | 사용자와 세션

■ 사용자(user)

기본적으로 GA는 PC(웹), 스마트폰(앱) 등 기기에 대해 쿠키를 기반으로 한 **클라이언트 ID(CID)**라는 것을 부여하고 개인으로 식별합니다. 또한, 개인은 유저 ID나 구글 시그널[2]을 기반으로 식별할 수도 있습니다. 이렇게 식별된 개인을 **유저**라고 하며, 한국어판 GA4에서는 **사용자**라고 합니다. 사용자는 여러 개의 세션을 가질 수 있습니다.

■ 세션(session)

GA, 그중에서 특히 UA는 **세션**을 기반으로 사용자의 데이터를 수집합니다. 세션이 발생했다는 것은 누군가 우리 웹 사이트를 방문했다는 이야기이고 그렇다면 최소 1개의 **페이지 뷰**가 발생했다는 의미입니다. 즉, 세션은 사용자가 사이트에서 취한 행동의 집합이라고 생각해도 좋습니다. 또한, 세션은 보통 여러 개의 페이지 뷰와 이벤트를 갖습니다. 이것들이 사용자의 행동 집합을 이루며 GA로 이 데이터를 분석하는 것입니다.

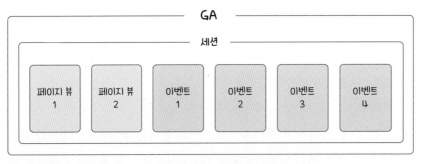

그림 3-15 | 페이지 뷰와 이벤트

---

2   유저 ID와 구글 시그널은 4.1절에서 자세히 설명합니다.

GA는 자정이 지나거나, 사용자가 웹 사이트에서 30분 동안 아무런 동작도 하지 않으면 세션을 종료합니다. 즉, GA는 사용자가 웹 사이트에 접속한 뒤 아무런 행동을 하지 않다가 31분 뒤에 (페이지 이동 등의) 행동을 하면 첫 번째 세션은 종료하고, 두 번째 세션을 생성합니다. 사용자는 1명이지만 여러 세션을 가질 수 있다는 말입니다.

사용자와 세션을 비교하면 다음 표와 같습니다.

표 3-3 | 사용자와 세션

구분	성격	설명	식별 수단
사용자(user)	불변성	쿠키[3], 유저 ID, 구글 시그널 등을 기반으로 사용자를 식별하는 단위	쿠키, 유저 ID, 구글 시그널
세션(session)	임시성	사용자가 갖는 웹 사이트 접속의 단위, GA에서는 30분 동안 행동이 없으면 세션을 초기화함	세션 아이디

2 페이지 뷰와 이벤트

페이지 뷰(page view)[4]와 이벤트(event)는 GA, 특히 UA에서 중요한 개념입니다. 페이지 뷰는 사용자가 웹 페이지를 얼마나 보았는지를 의미하고, 이벤트는 사용자가 웹 페이지에서 어떤 행동을 얼마나 했는지를 의미합니다. 예를 들어 특정 웹 페이지를 방문하면 페이지 뷰가 발생하고, 스크롤을 내리거나 버튼을 클릭하거나 동영상을 시청하면 이벤트가 발생합니다.

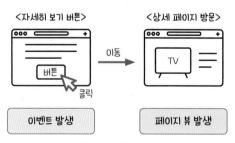

그림 3-16 | 페이지 뷰와 이벤트 개념

---

3 쿠키란 웹 브라우저에 저장되어 있는 사용자의 사용자 기록을 담은 작은 파일을 말합니다.

4 페이지 뷰는 GA 계정 구조의 '보기', 즉 View와는 완전히 다른 개념입니다.

다만 GA4에서는 페이지 뷰 또한 하나의 이벤트(웹은 page_view 이벤트, 앱은 screen_view 이벤트)로 취급합니다. 즉, 페이지 뷰와 이벤트를 다른 개념으로 구분했던 UA와 다르게 GA4에서는 사용자의 모든 상호 작용을 이벤트 단위로 수집합니다. GA4 이벤트에 대해서는 7.3절에서 자세히 다룹니다.

GA 보고서의 대부분은 사용자와 세션, 그리고 페이지 뷰와 이벤트로 표현한다고 해도 과언이 아닙니다. 중요한 개념이므로 꼭 알아 둡시다.

 UA와 GA4 비교

UA에서 **이벤트**에 대한 정보 개념으로 액션의 분류를 나타내는 **카테고리(category)**, 상호 작용과 행동을 나타내는 **액션(action)**, 행동에 대한 정보를 나타내는 **라벨(label)**이 있습니다. 카테고리, 액션, 라벨은 GA 설계자가 어떻게 정의했는지에 따라 얼마든지 개념과 데이터가 달라질 수 있습니다.[5]

그림 3-17 | UA의 이벤트 카테고리, 액션, 라벨 구조(GA4에서는 사라짐)

UA에서는 이벤트의 '카테고리, 액션, 라벨' 구조가 미리 정의되어 있어서 분석가는 이에 맞게 사용해야 했습니다. 하지만 GA4에서는 이벤트의 '카테고리, 액션, 라벨' 구조가 사라지고 '이벤트 〉매개변수' 구조로만 되어 있습니다(분석가가 원한다면 GA4에서도 매개변수를 사용해 UA처럼 구현할 수 있습니다).
UA와 GA4의 데이터 구조를 구별하는 가장 큰 차이점은 세션을 기본으로 하는 페이지 뷰/이벤트 구조(UA)인가, 순수 이벤트 구조(GA4)인가입니다. GA4에 세션 개념이 없는 것은 아니지만 UA보다 약화되었습니다. 이는 GA4 초기, 웹/앱의 이벤트 기반으로만 수치를 측정하려 했던 구글의 의도가 반영된 것이었는데, 시간이 지날수록 세션의 필요성이 대두되면서 세션 지표들이 재등장하기 시작합니다. GA4는 이벤트의 상세 정보는 **매개변수(parameter)**를 이용해서 구현합니다. 각 매개변수는 값(value)을 갖습니다.

○ 계속

---

5   이벤트를 어떻게 사용하고 분석하는지는 GA4와 관련된 7장에서 자세히 다룹니다.

표 3-4 | UA와 GA의 이벤트 개념 비교

구분	UA(GA 360)	GA4	비고
이벤트 성격	세션을 기본으로 하는 이벤트	순수 이벤트 기반 이벤트	
이벤트 구조	이벤트(카테고리 – 액션 – 라벨)	이벤트 〉 매개변수	
자동 수집 이벤트	자동 수집 이벤트 없음	웹/앱 관련 자동 수집 이벤트 존재	
이벤트 개수 제한	없음	500개	

3.3 측정기준과 측정항목: 디멘션과 메트릭

메뉴 경로	획득 〉 전체 트래픽 〉 소스/매체 (Acquisition 〉 All traffic 〉 Source/Medium)

GA 보고서는 보통 2차원의 표(테이블) 형태로 구성되어 있습니다. 이 테이블을 구성하는 가장 기본적인 항목이 **측정기준**과 **측정항목**입니다. 우리에게 익숙한 엑셀(Excel)을 떠올리면 이해하기 쉽습니다. 엑셀 역시 2차원의 표를 가지며, 이 표에 기준들과 항목들이 나열됩니다. **측정기준**은 **디멘션(dimension)**이라고 부르고 **측정항목**은 **메트릭(metric)**이라고 부릅니다. 결과 표현을 위한 측정기준과 측정항목은 쌍둥이처럼 함께 다닙니다.

측정기준과 측정항목을 예를 들어 설명하겠습니다.

① **측정기준**: '유치원생', '초등학생', '중학생', '고등학생', '대학생'을 담고 있는 구분

② **측정항목**: 수치를 담고 있는 '평균 키', '평균 몸무게', '평균 발 크기'

학생 구분 ①	평균 키	평균 몸무게 ②	평균 발 크기
유치원생	100	20	150
초등학생	120	30	180
중학생	140	40	220
고등학생	160	50	230
대학생	170	60	250

그림 3-18 | 측정기준과 측정항목

즉, 분석을 위해 나누는 기준을 측정기준이라고 하고 이에 대한 수치 항목을 측정항목이라고 합니다.

1 측정기준

측정기준이란 데이터를 분석하는 기준을 말합니다. 예를 들어 네이버와 구글로 접속한 사용자를 확인하고자 한다면 네이버와 구글을 구분할 수 있는 기준이 필요합니다. 이때 구분하는 기준을 측정기준이라고 부릅니다(①). 여기서 네이버와 구글은 사용자의 유입 원천입니다. 유입 원천을 구분하려면 **소스(source)**라는 측정기준을 사용합니다. 여기에 **매체(medium)**라는 측정기준을 같이 쓸 수 있습니다. 소스는 유입 원천, 매체는 유입 방법이라고 생각하면 됩니다. 즉, **소스/매체(source/medium)**라는 측정기준을 사용하면 됩니다. '소스/매체'로 구분하면 다음 그림처럼 데이터가 출력됩니다.

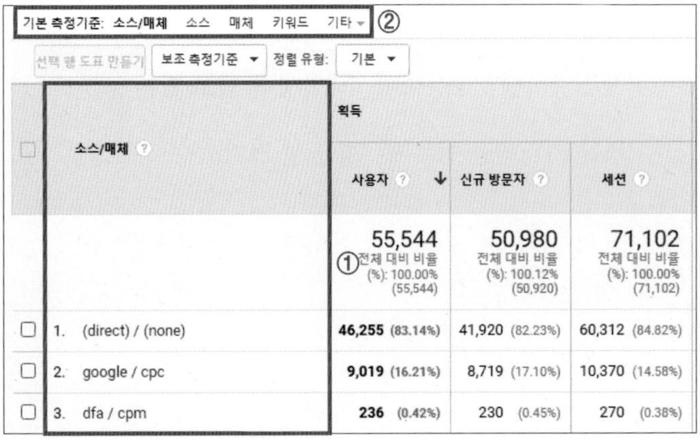
기본 측정기준: 소스/매체 소스 매체 키워드 기타 ②
선택 행 도표 만들기 보조 측정기준 정렬 유형: 기본

소스/매체	획득 사용자	신규 방문자	세션
	55,544 ① 전체 대비 비율 (%): 100.00% (55,544)	50,980 전체 대비 비율 (%): 100.12% (50,920)	71,102 전체 대비 비율 (%): 100.00% (71,102)
1. (direct) / (none)	46,255 (83.14%)	41,920 (82.23%)	60,312 (84.82%)
2. google / cpc	9,019 (16.21%)	8,719 (17.10%)	10,370 (14.58%)
3. dfa / cpm	236 (0.42%)	230 (0.45%)	270 (0.38%)

그림 3-19 | 측정기준(소스/매체 사례)

만약 보고서에서 측정기준을 다른 것으로 바꾸고 싶다면 상단 [기본 측정기준] 메뉴에서 다른 측정기준을 선택하면 됩니다(②). 예를 들어 [키워드]를 클릭하면 측정기준이 키워드로 바뀝니다. [기타]를 선택하면 지금 표시되고 있는 측정기준 외의 다양한 기본 측정기준을 선택할 수 있습니다.

2 보조 측정기준

GA 보고서에 대해서 측정기준을 추가로 적용할 수 있는데, 이것을 **세컨더리 디멘션(secondary dimension)**, 즉 **보조 측정기준**이라고 부릅니다. 보조 측정기준은 [기본 측정기준] 아래 혹은 바로 옆에 위치하며, [기본 측정기준]에 '그리고(and)' 기준으로 적용됩니다. 예를 들어 [보조 측정기준]을 '기기 카테고리(Device Category)'로 적용하면 다음 그림처럼 '기본 측정기준'은 '소스/매체', '보조 측정기준'은 '기기 카테고리'로 구분해서 보여 줍니다(①).

그림 3-20 | 보조 측정기준 선택

보조 측정기준을 적용하면 깊이 있게 분석할 수 있습니다.[6] 적용된 [보조 측정기준]을 삭제하고 싶다면 삭제(🔘) 버튼을 클릭하면 됩니다(②). 그 외 조건에 맞는다면 정렬 유형을 '기본', '절댓값', '가중치 적용'으로 선택할 수도 있습니다(③).

---

6 이를 드릴다운(drill-down) 분석이라고 합니다.

그림 3-21 | 보조 측정기준을 적용한 화면

만약 측정기준을 3개 이상 적용하고 싶다면 뒤에서 배울 **맞춤 보고서**를 사용해야 합니다(이렇게 하려면 GA4에서는 **탐색 분석** 기능을 사용해야 합니다).

이외에 **맞춤 측정기준(custom dimension)**이 있는데, 맞춤 측정기준은 GA가 기본 제공하는 측정기준 외에 분석가가 분석 목표에 따라 수동으로 생성해서 사용하는 측정기준을 말합니다. UA에서는 '맞춤 측정기준'을 생성하려면 개발자의 도움이 필요합니다. 하지만 GA4에서는 개발자 도움 없이 분석가가 쉽게 만들 수 있도록 비교적 쉽게 변경되었습니다.

③ 측정항목

GA에서 측정항목은 측정기준과 함께 사용됩니다. GA 보고서는 측정기준에 가장 잘 어울리는 측정항목의 조합을 미리 만들어 놓았습니다. 다음 그림에서 '사용자(Users)', '신규 방문자(New Users)', '세션(Session)'이 측정항목입니다. 각 측정항목은 구체적인 수치(데이터)를 가지고 있습니다.

기본 측정기준: **소스/매체** 소스 매체 키워드 기타 ▾

	소스/매체 ⑦	획득		
		사용자 ⑦ ↓	신규 방문자 ⑦	세션 ⑦
		55,544 전체 대비 비율 (%): 100.00% (55,544)	**50,980** 전체 대비 비율 (%): 100.12% (50,920)	**71,102** 전체 대비 비율 (%): 100.00% (71,102)
☐	1. (direct) / (none)	**46,255** (83.14%)	41,920 (82.23%)	60,312 (84.82%)
☐	2. google / cpc	**9,019** (16.21%)	8,719 (17.10%)	10,370 (14.58%)
☐	3. dfa / cpm	**236** (0.42%)	230 (0.45%)	270 (0.38%)
☐	4. Partners / affiliate	**122** (0.22%)	110 (0.22%)	144 (0.20%)

그림 3-22 | 보고서의 측정항목

분석가는 측정기준을 측정항목과 교차해 보면서 세부적인 현황을 파악할 수 있습니다. 예를 들어 앞의 그림에서는 '소스/매체'(측정기준)에 있는 google/cpc의 '사용자'(측정항목)는 9,019명이며 '신규 방문자'(측정항목)는 8,719명이고 '세션'은 10,370건인 것을 알 수 있습니다.

측정기준과 측정항목을 항상 분석가가 원하는 대로 조합할 수 있는 것은 아닙니다. GA가 정해 놓은 어울리는 측정기준과 측정항목은 정해져 있으며, 분석가가 GA에서 측정기준 또는 측정항목을 선택할 때 조합 가능한 항목들이 자동으로 나타납니다. GA의 많은 보고서가 측정기준과 측정항목으로 구성되어 있으므로 측정기준과 측정항목의 개념은 반드시 알아 두기 바랍니다.

> **TIP**
> **측정기준과 측정항목 개념 쉽게 익히기**
>
> 측정기준, 즉 **디멘션**을 직역하면 '차원'이고, 측정항목, 즉 **메트릭**을 직역하면 '지표'입니다. 이런 개념들이 헷갈릴 때가 있는데 다음과 같이 이해하면 쉽습니다.
>
> 측정기준은 주로 문자로 표현되기 때문에 '문자' 기준을 뜻하며, 측정항목은 주로 숫자로 표현되기 때문에 수치 항목을 뜻한다고요. 측정기준은 주로 문자로 되어 있고, 측정항목은 숫자로 되어 있다고 생각하면 됩니다.

3.4 콘텐츠 그룹: 페이지 특성별로 그룹화한 페이지

계정	속성 및 앱	보기	
모두의GA	모두의GA_속성	전체 웹 사이트 데이터 (All Web Site Data)	
메뉴 경로	관리 〉 보기 〉 콘텐츠 분류 (Admin 〉 View 〉 Contents Grouping)	날짜	–

콘텐츠 그룹이란 웹 사이트의 페이지를 성격에 맞게 묶어 놓은 것을 말합니다. 예를 들어 상품 내용을 담고 있는 웹 페이지들을 성격에 따라 '어패럴', '라이프 스타일', '브랜드' 등으로 미리 그룹화해 놓는다면 '어패럴'에 해당되는 전체 웹 페이지의 **페이지 뷰**와 **이탈률** 등을 한 번에 확인할 수 있습니다. 예를 들어 다음 표의 콘텐츠 그룹에는 제품 카테고리, 브랜드, 성별이 있으며, 콘텐츠 그룹 중에 제품 카테고리에 해당하는 것은 Apparel, Lifestyle, Brands 등입니다. UA에서 제품 카테고리, 브랜드, 성별 등 콘텐츠 그룹은 5개까지 생성할 수 있습니다.

표 3-5 | 구글 머천다이즈 스토어의 콘텐츠 그룹

콘텐츠 그룹	제품 카테고리	브랜드	성별
그룹	Apparel	Google	Men
	Lifestyle	YouTube	Women
	Brands	Android	......
	......	......	......

그럼 콘텐츠 그룹을 설정해 보겠습니다. 구글 머천다이즈 스토어는 구글에서 제공하는 데모 계정이기 때문에 콘텐츠 그룹을 설정할 수 없으므로 앞서 실습으로 생성한 '모두의GA' 계정을 사용하겠습니다.

1 '모두의GA' 계정에서 [관리 〉 보기 〉 콘텐츠 분류]를 클릭합니다.

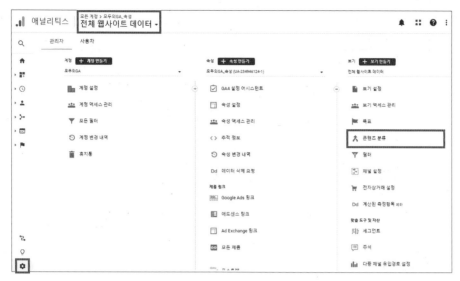

그림 3-23 | [콘텐츠 분류] 메뉴 선택

② 새 콘텐츠 그룹을 생성하는 화면이 나타납니다. [새 콘텐츠 그룹]을 클릭합니다. 콘텐츠 그룹은 최대 5개까지 생성할 수 있습니다.

그림 3-24 | 새 콘텐츠 그룹 생성

③ 콘텐츠 그룹을 설정하는 화면이 나타나면 콘텐츠 그룹의 [이름]을 'Product Categories'라고 입력합니다(①). 콘텐츠 그룹을 설정하는 다양한 방법이 있는데 우리는 '규칙 세트 생성하기' 방법으로 콘텐츠 그룹을 설정하겠습니다. [규칙 세트 만들기(Create a rule set)]를 클릭합니다(②).

콘텐츠 그룹 설정

이름

Product Categories ①

그룹 구성
콘텐츠 분류는 사이트 또는 앱 콘텐츠의 논리적 모음을 만들어 이를 보고서의 기본 측정기준으로 사용합니다. 아래 방법 중 하나 이상을 사용하여 콘텐츠를 분류합니다. 자세히 알아보기

추적 코드별로 그룹화

\+ 추적 코드 설정

추출을 사용하는 그룹

\+ 추출 추가

규칙 정의를 사용하는 그룹

\+ 규칙 세트 만들기 ②

그림 3-25 | 콘텐츠 그룹 설정

❹ 규칙을 정의하는 화면이 나타납니다. 첫 번째 그룹을 설정해 보겠습니다. 그룹 이름에는 'Apparel'이라고 입력하고(①) [규칙 정의(Define rules)]에는 '페이지(page)', '다음으로 시작함(starts with)'을 선택한 후 '/google+redesign/apparel'이라고 입력합니다(②). /google+redesign/apparel로 시작하는 페이지는 모두 Apparel이라고 그룹화하겠다는 의미입니다. 모두 완료되었으면 [저장(save)] 버튼을 클릭합니다(③).

규칙 정의를 사용하는 그룹

1. Apparel ①

규칙 정의

페이지 ▾ 다음으로 시작함: ▾ +/google+redesign/appar ② — OR AND

완료 취소

채널 그룹에서 정규 표현식이 작동하는 원리 알아보기
규칙을 끌어와 적용할 순서를 지정합니다.

③
저장 취소

그림 3-26 | 콘텐츠 그룹 규칙 정의

그러면 다음과 같이 콘텐츠 그룹이 생성됩니다.

지수	이름	설명	최종 수정 날짜	상태
1	Product Categories	정의 1개	2022. 7. 20. 오전 9:48:42	실정

사용할 수 있는 그룹이 4개 남아 있습니다.

그림 3-27 | 생성된 콘텐츠 그룹

이런 식으로 구글 머천다이즈 스토어와 마찬가지로 두 번째 Lifestyle 그룹, 세 번째 Brands 그룹도 생성할 수 있습니다.

현재 계정(모두의GA)에 구글 머천다이즈 스토어 계정의 콘텐츠 그룹과 동일한 구조로 콘텐츠 그룹을 생성했습니다. 하지만 추적 코드를 삽입하지 않았으므로 지금까지의 과정만으로는 데이터가 수집되지 않습니다. 구글 머천다이즈 스토어와 콘텐츠 그룹 구조는 동일하므로 실제 데이터가 존재하는 구글 머천다이즈 스토어에서 데이터를 확인해 보겠습니다.

5 다음 경로로 이동합니다.

계정	속성 및 앱	보기	
Demo Account	UA - Google Merchandise Store	1 Master View	
메뉴 경로	행동 〉 사이트 콘텐츠 〉 모든 페이지 (Behavior 〉 Site Contents 〉 All pages)	**날짜**	–

화면이 나타나면 다음과 같이 결과표 상단에서 [콘텐츠 그룹 분류: Product Categories(콘텐츠 그룹)]를 선택합니다.

그림 3-28 | 콘텐츠 그룹 분류 선택

6 그러면 다음과 같이 앞서 설정했던 Apparel을 포함한 콘텐츠 그룹들이 나타납니다.

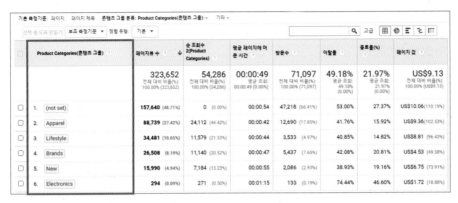

그림 3-29 | 콘텐츠 그룹 출력

이렇게 콘텐츠 그룹을 통해 웹 페이지 성격으로 분류하여 다양한 지표들을 확인할 수 있습니다. 콘텐츠 그룹은 '행동 흐름 보고서(Behavior Flow)'에서도 유용하게 활용할 수 있습니다.

UA와 GA4 비교

GA4에서는 콘텐츠 그룹을 딱 1개만 생성하도록 단순화되었습니다. 즉, GA4를 사용해 UA와 같이 깊이 있는 콘텐츠 그룹화와 분석을 하려면 이벤트 매개변수를 응용해서 콘텐츠 그룹을 제작해야 합니다. GA4 콘텐츠 그룹은 [보고서 > 참여도 > 페이지 및 화면(Reports > Engagement > Pages and screens)] 보고서에서 확인할 수 있습니다.

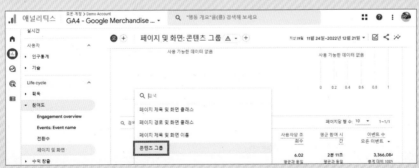

그림 3-30 | GA4 콘텐츠 그룹

표 3-6 | UA와 GA4 콘텐츠 그룹 비교

구분	UA(GA3)	GA4	비고
콘텐츠 그룹 구조	5개의 콘텐츠 그룹 구조	1개 콘텐츠 그룹 구조	

4장

분석 환경
설정하기

수집된 데이터는 분석가의 데이터 분석 목적에 알맞게
저장되어야 합니다. 이번 장에서는 GA 데이터 분석을 위한
주요한 GA 설정에 대해 알아보겠습니다. 지금부터 하려는
설정은 주로 UA에서 진행하는 설정이지만 GA4와도 관련된
중요한 개념이 많이 나오므로 정독하기를 추천합니다.

① 수집 → ② 저장 → ③ 분석

4.1 속성 설정: 원천 데이터베이스 설정하기

계정	속성 및 앱	보기	
모두의GA	모두의GA_속성	전체 웹 사이트 데이터 (All Web Site Data)	
메뉴 경로	관리 〉 속성 (Admin 〉 Property)	날짜	–

속성을 설정해 보겠습니다. GA는 굉장히 많은 설정 옵션을 제공하는데, 그중 가장 기본적인 옵션 위주로, 구글 머천다이즈 스토어의 속성, 보기 구조와 유사하게 설정하겠습니다. 구글 머천다이즈 스토어의 데이터를 가져다 쓰는 것이 아니라 유사한 환경을 만들기만 한다는 것에 유의하세요.[1] GA4의 속성 설정은 UA에 비해 간략화되었습니다. UA와 설정 비교가 필요한 내용은 별도로 언급하겠습니다.

1 속성 추가하기

속성과 보기는 [관리(Admin)] 메뉴에서 설정할 수 있습니다. [관리] 메뉴 설정을 이용해 계정 관리를 어떻게 할지, 속성에는 어떻게 데이터를 저장할지, 보기에는 (분석가가) 어떻게 데이터를 정리해서 활용할지 정하게 됩니다. 먼저 속성부터 설정해 보겠습니다.

---

1   우리의 추적 코드를 구글 머천다이즈 스토어에 삽입할 수 없기 때문에 당연한 것입니다. 구글 웹 사이트에서는 외부의 추적 코드 삽입을 허락하지 않습니다.

① 왼쪽 하단의 톱니바퀴 모양의 [관리 ⚙] 메뉴를 클릭합니다.

그림 4-1 | [관리] 메뉴 클릭

그러면 상세 관리 화면이 나타납니다. 2장에서 만든 속성(모두의GA_속성) 외의 새로운 속성을 생성해 보겠습니다.

② [속성 만들기(Create Property)]를 클릭합니다.

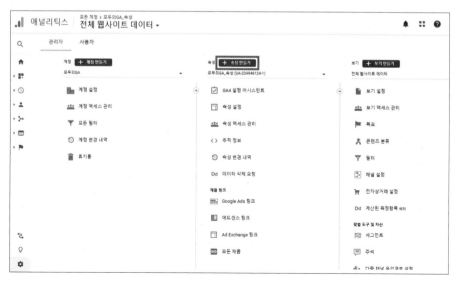

그림 4-2 | 신규 속성 생성

❸ 속성 설정(Property details) 화면이 나타납니다. 다음과 같이 속성 이름(Property Name), 보고 시간대(time zone), 통화(currency)를 입력합니다. 저는 [속성 이름]은 '모두의GA_속성(머천다이즈셋팅실습)'(①), [보고 시간대]는 '대한민국(South Korea)'(②), [통화]는 '대한민국 원(South Korean Won, ₩)'(③)으로 설정했습니다. 모두 입력했다면 [고급 옵션 보기(Show advanced options)]를 클릭합니다(④).

---

❶ 속성 설정

시설 세부정보
속성은 비즈니스의 웹 및 앱 데이터를 나타냅니다. 계정 하나에 1개 이상의 속성을 추가할 수 있습니다. 자세히 알아보기
기존 Firebase 프로젝트의 새 속성을 만들려면 *Firebase 계정으로 이동*하세요.

Google 애널리틱스 4 속성을 만들면 웹 및 앱 데이터를 측정할 수 있습니다.

속성 이름:

① 모두의GA_속성(머천다이즈셋팅실습)

보고 시간대

② 대한민국 ▾   (그리니치 표준시 +09:00) 대한민국 시간 ▾

통화

③ 대한민국 원 (₩) ▾

나중에 관리 메뉴에서 이러한 속성 세부정보를 수정하실 수 있습니다.

④ 고급 옵션 보기

그림 4-3 | 속성 상세 정보 입력

❹ 우리는 구글 머천다이즈 스토어를 분석할 수 있는 UA 속성을 만드는 것을 목표로 하겠습니다. [유니버설 애널리틱스 속성 만들기(Create a Universal Analytics property)] 버튼을 클릭해 활성화합니다.

유니버설 애널리틱스 속성 만들기

ⓘ 2023년 7월 1일부터 유니버설 애널리틱스 속성이 데이터를 수집하지 않습니다. 대신 Google 애널리틱스 4 속성을 만드는 것이 좋습니다.

그림 4-4 | [유니버설 애널리틱스 속성 만들기] 버튼 클릭

❺ 추가 정보를 입력하는 화면이 나타나면 [웹 사이트 URL]에 'shop.googlemerchandisestore.com'이라는 구글 머천다이즈 스토어 주소를 입력하고(①) [유니버설 애널리틱스 속성만 만들기(Create a Universal Analytics property only)]를 선택합니다(②). 유니버설 애널리틱스(UA) 속성만 만들겠다는 의미입니다. 마지막으로 [다음(next)] 버튼을 클릭합니다(③).

웹사이트 URL

https:// ▼ | shop.googlemerchandisestore.com | ①

○ **Google** 애널리틱스 4 속성과 유니버설 애널리틱스 속성 둘 다 만들기
이렇게 하면 연결된 사이트 태그로 두 개의 속성이 생성되므로 웹사이트에 태그를 한 번만 지정하면 됩니다. <u>자세히 알아보</u>

☐ Google 애널리틱스 4 속성에 대해 향상된 측정 사용 설정
표준 화면 보기 측정 외에도 사이트의 상호작용을 자동으로 측정합니다.
관련 이벤트와 함께 링크, 삽입된 동영상 등의 페이지 요소에서 데이터가 수집될 수 있습니다. 개인 식별 정보가 Google
자세히 알아보기

◉ 유니버설 애널리틱스 속성만 만들기 ②

이 계정에 속성을 98개 더 만들 수 있습니다.

[다음] ③

그림 4-5 | 속성 추가 정보 입력

❻ 그러면 비즈니스 정보 입력 화면이 나타납니다. 업종 카테고리(Industry category), 비즈니스 규모(Business size), GA 사용 목적 등을 적절하게 입력합니다. 저는 [업종 카테고리]를 '쇼핑(Shopping)'으로 선택하고(①), [비즈니스 규모]를 '중간-직원 11~100명(Medium)'(②), 사용 목적을 '고객 참여도 측정', '광고비 최적화'로 선택했습니다(③). 이 중 [업종 카테고리]는 향후 동일 업종군과 비교 분석하기 위해 사용됩니다. 이 설정들은 나중에 변경할 수 있습니다. 모두 입력했으면 [만들기(Create)] 버튼을 클릭합니다(④).

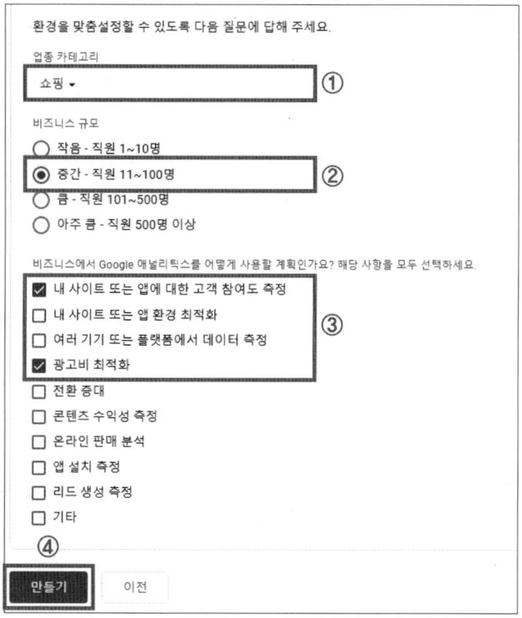

환경을 맞춤설정할 수 있도록 다음 질문에 답해 주세요.

업종 카테고리
[쇼핑 ▼] ①

비즈니스 규모
○ 작음 - 직원 1~10명
◉ 중간 - 직원 11~100명 ②
○ 큼 - 직원 101~500명
○ 아주 큼 - 직원 500명 이상

비즈니스에서 Google 애널리틱스를 어떻게 사용할 계획인가요? 해당 사항을 모두 선택하세요.
☑ 내 사이트 또는 앱에 대한 고객 참여도 측정
☐ 내 사이트 또는 앱 환경 최적화
☐ 여러 기기 또는 플랫폼에서 데이터 측정 ③
☑ 광고비 최적화
☐ 전환 증대
☐ 콘텐츠 수익성 측정
☐ 온라인 판매 분석
☐ 앱 설치 측정
☐ 리드 생성 측정
☐ 기타
④
[만들기] [이전]

그림 4-6 | 속성 비즈니스 정보 입력

❼ 이상 없이 진행되었다면 새로운 속성이 만들어집니다. 내용을 살펴보면 다음과 같습니다(다음 그림은 [관리 〉 속성 〉 추적 정보 〉 추적 코드] 경로와 같습니다).

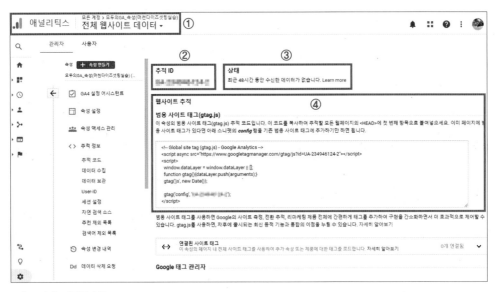

그림 4-7 | 새로 생성된 속성

① '모두의GA_속성(머천다이즈셋팅실습)' 속성이 생성되었습니다. '전체 웹 사이트 데이터(All Web Site Data)' 보기가 자동으로 생성됩니다.

② **추적 ID(Tracking ID):** 데이터를 수집할 때 사용하는 고유 아이디입니다. '추적 ID(UA-XXXXXXXX-X)'는 속성 고유 아이디로, 변경할 수 없습니다.

③ **상태(Status):** 데이터가 수집되는지 여부는 상태(Status)를 통해 확인할 수 있습니다. 현재 설정 단계에서는 아직 추적 코드가 삽입되지 않았기 때문에 데이터가 수집되지 않습니다.

④ **웹 사이트 추적(Website tracking):** 2장에서 살펴보았던 추적 코드(gtag.js)도 확인할 수 있습니다. 해당 스크립트를 복사해서 웹 페이지마다 삽입하면 데이터가 GA로 전송되기 시작합니다.

잠깐만요

GA4 속성 만들기

GA4 속성 만들기는 UA에 비해 상대적으로 간결해졌을 뿐, 방법은 UA와 거의 같습니다. GA4의 속성 생성은 UA와 마찬가지로 GA4의 [관리 〉 속성] 메뉴에서 할 수 있습니다.

속성 만들기

① 속성 설정

시설 세부정보
속성은 비즈니스의 웹 및 앱 데이터를 나타냅니다. 계정 하나에 1개 이상의 속성을 추가할 수 있습니다. 자세히 알아보기
기존 Firebase 프로젝트에 사용할 새 속성을 만들려면 'Firebase 계정으로 이동하세요.

Google 애널리틱스 4 속성을 만들면 웹 및 앱 데이터를 측정할 수 있습니다.

속성 이름:

보고 시간대
미국 ▾   (그리니치 표준시 -07:00) 로스앤젤레스 시간 ▾

통화
미국 달러 ($) ▾

나중에 관리 메뉴에서 이러한 속성 세부정보를 수정하실 수 있습니다.

그림 4-8 | GA4 속성 만들기 화면

지금부터는 새로 생성된 속성에 기본 설정을 진행해 보겠습니다. GA 실습 경로는 다음과 같습니다.

계정	속성 및 앱	보기
모두의GA	모두의GA_속성(머천다이즈셋팅실습)	전체 웹 사이트 데이터 (All Web Site Data)

② 구글 시그널

메뉴 경로	관리 〉 속성 〉 추적 정보 〉 데이터 수집 (Admin 〉 Property 〉 Tracking Info 〉 Data Collection)

GA는 기기에 따라 사용자를 구분하기 때문에 동일한 'A 사용자'가 'S 서비스'의 웹 사이트를 이용하다가 'S 서비스'의 앱을 이용하면 'A 사용자'를 2명의 개별 사용자로 인식합니다. 하지

만 이렇게 되면 데이터 분석이나 마케팅 활동이 부정확할 수밖에 없습니다. **구글 시그널**(구글 신호 데이터)은 구글 제품(크롬, 지메일 등)을 사용할 때 동의한 사용자에 대하여 1명으로 식별할 수 있게 도와주는 기능입니다. 즉, 구글 시그널은 사용자 연결에 동의한 'A 사용자'가 다른 서비스나 다른 기기에 접속하더라도 똑같이 'A 사용자'라고 인식할 수 있게 해 주는 기능입니다. 이를 통해 개인화 분석, 개인화 서비스, 개인화 마케팅 등 정교한 비즈니스 활동이 가능해집니다. 구글 시그널이 활성화되면 리마케팅(remarketing)[2]과 확장된 광고 마케팅 기능을 사용할 수 있습니다.

그림 4-9 | 구글 시그널 설정 경로

[관리 〉 속성 〉 추적 정보 〉 데이터 수집]을 클릭합니다. 다음 화면에서 [리마케팅(Remarketing)]과 [광고 보고서 기능(Advertising Reporting Features)]의 설정 아이콘을 클릭해 모두 활성화(ON)합니다.

---

2   자사 웹 사이트에 방문한 고객을 분석해서 해당 고객에게 적합한 광고를 다시 노출하여 성과를 극대화하는 마케팅 기법을 말합니다.

리마케팅

디스플레이 및 검색 리마케팅의 데이터 수집을 사용 설정합니다. 여기에는 사용자가 Google 계정과 웹 및 앱 검색 기록을 연결하도록 설정하고 Google 계정에서
얻은 이러한 정보로 광고가 맞춤설정되도록 선택한 Google에 로그인한 사용자로부터 얻은 데이터가 포함됩니다. Google 애널리틱스는 잠재고객을 지원하기 위
해 일시적으로 이러한 식별자를 광고주의 Google 애널리틱스 데이터에 결합합니다. 이 설정을 사용할 경우 민감한 카테고리 관련 규칙을 비롯한 <u>Google 애널리
틱스 광고 기능 정책</u> 및 광고주가 수집하고 Google과 공유하는 데이터와 관련된 최종 사용자의 개인정보처리방침 공개를 준수해야 합니다.

[설정]

광고 보고서 기능

잠재고객 인구통계 및 관심분야 보고서, Campaign Manager 360 보고서, Display & Video 360 보고서, Google 디스플레이 네트워크 노출 보고서 등 사용자를 이
해하는 데 유용한 광고 보고 기능을 설정합니다. <u>자세히 알아보기</u>

[설정]

그림 4-10 | 구글 시그널 활성화

---

3 유저 ID 설정하기

메뉴 경로	관리 〉 속성 〉 추적 정보 〉 User-ID (Admin 〉 Property 〉 Tracking Info 〉 User-ID)

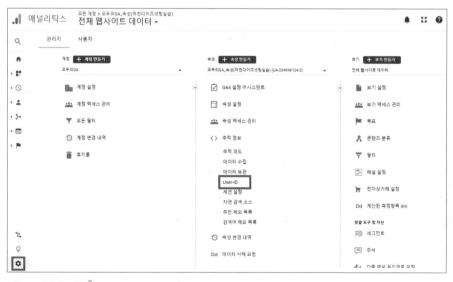

그림 4-11 | 유저 ID 설정[3]

---

3   유저 ID(User-ID)와 사용자 ID는 같은 말입니다. 한국어판 GA 메뉴가 영문으로 User-ID로 표기되어 있으므로 책에서는 User-ID를 유저
    ID로 표기하겠습니다.

기본적으로 GA는 스마트폰(앱), PC(웹) 등 기기에 대해 쿠키 기반의 **클라이언트 ID**를 부여하고 개인으로 식별합니다. 앞서 구글 시그널에서 설명했듯이 이렇게 되면 데이터 분석이나 마케팅 활동이 정확하지 않을 수 있습니다. 하지만 기기에서 공통적으로 사용되는 **유저 ID(user-ID)**가 있다면 앱이든 웹이든 쉽게 고유 사용자를 식별할 수 있습니다. 예를 들어 여러분이 사용하는 네이버 ID는 네이버 앱에서나 네이버 웹에서나 동일하며, 고유 사용자로 식별합니다. 이런 네이버 ID가 바로 유저 ID이며, 유저 ID가 GA로 전송되면 GA도 유저 ID를 통해 고유한 개인을 식별할 수 있습니다.

❶ 유저 ID 보기를 활성화하려면 [User-ID] 메뉴에서 유저 ID 정책에 동의합니다(①). 그리고 [다음 단계(Next Step)] 버튼을 클릭합니다(②).

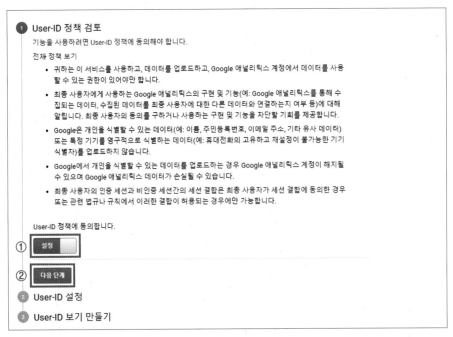

그림 4-12 | 유저 ID 정책에 동의

❷ 세션 통합 활성화 화면이 나타납니다. 사용자가 웹 사이트에 방문해서 로그인하지 않은 상태로 활동하면 GA는 해당 세션이 어떤 사용자인지 알 수 없습니다. 세션 통합을 활성화하면 GA는 사용자가 로그인하는 시점에, 유저 ID를 기준으로 로그인하기 전 사용자의 행동에

대해서도 해당 유저 ID의 세션 활동으로 계산해서 보고서를 제공합니다. [세션 통합(Session Unification)]을 활성화합니다(①). 그리고 [다음 단계(Next Step)] 버튼을 클릭합니다(②).

세션 통합

세션 통합을 사용하는 경우, ID 값이 처음으로 할당된 시점의 세션에서 발생했다면 User-ID가 할당되기 전에 발생한 조회수도 ID와 연결할 수 있습니다. 세션 통합을 사용하지 않으면 User-ID에 연결된 데이터만 수집됩니다. 세션 통합에 대해 자세히 알아보기

① 설정

권장사항

- 시스템에서 사용자를 식별한 후에 USER_ID 필드를 설정해야 합니다.
- 세션에서의 모든 조회수에 대해 값을 설정해야 합니다. 페이지에서의 모든 추가 애널리틱스 조회수에 이 값이 포함되도록 하려면 set 메소드를 사용하는 것이 좋습니다.
- 사용자가 식별된 것으로 간주되는 다음 페이지는 모두 이 값을 설정해야 합니다.
- 세션 통합에 따른 영향에 대해 알아보도록 합니다. 세션 통합은 기본적으로 사용으로 설정되어 있지만 필요한 경우 이를 해제할 수 있습니다. 세션 통합에 대해 자세히 알아보세요.

User-ID 설정 방법에 대해 자세히 알아보기

② 다음 단계

③ **User-ID 보기 만들기**

그림 4-13 | 세션 통합 활성화

③ 유저 ID 보기를 만드는 화면이 나타납니다. [만들기(Create)] 버튼을 클릭해 유저 ID 보기를 생성합니다.

✓ **User-ID 정책 검토**   수정
User-ID 정책에 동의합니다.
User-ID 사용

✓ **User-ID 설정**   수정
User-ID 구현 방법 보기
세션 통합 사용

③ **User-ID 보기 만들기**

User-ID 보기를 만들어 User-ID가 감지된 세션의 데이터를 분석합니다. 이 보기에는 여러 세션 동안 다양한 기기에 대한 사용자 참여도 데이터를 볼 수 있는 교차 기기 보고서가 포함되어 있습니다.

User-ID 보기는 필터링됩니다. 이 보기의 모든 보고서에는 User-ID가 감지된 세션의 데이터가 표시됩니다. User-ID가 감지되지 않은 세션의 데이터를 보려면 다른 보기를 사용하세요.

새 User-ID 보기를 만들려면 계정에서 새 보기를 만드는 일반적인 방법을 사용하시기 바랍니다. 이 작업에서 나와 새 보기 만들기를 시작하려면 만들기를 클릭하세요.

만들기

그림 4-14 | 유저 ID 보기 만들기

❹ [보고서 속성 보기 이름]에는 'user_id_view'를(①), [보고 시간대]에는 '대한민국'을 지정하고(②), [사용자 ID 보고서 표시] 설정을 활성화하고(③) [보기 만들기(Create View)] 버튼을 클릭하면(④) 유저 ID 보기가 생성됩니다.

그림 4-15 | 유저 ID 보기 만들기 완료

유저 ID 보기를 활성화하면 유저 ID 관점에서 보고서를 확인할 수 있습니다. 다음 그림은 만들어진 유저 ID 보기입니다.

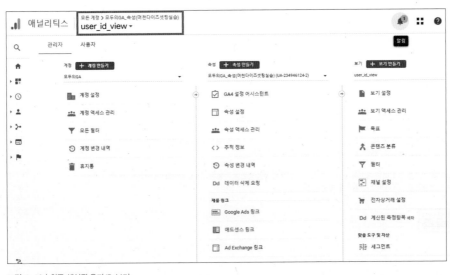

그림 4-16 | 최종 생성된 유저 ID 보기

4 리퍼럴 제외 설정하기

계정	속성 및 앱	보기
모두의GA	모두의GA_속성(머천다이즈셋팅실습)	전체 웹 사이트 데이터 (All Web Site Data)
메뉴 경로	관리 〉 속성 〉 추적 정보 〉 추천 제외 목록 (Admin 〉 Property 〉 Tracking Info 〉 Referral Exclusion List)	

다음 그림처럼 계정 경로를 [모든 계정 〉 모두의GA_속성(머천다이즈셋팅실습) 〉 전체 웹 사이트 데이터]로 재설정한 뒤 [추천(리퍼럴) 제외 목록] 메뉴를 선택합니다.

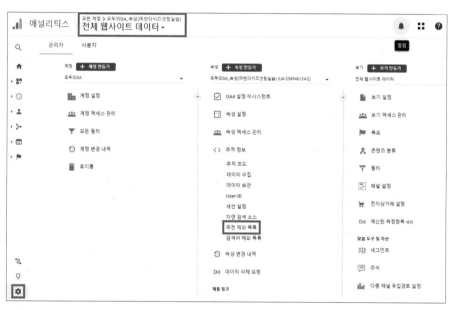

그림 4-17 | 리퍼럴 제외 설정 경로

리퍼럴(referral)은 말 그대로 해석하면 '추천'이라는 의미로, 외부 웹 사이트에서 우리 웹 사이트로 유입된 트래픽을 말합니다. 즉, 네이버, 블로그 또는 외부 사이트 등에서 우리 웹 사이트를 (URL 링크 등으로) 추천해서 유입된 트래픽입니다. 이 리퍼럴 정보는 트래픽이 유입된 외부 사이트가 어디인지 분석할 때 유용합니다.

예를 들어 리퍼럴로 유입되는 트래픽이 가장 많은 외부 사이트를 알고 있다면, 해당 사이트에서 디지털 마케팅을 실행하는 것이 유리합니다. 하지만 이런 리퍼럴 정보를 제외해야 하는 경우가 있는데, 이것은 분석에 혼선(noise, 잡음)을 주는 트래픽들입니다. 예를 들어 마케팅 에이전시 등 업무 운영 회사의 트래픽, 페이팔(PayPal) 등 결제 정보 트래픽이 대표적인 예입니다. 이런 트래픽들은 웹 사이트 사용자들의 순수한 트래픽이 아니기 때문에 분석에서 제외되어야 합니다.

GA에서 리퍼럴을 제외하려면 [추천 제외 목록] 메뉴에서 [추천 제외(ADD REFERRAL EXCLUSION)]를 클릭합니다.

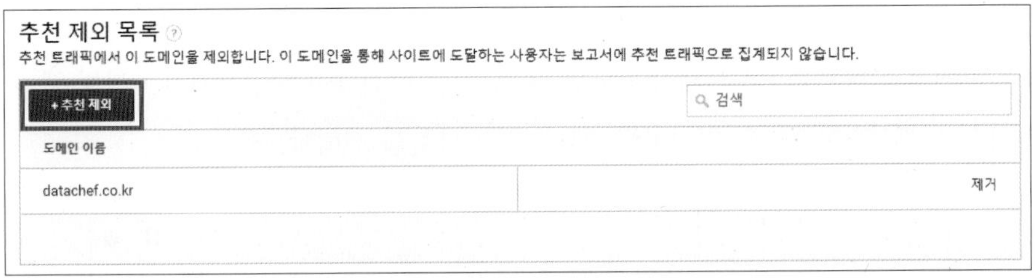

추천 제외 목록 ⑦
추천 트래픽에서 이 도메인을 제외합니다. 이 도메인을 통해 사이트에 도달하는 사용자는 보고서에 추천 트래픽으로 집계되지 않습니다.

+ 추천 제외		Q 검색
도메인 이름		
datachef.co.kr		제거

그림 4-18 | 추천 제외

도메인[4]을 제외하는 화면이 나타나면 [도메인(Domain)]에 도메인 주소를 입력합니다(①). 저는 'www.paypal.com'이라고 입력했습니다. [만들기(Create)] 버튼을 클릭해 저장합니다(②). 생성된 제외 리퍼럴은 트래픽으로 잡히지 않습니다.

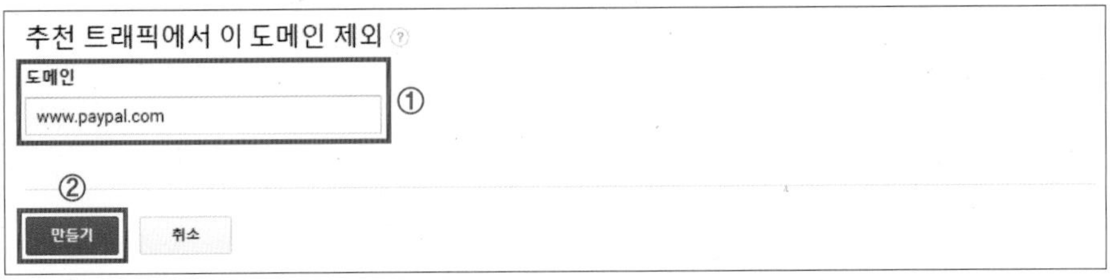

추천 트래픽에서 이 도메인 제외 ⑦
도메인

www.paypal.com	①

②
만들기	취소

그림 4-19 | 제외할 도메인 입력

잠깐만요

GA4 리퍼럴 제외 설정하기
GA4에서 리퍼럴을 제외하려면 [관리 〉 속성 〉 데이터 스트림 〉 (설정하려는) 웹 스트림 정보 〉 태그 설정 구

◐ 계속

---

4 인터넷에 연결된 장치를 식별할 수 있는 숫자 주소(IP)에 'www.datachef.co.kr'처럼 알아보기 쉽게 이름을 부여한 것을 말합니다.

성 〉설정(모두 표시) 〉원치 않는 추천 나열]에서 설정해야 합니다. 방법은 UA와 유사합니다.

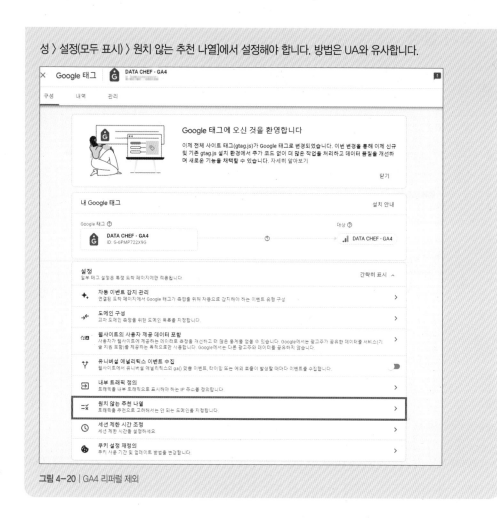

그림 4-20 | GA4 리퍼럴 제외

4.2 보기 설정: 분석가 데이터베이스 설정하기

보기(view)는 분석가용 데이터베이스입니다. 기본적인 GA 보기 설정을 진행해 보겠습니다. 이 책에서 제시하는 모든 보기 설정은 속성 설정과 마찬가지로 GA 분석을 하는 데 기본이라고 여기는 설정이지, 필수는 아닙니다.

1 보기 설정

메뉴 경로	관리 〉 보기 〉 보기 설정 (Admin 〉 View 〉 View Settings)

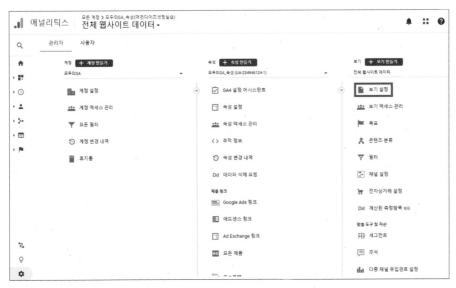

그림 4-21 | 보기 설정 경로

이 화면에서는 보기의 이름을 바꾸거나(①) 복사 또는 삭제할 수도 있습니다(②). 또 웹 사이트 URL, 시간대나 국가, 화폐 단위도 변경할 수 있습니다. 즉, 분석가의 입맛에 맞는 보기를 만들 수 있다는 얘기입니다. 이런 정보들은 보기를 생성할 때 입력했다면 다시 입력하지 않아도 됩니다.

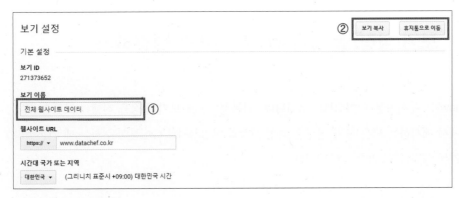

그림 4-22 | 보기 기본 설정 화면

2 **봇 필터링/내부 검색 기능 활성화하기**

메뉴 경로	계정 〉 보기 〉 보기 설정
	(Admin 〉 View 〉 View Settings)

앞서 보기 설정에서 계속 이어집니다. 선택 메뉴 경로도 같습니다.

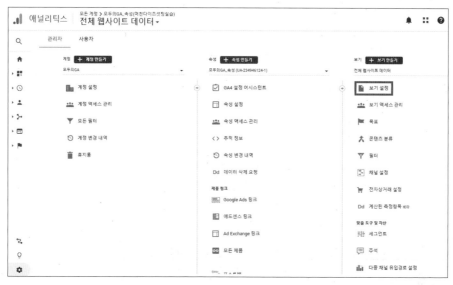

그림 4-23 | 봇 필터링/내부 검색 기능 경로

그림 4-24 | 봇 필터링/내부 검색 기능 활성화

① 봇 필터링(Bot Filtering): 봇(bot)으로 알려진 트래픽을 차단합니다. 봇이란 특정 작업이나 프로세스를 자동화하여 실행하는 응용 프로그램을 말하는 것으로 보안상 위협을 주는 프로그램으로 인식됩니다. 불순한 의도로 개인 PC를 원격 조작하거나 표적 공격의 대상이 될 수 있으므로 봇 필터링 기능을 활성화합니다.

② 사이트 검색 추적(Site search Tracking): 사용자가 우리 웹 사이트 내에서 키워드를 검색했을 때 해당 키워드를 수집하는 기능을 활성화합니다. 이 기능은 '검색어(Search Term) 보고서'와 관련이 있습니다.

③ 검색어 매개변수(Query Parameter): 검색어 매개변수는 내부 검색을 실행할 때 붙는 매개변수를 말합니다. 매개변수는 데이터를 담는 그릇과 같습니다. 웹 사이트 구조에 따라 매개변수는 다른데, 주로 검색 메뉴의 웹 브라우저 주소창에서 확인할 수 있습니다. '데이터 셰프의 레시피' 웹 사이트의 경우 다음 그림과 같이 '구글애널리틱스'로 검색했을 때 보이는 'keyword'가 매개변수입니다.[5] 이 기능 역시 GA의 추가적인 분석 기능이며 필수는 아닙니다. 저는 데이터 셰프의 레시피 웹 사이트의 매개변수인 'keyword'로 설정했습니다. GA는 검색어 매개변수를 기준으로 검색어 보고서를 작성합니다.

그림 4-25 | 검색 매개변수

설정이 마무리되면 ④ [저장(Save)] 버튼을 클릭해 저장합니다.

3 필터 설정

메뉴 경로	관리 〉 보기 〉 필터 (Admin 〉 View 〉 Filters)

---

5   검색어 매개변수를 확인하기 어렵다면 개발자에게 도움을 요청합니다.

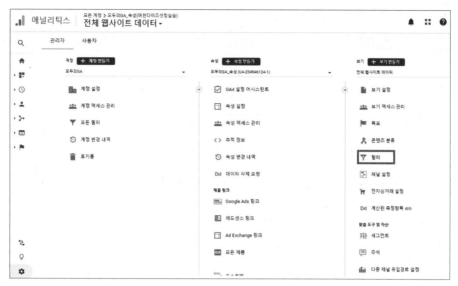

그림 4-26 | 필터 설정 경로

필터(filter)는 보기에 어떤 데이터가 어떻게 저장될지 설정하는 기능입니다. 분석가의 의도에 따라 데이터를 저장하거나 그렇지 않게 하는 검문소와 같다고 할까요?

예를 들어 앞서 살펴본 구글 머천다이즈 스토어는 우리가 실습하는 '마스터 보기(1 Master View)' 외에도 '테스트 보기(2 Test View)', '원천 데이터 보기(3 Raw Data View)' 등 3개의 보기를 가지고 있습니다. 마스터 보기는 실제 운영을 위한 보기이므로 테스트를 위한 데이터는 저장되면 안 됩니다. 예를 들어 테스트 매출 데이터가 마스터 보기에 저장된다면 큰 혼란을 초래할 것입니다. 반대로 테스트 보기는 테스트를 목적으로 하는 보기이므로 민감한 매출 데이터를 저장하지 않는 것이 좋을 수 있습니다. 이렇게 데이터를 어떻게 수집해서 저장할지 결정하는 것이 바로 필터입니다.

■ 사내 트래픽 차단하기

GA를 다루는 분석가나 GA 코드를 개발하는 개발자는 사내 트래픽으로 취급되며, 실제 데이터에 혼선을 줄 수 있으므로 GA의 트래픽으로 잡지 않는 것이 좋습니다. 이런 경우 필터를 이용해서 특정 주소(IP)를 걸러낼 수 있습니다.

① 필터를 추가하려면 [필터 추가(+ADD FILTER)]를 클릭합니다.

그림 4-27 | 필터 추가하기

② 필터 설정 상세 화면이 나타납니다. 만약 [새 필터 만들기]와 [기존 필터 적용]이 나타나면 [새 필터 만들기]를 선택한 뒤 [맞춤](②)을 클릭합니다.

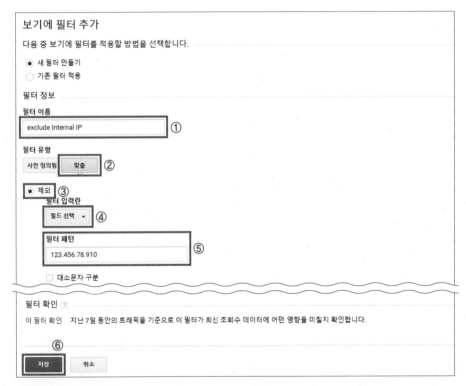

그림 4-28 | 보기에 필터 추가

① **필터 이름(Filter Name):** 필터 이름을 입력합니다. 내부 IP를 제외하는 필터이기 때문에 'exclude internal IP'라고 정했습니다.

② **필터 유형(Filter Type):** '사전 정의됨(Predefined)'과 '맞춤(Custom)'이 있는데 '맞춤'을 선택합니다.

③ **필터 기능**: '제외(Exclude)', '포함(Include)' 등 다양한 유형이 있는데 IP를 제외하는 기능이므로 '제외'를 선택합니다.

④ **필터 입력란(Filter Field)**: IP 주소로 제외할 것이므로 'IP 주소(IP Address)'를 선택합니다.

⑤ **필터 패턴(Filter Pattern)**: 제외될 패턴입니다. IP 주소를 입력하면 됩니다. 여기서는 임의로 입력했습니다.

⑥ 모두 입력했으면 [저장(Save)] 버튼을 클릭해 저장합니다.

다음처럼 내부 IP를 제외하는 exclude internal IP 필터가 생성되었습니다. exclude internal IP 필터가 생성되면 해당 IP의 트래픽 데이터는 더 이상 보기에 저장되지 않습니다.

순위	필터 이름	필터 유형	
1	exclude Internal IP	제외	제거

그림 4-29 | 신규 생성된 필터

잠깐만요

GA4 내부 트래픽 정의하기

GA4에서 내부 IP를 구분해서 설정하려면 [관리 〉 속성 〉 데이터 스트림 〉 (설정하려는) 웹 스트림 정보 〉 태그 설정 구성 〉 설정(모두 표시) 〉 내부 트래픽 정의] 기능을 설정한 뒤 [관리 〉 속성 〉 데이터 설정 〉 데이터 필터 〉 필터 만들기 〉 내부 트래픽]을 만듭니다.

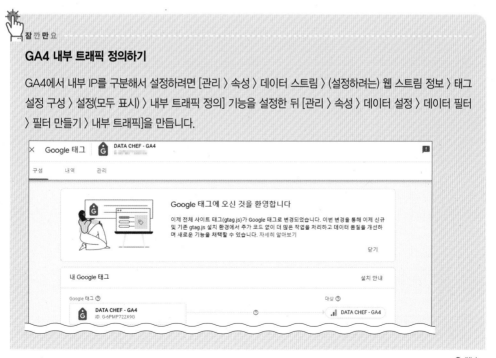

🔁 계속

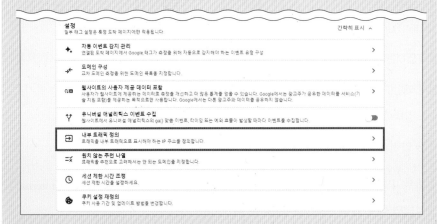

그림 4-30 | GA4 내부 트래픽 설정

내부 트래픽 정의 메뉴를 선택하면 다음과 같은 화면이 나타나는데 [만들기] 버튼을 클릭해서 규칙을 생성하면 됩니다.

그림 4-31 | 내부 트래픽 정의

내부 트래픽 규칙 만들기 화면이 열립니다. 앞서 살펴본 UA와 유사한 구조입니다. 원하는 대로 설정해서 저장하면 됩니다.

그림 4-32 | 내부 트래픽 규칙 만들기

GA4는 **보기**가 없으므로 **보기 필터** 기능이 없고 **속성 필터** 기능인 데이터 필터 기능만 있습니다(관리 〉 속성 〉 데이터 설정 〉 데이터 필터). 그 외에는 개별 이벤트에 로직으로 구현하는 **필터** 기능만이 있을 뿐입니다. 주요한 GA4 속성 설정 기능에는 데이터 수집, 보관, 필터를 설정하는 데이터 설정, 외부 데이터를 가져와 GA4에 저장하는 데이터 가져오기, 기본 기여 분석 모델을 설정하는 기여 분석 설정 등이 있습니다. 기여 분석 모델은 7.6.6절에서 자세히 설명합니다. 다만 최근 구글은 GA4 360에 **보조 속성(서브프로퍼티)** 기능을 추가했습니다. 보조 속성은 UA의 보기에 해당합니다.

표 4-1 | UA와 GA4 보기 필터 비교

구분	UA(GA3)	GA4	비고
보기 필터 기능	가능	불가능(보기가 없음)	

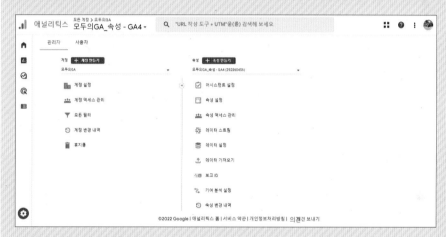

그림 4-33 | 보기가 없는 GA4 설정 화면

4.3 전자상거래 설정: 이커머스 설정하기

전자상거래(e-commerce, 이커머스)는 사용자가 온라인 웹 사이트에 방문하거나 앱을 실행해서 상품을 거래하는 일련의 행위를 말합니다. 최근에는 많은 웹 사이트가 전자상거래 시스템을 갖추고 있으며, 전자상거래에 대한 깊이 있는 분석이 요구되고 있습니다. GA는 전자

상거래 분석을 위한 다양한 기능을 만들어 두었습니다. 특히 이 기능들은 많은 내용이 [전환
〉전자상거래] 보고서와 관련 있습니다.

UA에서 전자상거래 분석을 하려면 두 가지 작업이 선행되어야 합니다.

❶ [보기 설정]에서 전자상거래 기능을 활성화합니다.

❷ 전자상거래 정보를 수집하는 추적 코드를 각 구매 단계에 해당하는 웹 페이지를 삽입합
니다.

 전자상거래 활성화

메뉴 경로	관리 〉 보기 〉 전자상거래 설정 (Admin 〉 View 〉 Ecommerce settings)

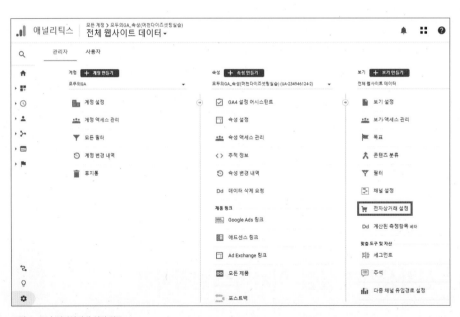

그림 4-34 | 전자상거래 설정 경로

전자상거래 보고서를 활용하려면 전자상거래 기능을 활성화해야 합니다.

[전자상거래 사용]을 설정(활성화)하면 판매한 상품의 수량과 수익만 알 수 있습니다(①). [향상된 전자상거래 보고서 사용 설정]을 활성화하면 기본 구매 외에 사용자가 프로모션을 클릭했는지, 상품을 얼마나 조회하고, 장바구니에 얼마나 담았는지 등 확장된 정보까지 알 수 있습니다(②). [저장] 버튼을 클릭합니다(③).

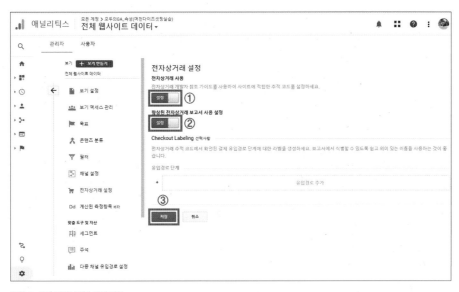

그림 4-35 | 전자상거래 설정 화면

② 전자상거래 데이터 수집 코드 삽입하기

UA 전자상거래 분석을 위한 선행 작업 중 '전자상거래 활성화'는 보기 설정으로 간단하게 적용했지만 '전자상거래 데이터 수집 코드'를 삽입하려면 개발자의 도움이 필요합니다. 코드가 삽입되면 각 구매 단계에서 전자상거래 데이터를 수집할 수 있습니다. 즉, 어떤 상품이 많이 팔렸는지, 얼마나 수익이 발생했는지, 각 구매 단계에서 유입과 이탈은 얼마나 되는지 등 다양한 전자상거래 정보가 수집됩니다. 수집된 정보를 바탕으로 우리는 회사의 인기 상품이 무엇인지 알 수 있고, 기간에 따른 판매 동향은 어떻게 되는지 등도 알 수 있습니다. 다음은 구글 머천다이즈 스토어 데모 계정의 쇼핑 행동 보고서 예시입니다.

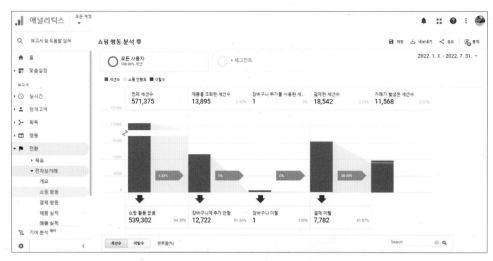

그림 4-36 | 쇼핑 행동 보고서 예(전자상거래 보고서)

이렇게 쇼핑 행동 보고서에 보이는 전자상거래 데이터가 어떤 단계에서 어떻게 수집되는지 원리를 아는 것도 중요합니다. 전자상거래 데이터는 전자상거래 데이터 수집 코드에 의해 수집됩니다. 즉, UA는 기본 구매 단계에 대해 다음과 같이 전자상거래 데이터 수집 코드 유형을 제공합니다.[6]

표 4-2 | 대표적인 전자상거래 데이터 수집 코드 유형

전자상거래 수집 코드 유형	내용
impressions	사용자가 제품 리스트 페이지(PLP)에 접속했을 때 노출된 제품의 데이터 수집
click	사용자가 제품 리스트 페이지(PLP)에서 클릭한 제품의 데이터 수집
detail	사용자가 제품 상세 페이지(PDP)에 접속했을 때 노출된 제품의 데이터 수집
add	사용자가 제품을 장바구니에 추가했을 때의 데이터 수집
remove	사용자가 제품을 장바구니에 제거했을 때의 데이터 수집
checkout	사용자가 결제 정보 페이지에 접속했을 때의 데이터 수집, 단계를 설정할 수 있음
purchase	사용자가 제품을 결제했을 때의 데이터 수집
refund	사용자가 제품을 환불했을 때의 데이터 수집

---

6 전자상거래 수집 코드에 대해 자세한 내용이 알고 싶다면 다음 링크를 참고합니다.
   https://developers.google.com/analytics/devguides/collection/ua/gtm/enhanced-ecommerce

사용자가 구매와 관련된 특정 행동을 할 때 웹 페이지에 삽입되어 있는 전자상거래 데이터 수집 코드가 발동하고, 발동과 동시에 데이터가 GA로 적재되는 원리입니다. 2장에서 설명한 추적 코드의 데이터 수집 원리와 유사합니다. 수집 코드 삽입은 전문가나 개발자에게 맡기면 됩니다.

 UA와 GA4 비교

GA4에서도 전자상거래 데이터를 수집하려면 UA와 마찬가지로 전자상거래 데이터 수집 코드를 삽입해야 합니다. 또한, 상품 상세 보기(product view)에서 결제(purchase)에 이르기까지 주요한 결제 단계가 존재하는 것도 동일합니다. 다만 UA에서 진행했던 향상된 전자상거래 설정은 필요하지 않습니다. 또 변수의 명칭, 그리고 결제 단계 구조가 일부 바뀌었습니다. 예를 들어 결제 단계 스크립트 products가 items로, id가 transaction_id로 바뀐 것 등입니다. GA4의 전자상거래 데이터 수집은 7.6.2절에서 다시 한번 자세히 다룹니다.

4.4 목표 설정: 골 설정하기

웹 사이트를 운영할 때는 최종 목표가 있습니다. 예를 들어 전자상거래 웹 사이트의 경우, 고객의 상품 조회 수나 매출이 최종 목표가 될 수 있습니다. GA에서 **목표**는 **골(goal)**이라고도 부릅니다. UA에서는 최대 20개까지 목표를 설정할 수 있습니다.

이어지는 실습에서는 구글 머천다이즈 스토어에 이미 설정되어 있는 Purchase Completed 목표와 같은 형태로 목표를 설정해 보겠습니다. Purchase Completed 목표는 이름 그대로 결제가 완료된 세션 수를 세는 목표입니다. 목표는 하나의 세션에 대해 1개만 집계됩니다.[7] GA는 방문자의 패턴과 행동을 종합하여 목표를 집계하고 이것을 통해 **전환(Conversion)** 값을 구합니다. 전환은 목표를 얼마나 달성했는지를 나타냅니다.

---

7 GA4는 이벤트 기반이므로 세션과 관계없이 이벤트 수를 집계합니다.

목표는 총 4가지 유형으로 나뉩니다. 유형에 따라 전환이 집계되기 때문에 정확한 목표 설정이 필요합니다.

표 4-3 | 목표의 종류

종류	설명	예
도착(Destination)	목표 페이지	/store/buy.html
시간(Duration)	웹 사이트에 머문 시간	10 Min
세션당 페이지/화면 (Pages/Screens per session)	세션당 페이지/화면 수	5page/session
이벤트(Event)	특정 이벤트	Event Action: Video – play

간단한 목표를 설정해 보겠습니다.

메뉴 경로	관리 〉 보기 〉 목표 (Admin 〉 View 〉 Goals)

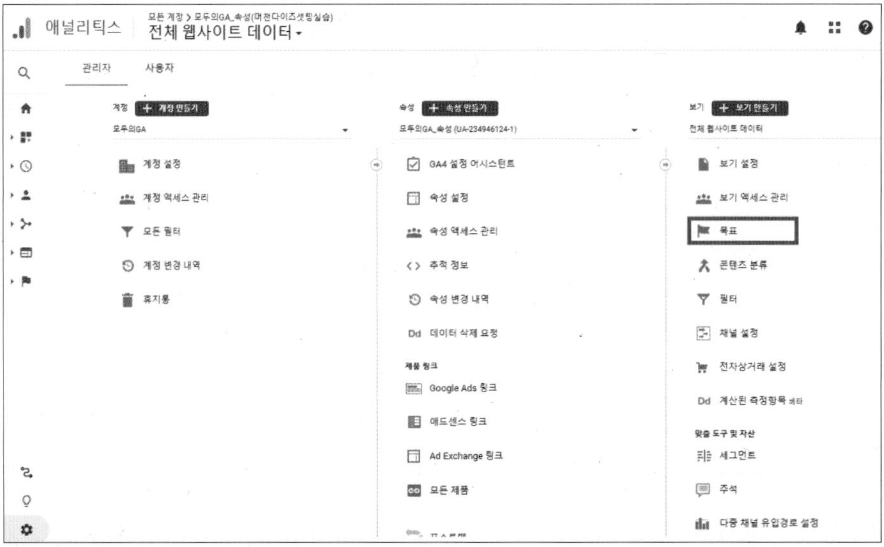

그림 4-37 | 목표 설정 경로

① [관리 〉 보기 〉 목표]로 이동하면 다음 화면이 나타납니다. 이 화면에서 [새 목표(+NEW GOAL)]를 클릭합니다.

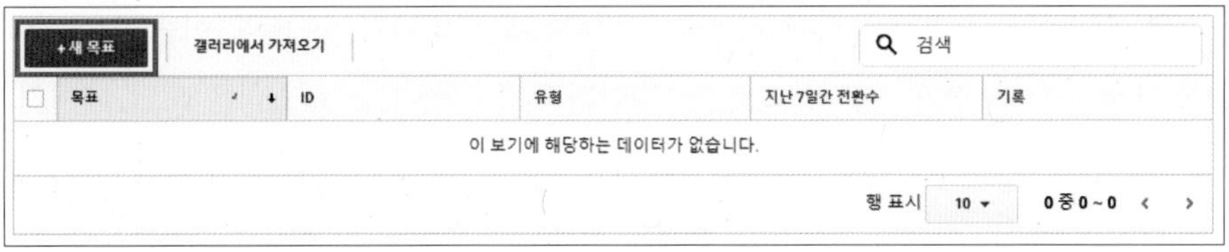

그림 4-38 | 새 목표 생성하기

❷ **목표 설정:** 목표 설정 화면입니다. '템플릿'과 '맞춤 설정' 둘 중 하나를 선택할 수 있는데, '템플릿'은 GA가 많이 쓰이는 템플릿을 미리 제공하는 방식이고, '맞춤 설정'은 분석가의 의도대로 설정하는 방식입니다. 보통 '맞춤 설정'을 많이 사용하므로 '맞춤 설정' 항목의 라디오 버튼(⦿ 맞춤설정)을 클릭한 뒤(①) [계속(Continue)] 버튼을 클릭합니다(②).

그림 4-39 | 목표 설정 화면

❸ **목표 설명 설정**: 설정할 목표의 세부 사항을 입력하는 화면입니다. 목표의 [이름(Name)]과 [목표 슬롯 ID(Goal slot ID)], [유형(Type)]을 정합니다. [도착(Destination)]은 도달 페이지, [시간(Duration)]은 머문 시간, [세션당 페이지/화면 수(Pages/Screens per session)]는 세션당 본 페이지/화면의 개수, [이벤트(Event)]는 발생한 이벤트를 말합니다. 우리는 구글 머천다이즈 스토어의 목표 설정과 같게 하기로 했으므로, 구글 머천다이즈 스토어의 목표처럼 [이름]은 'Purchase Completed'(①), [목표 슬롯 ID]는 기본값으로(②), [유형]은 '도착'(③)을 선택하겠습니다. 모두 선택했으면 [계속(Continue)] 버튼을 클릭합니다(④).

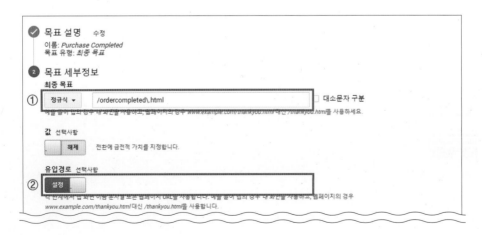

그림 4-40 | 목표 설명 화면

❹ **목표 세부정보 설정**: 목표를 세부적으로 설정하는 화면입니다.

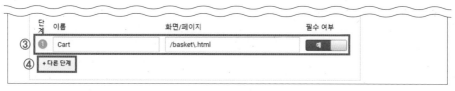

그림 4-41 | 목표 세부정보 화면

① [최종 목표]를 '정규식(Regular Expression)'[8]으로 변경한 뒤 '/ordercompleted\.html'을 빈칸에 입력해서 최종 목표의 목적 페이지로 설정하겠습니다. [값(Value)]은 다양한 분석을 위한 '전환'에 특정 가치를 부여하는 항목인데 '해제' 상태로 두겠습니다.

② 단계별 도달 세션 수를 확인하기 위해서 [유입경로(Funnel)]를 활성화합니다. 이렇게 하면 트래픽의 특정 단계별 흐름을 알 수 있는 퍼널 분석이 가능해집니다. 퍼널 분석에 대해서는 6장과 7장에서 다시 다룹니다. [유입경로]를 활성화하면 바로 아래에 [단계(Step)]가 나타납니다.

③ [단계(Step)]에서 퍼널 분석을 위한 각 단계를 설정할 수 있습니다. 첫 번째 단계(step 1)로 [이름(Name)]에 'Cart', [화면/페이지(Screen/Page)]에 '/basket\.html'이라고 입력한 뒤 [필수 여부(Required)]를 클릭해서 '예'로 바꿉니다.

④ 모두 완료했으면 [다른 단계(+Add another Step)]를 클릭합니다.

❺ 같은 방법으로 다음처럼 값들을 4단계까지 계속 추가합니다(①). 모두 다 입력했으면 [저장(Save)] 버튼을 클릭해 저장합니다(②).

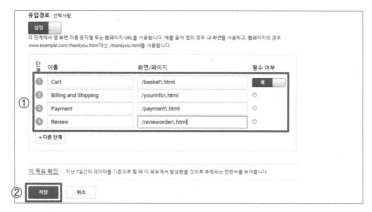

그림 4-42 | 목표 단계 추가

---

8 정규 표현식을 사용한다는 의미입니다.

6 모두 마무리되면 다음처럼 Purchase Completed 목표가 생긴 것을 확인할 수 있습니다. 이 목표는 Cart 단계부터 Review 단계까지 거쳐 가는 세션이 최종 단계까지 얼마나 도달했는지를 나타냅니다.

그림 4-43 | 생성된 Purchase Completed(결제 완료) 목표

목표 설정을 통해 분석가는 내가 설정한 목표가 얼마나 달성되었는지를 확인할 수 있습니다. 목표를 설정하면 보고서에서 목표 현황을 파악할 수 있게 됩니다. 어떤 원리로 목표 데이터가 수집되는지 이해해서 여러분의 웹 사이트에 응용해 보기 바랍니다.

UA와 GA4 비교

GA4에서는 목표 또한 이벤트로 취급합니다. 또한, 목표라는 용어 대신 전환 이벤트라고 표현합니다. GA4 전환 이벤트는 이벤트를 생성한 뒤 [관리 〉 속성 〉 이벤트(Admin 〉 Property 〉 Events)] 메뉴에서 [전환으로 표시(Mark as conversion)]로 설정해 주면 됩니다.

그림 4-44 | GA4에서 전환 이벤트로 설정하기

즉, UA에서는 앞서와 같이 목표의 조건을 순서대로 설정해 줘야 했다면, GA4에서는 전환을 목적으로 하는 이벤트를 먼저 생성하고 해당 이벤트를 '전환 이벤트'로 설정하는 식으로 바뀌었습니다. 이 말은 전환으로 표시하고자 하는 이벤트에, (앞서 UA 설정과 유사한) 전환 조건이 적용된 로직이 미리 구현되어야 한다는 얘기입니다. GA4 전환 이벤트는 생성한 후 반영되는 데 최대 48시간이 걸릴 수 있으며, 전환은 [참여 〉 전환수(Engagement 〉 Conversions)] 보고서에서 확인할 수 있습니다.

구글 애널리틱스 다루는 법 익히기

5장에서는 본격적으로 GA를 다뤄 보겠습니다.
GA를 다루려면 GA '사용자 화면'을 알아야 합니다.
'사용자 화면'의 주요한 항목들과 사용법을 알아보면서
간단한 분석을 진행해 보겠습니다.

GA는 **사용자 화면(UI, 사용자 인터페이스)**을 통해 데이터를 분석합니다. 이번 장에서는 구글 애널리틱스의 '사용자 화면'을 다루는 방법을 살펴보겠습니다. 주로 UA를 기반으로 살펴보겠지만 많은 화면과 기능이 GA4에도 유사하게 사용됩니다.

5.1 구글 애널리틱스 사용자 화면 사용법 익히기

계정	속성 및 앱	보기	
Demo Account	UA – Google Merchandise Store	1 Master View	
메뉴 경로	획득 〉 전체 트래픽 〉 채널 (Acquisition 〉 All traffic 〉 Channels)	**날짜**	–

GA는 데이터 분석을 위한 '사용자 화면'을 갖추고 있습니다. 분석가는 GA '사용자 화면'을 통해 분석을 진행합니다.

GA의 '사용자 화면'은 다음과 같이 크게 5가지 영역으로 구분할 수 있습니다. 간단히 살펴보면 다음과 같습니다.

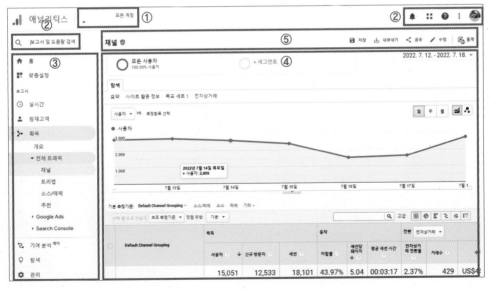

그림 5-1 | GA 사용자 화면

① **계정 선택기 영역**: GA 계정과 속성, 보기를 선택할 수 있습니다.

② **보고서 및 도움말 검색 영역**: 각종 알림 정보와 도움말 문서를 비롯해 GA에 대한 정보를 검색할 수 있습니다. 이 영역을 통해 연결된 GMP로 바로 가기도 가능합니다.

③ **메뉴 영역**: 왼쪽 메뉴 영역은 분석 방법(분석 메뉴)을 선택하고 각종 보고서를 선택할 수 있는 영역입니다. 처음 화면으로 돌아가는 [홈(Home)]이나 [관리(Admin)] 메뉴도 있습니다.

④ **분석 영역**: 분석가의 조작에 의해 그래프 등 각종 분석 내용이 출력되는 영역입니다. 이 영역에서 분석가는 데이터 분석을 진행합니다.

⑤ **결과 관리 영역**: 지금 보고 있는 화면이 어떤 화면인지를 나타내고, 보고서를 저장하거나 공유할 수 있습니다.

'사용자 화면'을 사용하는 가장 기본적인 방법을 예로 들어 보면, 분석가는 분석 대상이 되는 속성과 보기를 선택하고(①) 분석하려는 내용에 관계되는 보고서를 선택하며(②) 조회 기간을 조정하고 검색 조건을 적용해서 분석 결과를 확인한 뒤(③) 필요하면 문서로 저장하거나 공유하는 식입니다(④).

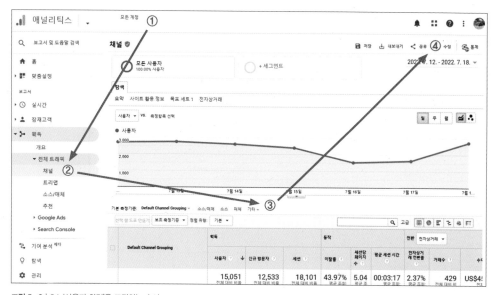

그림 5-2 | GA '사용자 화면'을 조작하는 순서

전체 화면에서 봤을 때 반시계 방향으로 조작이 이루어지는 것을 알 수 있습니다. 미리 말하자면 대부분의 GA 분석은 메뉴 영역(③)과 분석 영역(④)에서 이루어집니다. 메뉴 구성이 다소 바뀌었을 뿐, 이런 분석 순서 개념은 GA4도 동일합니다. '사용자 화면'을 자세히 살펴보겠습니다.

 계정 선택기 영역

분석가가 GA 분석을 위해 가장 먼저 해야 하는 것은 분석 대상이 되는 계정의 속성과 보기를 선택하는 일입니다. 쉬운 말로 하면 원천 데이터베이스인 속성과 분석가용 데이터베이스인 보기를 선택한다는 의미입니다.

그림 5-3 | 계정 선택기

해당 영역을 클릭하면 다음과 같이 다음과 같이 단계별 선택 메뉴가 펼쳐집니다.

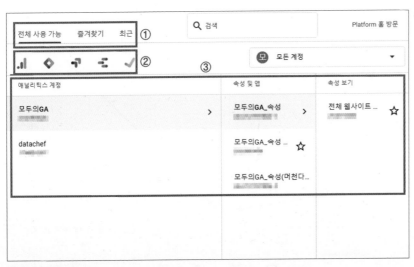

그림 5-4 | 계정 선택기 화면

① **빠른 선택**: 계정, 속성, 보기를 [전체 사용 가능(All)], [즐겨찾기(Favorites)], [최근 (Recents)]에서 선택할 수 있습니다.

② **구글 마케팅 플랫폼 선택:** 이 영역의 아이콘을 클릭해서 같은 GA 계정으로 연결된 다른 구글 제품을 빠르게 선택해서 사용할 수 있습니다.

그림 5-5 | 구글 제품군 아이콘

아이콘은 왼쪽부터, 구글 애널리틱스, 구글 태그 매니저(GTM), 옵티마이즈(최적화 도구), 데이터 스튜디오(루커 스튜디오), 서베이입니다.

③ **계정 선택:** 분석하려는 계정의 속성과 보기를 선택합니다.

분석가는 해당 속성과 보기를 대상으로 분석을 진행합니다.

② 보고서 및 도움말 검색 영역

보고서 및 도움말 검색 영역은 분석가가 GA 분석 중에 도움을 받을 수 있는 메뉴들로 이루어져 있습니다. GA는 많은 내용을 담고 있기 때문에 도움이 필요한 경우 이 영역을 사용하면 좋습니다.

그림 5-6 | 보도서 및 도움말 검색 화면

① **보고서 및 도움말 검색:** 이 기능을 통해 GA 용어나 GA 보고서 등에 대한 정보를 얻을 수 있습니다.

② **알림 및 도움말:** 화면 상단 오른쪽의 아이콘을 클릭하면 GA 관련 주요한 알림 정보(🔔)나 도움이 되는 문서 정보(❷)를 얻을 수 있습니다. 계정에 연결된 구글 마케팅 플랫폼으로 바로 이동할 수도 있습니다(▦).

다음은 보고서 및 도움말 검색 영역에서 '페이지 뷰'를 검색한 결과입니다.

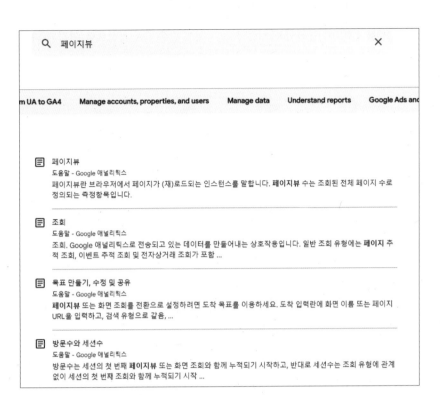

그림 5-7 | '페이지 뷰' 검색 결과

③ 결과 관리 영역

분석 결과는 눈으로 확인할 수 있지만 저장 장치에 저장하거나 다른 사람과 공유해야 할 경우도 있습니다. 결과 관리 영역에는 분석한 결과를 사후 정리하는 기능이 모여 있습니다.

그림 5-8 | 결과 관리 영역 화면

왼쪽에는 **채널(Channels)**이라는 보고서 이름이 보이고, 오른쪽에는 결과 관리 관련 아이콘이 있습니다. 제목 옆에 보이는 방패 모양 아이콘(🛡)은 샘플링(sampling)[1] 여부를 나타냅니

---

1 샘플링(sampling)이란 GA가 전체 데이터를 확인해서 분석하는 것이 아니라 일부 데이터 표본(sample)을 추출해서 결과를 예측하는 분석 기법입니다. 초록색 방패는 샘플링을 하지 않는 상태이고, 노란색 방패는 샘플링 상태를 의미합니다. 샘플링은 데이터 처리 속도에 강점이 있는 반면 분석 수치에 일정 부분 오차를 초래합니다.

다. 결과 관리 아이콘을 하나씩 살펴보면 다음과 같습니다.

① **저장(SAVE):** 보고서에 출력된 결과를 GA에 저장합니다. 다르게 말하면 조회 조건을 저장한다고 할 수도 있습니다. 저장된 보고서는 [맞춤 설정 〉 저장된 보고서 (Customization 〉 Saved Reports)]에서 확인할 수 있습니다. 예를 들어 지금 보고 있는 채널 보고서 화면에서 [저장] 버튼을 클릭하고 '채널'이라고 저장하면 현재 보고 있는 내용이 저장됩니다. 외부 파일로 저장하려면 [내보내기] 기능을 사용해야 하는 것에 유의합니다.

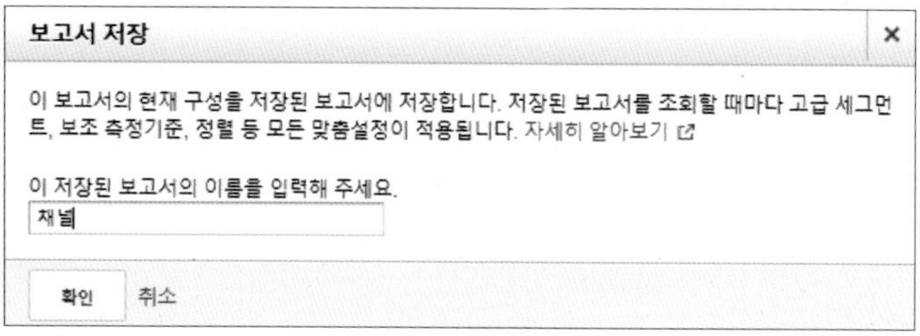

그림 5-9 | 보고서 저장

② **내보내기(EXPORT):** 보고서에 출력된 결과를 외부 파일로 저장합니다. PDF나 구글 스프레드시트, 엑셀(XLSX), CSV 파일을 지원합니다.

③ **공유(SHARE):** 보고서에 출력된 결과를 다른 사람에게 공유합니다. 공유한 보고서는 PDF, 엑셀(XLSX), CSV 파일 형식으로 이메일로 전달합니다.

④ **수정(EDIT):** 보고 있는 GA 보고서를 편집해서 GA에 저장합니다. 이 기능을 통해 미리 제작되어 있는 GA 기본 보고서를 기반으로 하는 맞춤 보고서를 제작할 수 있습니다. 저장된 보고서는 보고서는 [맞춤 설정 〉 맞춤 보고서(Customization 〉 Custom Reports)]에서 확인할 수 있습니다. 앞서 살펴본 [저장]은 출력 조건을 저장하는 것에 비해 [수정]은 보고서 구성을 바꿔서 저장합니다.

⑤ **통계(인사이트, INSIGHT):** 이 기능으로 서비스에 대한 유용한 인사이트(insight)[2] 정보를 얻을 수 있습니다.

---

2 GA가 미리 정해 놓은 주제로 알려 주는 의미 있는 정보들을 말합니다.

그림 5-10 | 통계

그럼 GA 분석을 위해 본격적으로 메뉴 영역과 분석 영역을 알아보겠습니다. 먼저 메뉴 영역입니다.

5.2 메뉴 영역: 분석 대상은 무엇인가(What)?

메뉴 영역은 다시 맞춤 설정, 보고서, 그 외 기능으로 나눌 수 있습니다. 메뉴 영역은 주로 분석가가 분석 방법을 선택하는 영역입니다. 분석가는 메뉴 영역을 통해 분석가가 임의로 설정(customization)하여 분석을 진행할 수도 있고, GA에서 미리 제공하는 양식(보고서)을 사용해 분석을 진행할 수도 있습니다.

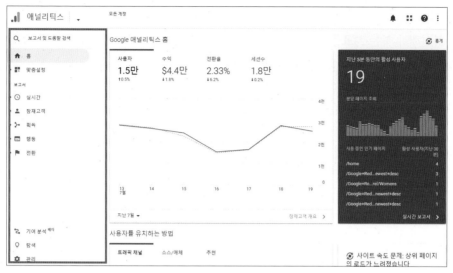

그림 5-11 | 메뉴 영역

즉, 분석가는 이 영역에서 양식에 구애 없이 자유롭게 분석할 수 있으며, 임의의 양식을 만드는 것이 번거롭다면 자주 쓰이는 GA 보고서를 사용해서 분석할 수도 있습니다. 메뉴 영역을 통해 분석 방법을 결정하면 분석 영역에서 추가 조작으로 분석을 진행하게 됩니다. UA는 보고서를 통해 대부분의 분석을 진행한다고 해도 과언이 아닙니다.

맞춤 설정 기능부터 알아보겠습니다. 맞춤 설정이란 내가 필요한 기능을 직접 설정한다는 의미입니다. 맞춤 설정 기능에는 '대시보드', '맞춤 보고서', '맞춤 알림' 기능이 있습니다. 대시보드에 대해 먼저 알아보겠습니다.

 대시보드: 즉시 확인을 위한 상황판

계정	속성 및 앱	보기
Demo Account	UA – Google Merchandise Store	1 Master View
메뉴 경로	맞춤 설정 〉 대시보드 (Customization 〉 Dashboards)	**날짜** –

대시보드(Dashboard)는 다양한 정보를 한곳에서 집중해서 관리할 수 있게 만들어 놓은 상황판입니다. 일반적으로 상황판은 우리가 놓쳐서는 안 되는 중요한 정보를 담은 현황판을 말

합니다. 예를 들어 국내 증시 현황, 코로나 확진자 현황 등이 상황판입니다. 만약 분석가가 수시로 확인해야 하는 지표를 대시보드로 구성해 놓는다면, 매번 보고서를 만들 필요 없이 바로 확인할 수 있습니다. 예를 들어 전자상거래에서는 웹 사이트 유입자 수, 매출 등이 주요한 지표가 될 것이고 이런 것들을 대시보드로 만들 수 있습니다. 간단한 대시보드를 만들어 보겠습니다.

❶ 대시보드를 제작하려면 [맞춤 설정 〉 대시보드(Customization 〉 Dashboards)] 메뉴를 선택합니다.

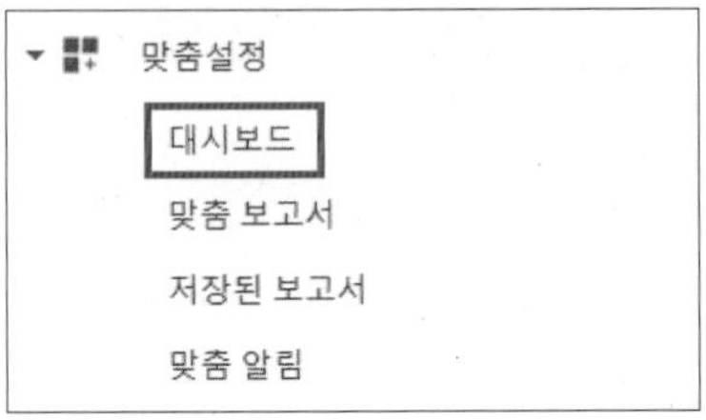

그림 5-12 | [대시보드] 메뉴 선택

❷ 구글 머천다이즈 스토어에 미리 만들어진 대시보드가 있는데, 새로 만들려면 [만들기(CREATE)]를 클릭합니다.

그림 5-13 | [만들기] 버튼 클릭

❸ 어떤 형태의 대시보드를 선택할지 묻는 화면이 나타나는데 [빈 캔버스(Blank Canvas)]를 선택하고(①) 대시보드 이름을 '매출 확인 대시보드'로 입력합니다(②). 모두 완료되었으면

[대시보드 만들기(Create Dashboard)]를 클릭합니다(③).[3]

그림 5-14 | 대시보드 만들기 화면

④ 위젯[4]을 만드는 화면이 나타납니다. [위젯 이름]은 '수익'이라고 정합니다(①). 위젯 형태는 [표준(Standard)]과 [실시간(Real-time)]이 있습니다. [표준]은 기간을 조정하며 확인하는 위젯을 말하며, [실시간]은 실시간으로 정보가 표현되는 위젯을 말합니다. 우리는 표준 중에서 [측정항목]을 선택하겠습니다(②). 표현할 측정항목인 [다음 측정항목 표시]는 '수익(Revenue)'을 선택합니다(③). 모두 완료되었으면 [저장(Save)] 버튼을 클릭합니다(④).

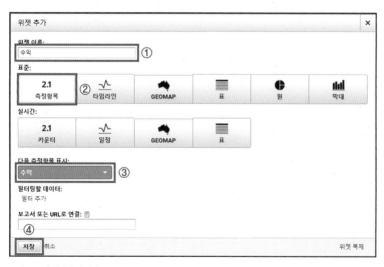

그림 5-15 | 위젯 추가 화면

---

3   [갤러리에서 가져오기(Import from gallery)]를 선택하면 다른 사람이 만든 대시보드를 불러올 수도 있습니다.

4   위젯은 사용자가 바탕화면에서 바로 사용할 수 있도록 자주 사용하는 기능만을 모아 놓은 도구 모음을 말합니다.

⑤ 모든 설정이 완료되면 다음과 같이 매출 확인 대시보드에 수익 위젯이 나타납니다.

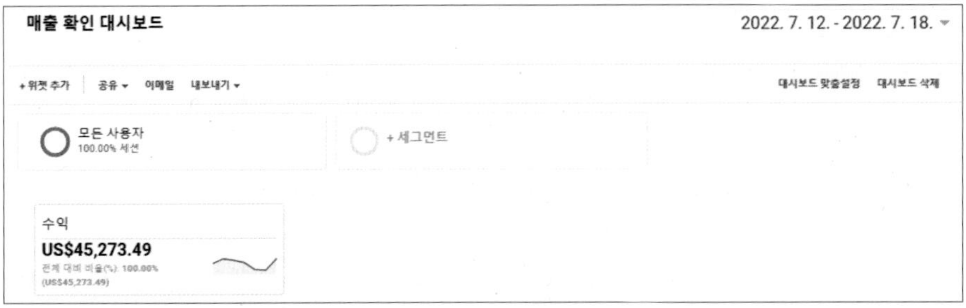

그림 5-16 | 완성된 매출 확인 대시보드

대시보드는 즉각적인 지표 확인에 매우 유용합니다. 대시보드를 제작했기 때문에 이제부터는 수익 지표를 간편하게 확인할 수 있습니다. 대시보드의 위젯은 새롭게 추가하거나 수정하거나 삭제할 수 있습니다.

② 맞춤 알림: 중요한 상황 알려 주기

계정	속성 및 앱	보기	
Demo Account	UA - Google Merchandise Store	1 Master View	
메뉴 경로	맞춤 설정 > 맞춤 알림 (Customization > Custom Alerts)	**날짜**	-

맞춤 알림(Custom Alert) 기능을 이용하면 주요 마케팅 성과 목표 수치에 대한 알림이나, 이상치에 대한 알림을 실행할 수 있습니다. 즉, 이 기능을 사용하면 임의의 설정 값에 다다랐을 때 알림 이메일을 전송할 수 있습니다. 마치 폭우나 지진이 발생했을 때 알려 주는 긴급 재난 문자와 같다고 할까요?

웹 사이트에서 웹 페이지를 방문하는 세션 수는 매우 중요합니다. 일반적으로 세션 수는 같은 기간을 놓고 비교하면 큰 차이가 없습니다. 예를 들어 이번 주의 세션 수가 지난주와 비교해서 30% 이상 감소했다면 일반적이지 않은 부정적 신호이며, 원인을 확인해 봐야 할 것입니다. 앞서의 조건을 맞춤 알림으로 설정해 보겠습니다.

❶ [맞춤 설정 〉 맞춤 알림(Customization 〉 Custom Alerts)] 메뉴를 선택합니다.

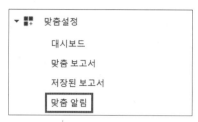

그림 5-17 | [맞춤 알림] 선택

❷ 맞춤 알림 화면이 나타나면 [맞춤 알림 관리(Manage custom alerts)]를 클릭합니다.

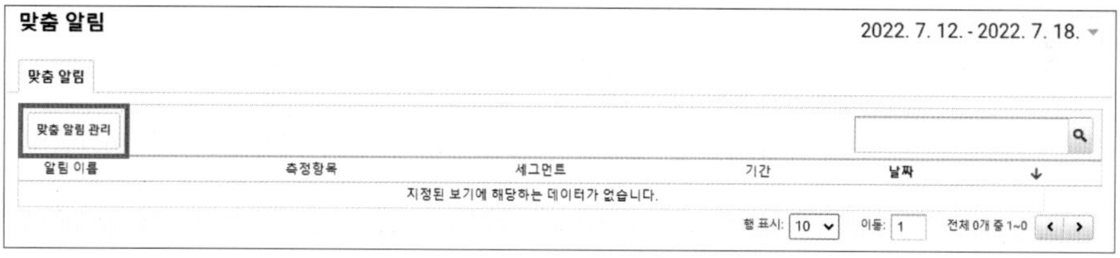

그림 5-18 | 맞춤 알림 화면

❸ 새로운 화면이 나타나면 [새 알림(+NEW ALERT)]을 클릭합니다.

그림 5-19 | [새 알림] 클릭

❹ 알림 설정 화면이 나타납니다. [알림 이름]은 '세션 수 급감 경고'로 입력했습니다(①).
[적용 대상]은 내가 지금 보고 있는 '1 Master View'입니다(②). 주 단위로 비교하기 위해서
[기간]은 '주(week)'로 설정했습니다(③). 알림 받을 대상을 선택합니다. 다른 사람도 추가할
수 있습니다(④). [알림 조건]을 상세하게 설정하겠습니다. [적용 대상]은 '모든 트래픽(All
traffic)'이며, [조건]은 '세션(Sessions)'이 지난주와 비교해서 30% 이상 감소하면 알림이 발동
하게 설정합니다(⑤). 이 설정은 분석가의 의도에 따라 얼마든지 바꿀 수 있습니다. 모든 것
이 완료되었으면 [알림 저장(Save Alert)] 버튼을 클릭합니다(⑥).

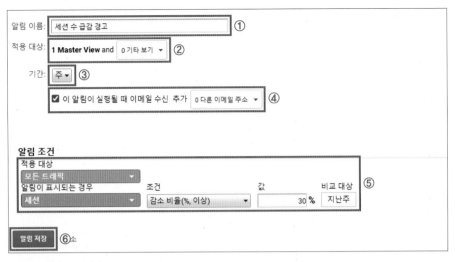

그림 5-20 | 알림 설정 화면

이렇게 하면 조건에 해당될 때 알림이 발생합니다. 다만, 알림은 상황 발생 시 실시간으로 발생하는 것이 아니라 GA가 데이터를 수집하고 적재한 이후 데이터를 조회한 경우에만 발생하므로, 알림이 바로 오지 않을 수 있다는 점에 주의하세요.

3 저장된 보고서와 그 외 보고서

계정	속성 및 앱	보기	
Demo Account	UA – Google Merchandise Store	1 Master View	
메뉴 경로	맞춤 설정 〉 저장된 보고서 (Customization 〉 Saved Reports)	날짜	

메뉴 영역의 **저장된 보고서(Saved Reports)**에는 결과 관리 영역에서 저장한 보고서가 저장되어 있습니다. [저장된 보고서]를 클릭하면 다음 그림과 같이 앞서 결과 관리 영역 실습에서 제작한 '채널' 보고서가 저장되어 있습니다. '채널'을 클릭하면 앞서 저장했던 보고서를 불러와서 데이터 분석을 진행할 수 있습니다.

저장된 보고서		
	🔍 검색	
이름	생성일 ↓	
채널	2022. 8. 24.	작업 ▾

그림 5-21 | 저장된 보고서 화면

UA와 GA4 비교

UA에서 유용하게 사용되었던 대시보드, 맞춤 알림 기능은 아쉽게도 2023년 현재, GA4에서는 지원되지 않습니다. GA4에서는 [보고서 〉 보고서 개요 〉 유용한 정보(Reports 〉 Reports snapshot 〉 Insight)]로 통합되었습니다. [만들기] 버튼을 클릭해서 맞춤 통계 만들기 화면에서 알림을 추가한 뒤 [맞춤 알림 만들기]를 클릭합니다.

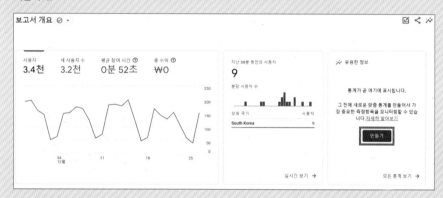

그림 5-22 | 맞춤 통계 만들기

한국어판에서는 맞춤 통계라고 번역되어 있지만 인사이트(insight)가 정확한 명칭입니다. 만드는 방법은 UA와 유사합니다.

↻ 계속

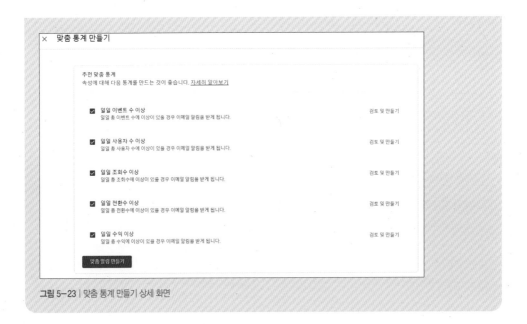

그림 5-23 | 맞춤 통계 만들기 상세 화면

5.3 분석 영역: 분석을 어떻게 진행할까(How)?

분석 영역은 분석가에 의해 실제 분석이 이루어지는 영역입니다. 분석가는 이 영역에서 다양한 조건을 적용해서 데이터를 조회하고 분석합니다. 다음 그림은 앞서 계속 실습하고 있는 **채널 보고서** 화면의 분석 영역입니다. 분석 영역의 각 기능을 살펴보면 다음과 같습니다.

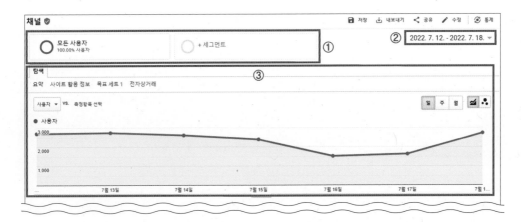

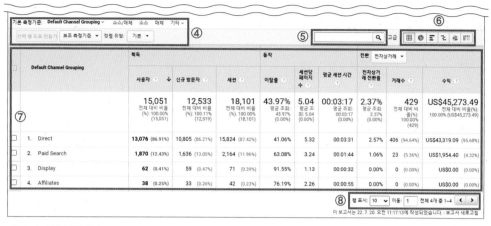

그림 5-24 | 분석 영역 화면

① **세그먼트**: 조건을 통해 분석가가 원하는 대로 트래픽을 분류할 수 있는 기능입니다.

② **캘린더**: 조회하려는 기간을 설정할 수 있습니다.

③ **그래프와 주석**: 조회한 결과가 그래프로 출력됩니다. 특정 측정항목과 비교하며 분석도 가능합니다. 그래프에는 설명을 위한 주석을 달 수 있습니다.

④ **측정기준 선택**: 조회한 결과를 다양한 관점으로 확인할 수 있습니다.

⑤ **고급 검색**: 조건을 적용해서 분석 결과표를 검색하는 기능입니다.

⑥ **그래프 출력 유형**: 다양한 형태의 그래프로 변경할 수 있습니다.

⑦ **분석 결과표**: 분석 결과가 테이블 형태로 출력되는 영역입니다.

⑧ **분석 결과표 설정**: 분석 결과표에 표현되는 행의 개수와 페이지 번호를 설정합니다.

여기서 ④ 측정기준 선택 ~ ⑥ 그래프 출력 유형, 그리고 ⑧ 분석 결과표 설정은 분석 결과표(테이블)를 조작하는 기능입니다. 분석 영역의 기능에 대해 자세히 살펴보겠습니다.

계정	속성 및 앱	보기	
Demo Account	UA – Google Merchandise Store	1 Master View	
메뉴 경로	획득 〉 전체 트래픽 〉 채널 (Acquisition 〉 All traffic 〉 Channels)	**날짜**	2022/7/12 ~ 2022/7/18

데이터를 분석할 때는 전체를 대상으로 분석할 수도 있지만 지역, 나이, 언어 등 특정 기준으로 분류해서 분석해야 할 때도 있습니다. 이런 경우 사용하는 것이 **세그먼트(segment)**입니다. 세그먼트란 분석가가 트래픽을 분류하는 기준을 말합니다. 세그먼트를 통해 분석가는 분석하고자 트래픽만 구분해서 분석을 진행할 수 있습니다. GA에서 세그먼트는 각 보고서 화면과 관리자 화면의 [관리 〉 보기 〉 세그먼트(Admin 〉 View 〉 Segments)]에서 만들 수 있습니다. GA 보고서 화면에서 세그먼트를 만들어 보겠습니다.

❶ 채널 보고서(획득 〉 전체 트래픽 〉 채널)로 이동한 뒤 분석 영역 상단의 [+세그먼트(Add Segment)]를 클릭합니다.

그림 5-25 | 세그먼트 선택

❷ 새로운 화면이 열리면 이 화면에서 GA가 제공하는 분류를 기준으로 세그먼트를 바로 만들 수도 있습니다. 또 분석가가 임의로 고급 조건을 적용한 세그먼트를 만들 수도

있습니다. 먼저 GA 분류 기준의 세그먼트를 만들어 보겠습니다. [새 세그먼트(+NEW SEGMENT)]를 클릭합니다.

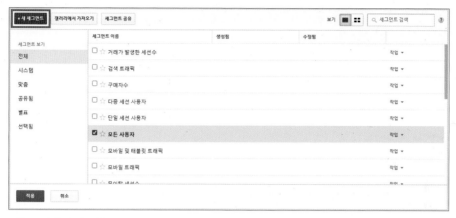

그림 5-26 | 새 세그먼트 생성

③ 세그먼트를 세부 설정할 수 있는 화면이 열립니다. 25~34세이면서 여성인 트래픽만 분류해서 분석해 보겠습니다. [인구통계(Demographics)]에서 [연령(Age)]은 '25-34'(①)로 [성별(Gender)]은 '여성(Female)'으로(②) 설정합니다. 전체 트래픽 중에 771명의 사용자(Users)와 955건의 세션이 선택되었다고 요약 정보가 나타납니다(③). 세그먼트 이름은 '25-34 여성'으로 입력하겠습니다(④). 설정이 끝났으면 [저장(Save)] 버튼을 클릭합니다(⑤).

그림 5-27 | 세그먼트 조건 설정

④ '25-34 여성' 세그먼트가 적용된 것을 확인할 수 있습니다. 세그먼트 이름을 클릭한 후 '모든 사용자(All Users)' 세그먼트를 적용하면, 다음 그래프와 같이 '모든 사용자' 대비 '25-34 여성'의 트래픽을 비교하면서 분석할 수 있습니다.

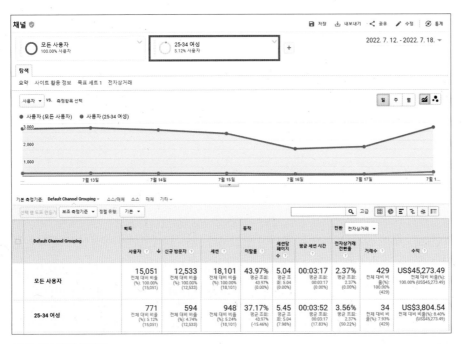

그림 5-28 | 생성된 세그먼트

새로 생성한 세그먼트는 GA에서 제공하는 기준을 바탕으로 제작했기 때문에 클릭 몇 번만으로 쉽게 제작할 수 있었습니다. 하지만 이보다 더 자유로운 조건의 세그먼트가 필요할 때도 있습니다.

이런 경우에는 분석가 세그먼트를 만들어야 합니다. 먼저 앞서 만들었던 '25-34 여성' 세그먼트는 삭제하겠습니다. 세그먼트를 삭제하려면 세그먼트 오른쪽의 내리기 아이콘(▽)를 클릭한 뒤 [삭제]를 클릭합니다.

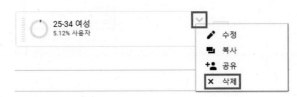

그림 5-29 | '25-34 여성' 세그먼트 삭제

세그먼트가 삭제되었으면 분석가가 고급 조건을 직접 적용하는 '고급 분석 세그먼트'를 제작해 보겠습니다.

① 다시 [세그먼트 〉 새 세그먼트]를 클릭합니다.

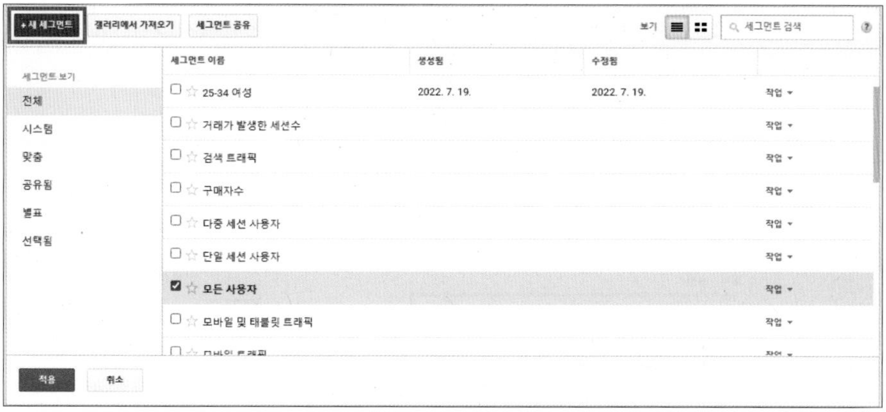

그림 5-30 | 새 세그먼트 생성

② [고급(Advanced)] 항목에서 [조건(Conditions)]을 클릭합니다.

그림 5-31 | 고급 분석 선택

❸ [조건]에서 [국가(Country)]를 선택한 후 [다음을 포함] → 'United States'를 선택하거나 입력한 뒤(①) [AND]를 클릭합니다(②). 조건이 추가되면 [기기 카테고리(Device Category)]를 선택한 후 [다음을 포함] → 'mobile'을 선택하거나 입력합니다(③). 설정이 완료되면 세그먼트 이름을 '미국 모바일'로 입력한 뒤(④) [저장] 버튼을 클릭합니다(⑤). 미국에서 모바일로 발생한 트래픽을 세그먼트로 설정한다는 의미입니다(추가 조건으로 AND 조건 외에 OR 조건을 줄 수도 있습니다).

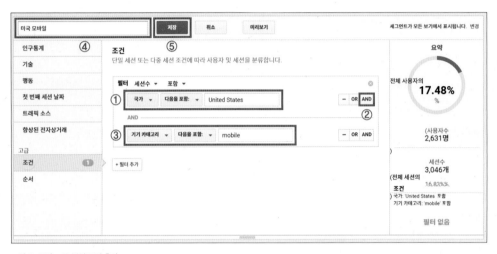

그림 5-32 | 고급 분석 조건 추가

❹ 세그먼트가 생성되면 앞서와 마찬가지로 모든 사용자와 함께 트래픽을 비교하는 그래프가 출력됩니다.

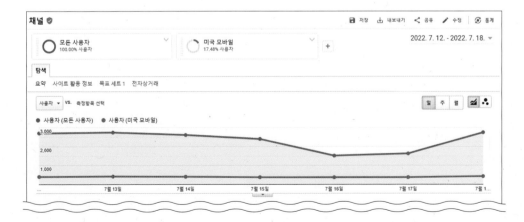

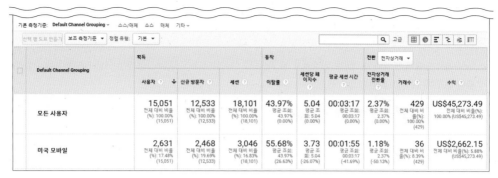

	획득			동작				전환 전자상거래 ▾		
Default Channel Grouping	사용자 ⑦	↓ 신규 방문자 ⑦	세션 ⑦	이탈률 ⑦	세션당 페이지수 ⑦	평균 세션 시간 ⑦	전자상거래 전환율 ⑦	거래수 ⑦	수익 ⑦
모든 사용자	15,051 전체 대비 비율 (%): 100.00% (15,051)	12,533 전체 대비 비율 (%): 100.00% (12,533)	18,101 전체 대비 비율 (%): 100.00% (18,101)	43.97% 평균 조회: 43.97% (0.00%)	5.04 평균 조회: 5.04 (0.00%)	00:03:17 평균 조회: 00:03:17 (0.00%)	2.37% 평균 조회: 2.37% (0.00%)	429 전체 대비 비율: 100.00% (429)	US$45,273.49 전체 대비 비율(%): 100.00% (US$45,273.49)
미국 모바일	2,631 전체 대비 비율 (%): 17.48% (15,051)	2,468 전체 대비 비율 (%): 19.69% (12,533)	3,046 전체 대비 비율 (%): 16.83% (18,101)	55.68% 평균 조회: 43.97% (26.63%)	3.73 평균 조회: 5.04 (-26.07%)	00:01:55 평균 조회: 00:03:17 (-41.69%)	1.18% 평균 조회: 2.37% (-50.13%)	36 전체 대비 비율: 8.39% (429)	US$2,662.15 전체 대비 비율(%): 5.88% (US$45,273.49)

그림 5-33 | 미국 모바일 세그먼트 적용

이렇게 분석가는 세그먼트를 추가해 다양한 관점에서 데이터를 분석할 수 있습니다. 또한, 세그먼트 오른쪽 상단의 내리기 아이콘(▽)을 클릭하면 세그먼트를 편집, 복사, 공유, 삭제할 수 있습니다. 실습을 마무리했다면 **'미국 모바일' 세그먼트를 삭제합니다.** 삭제하지 않으면 이어서 실습할 때 미국 모바일 세그먼트가 계속 화면에 남아 있습니다.

세그먼트는 [관리 〉 보기 〉 세그먼트(Admin 〉 View 〉 Segments)] 메뉴에서도 목록을 확인하거나 생성할 수 있습니다.

그림 5-34 | [관리] 메뉴의 세그먼트 화면

GA4에서는 **탐색 분석**의 세그먼트 영역에서 세그먼트를 생성합니다. 드래그&드롭 방식으로 UA보다 세그먼트를 더 쉽게 생성할 수 있습니다.

그림 5-35 | GA4 세그먼트 생성

다만 UA에서는 대부분의 보고서에서 세그먼트를 사용할 수 있었는데 반해 GA에서는 탐색 분석에서만 세그먼트를 사용할 수 있습니다.

표 5-1 | UA와 GA4 세그먼트 비교

구분	UA(GA3)	GA4	비고
세그먼트	각 보고서 혹은 세그먼트 메뉴에서 생성	탐색 분석에서 생성	

2 캘린더: 분석 기간 설정하기

계정	속성 및 앱	보기	
Demo Account	UA - Google Merchandise Store	1 Master View	
메뉴 경로	획득 〉 전체 트래픽 〉 채널 (Acquisition 〉 All traffic 〉 Channels)	**날짜**	–

데이터 분석에는 분석 대상과 분석 기간이 필수입니다. GA 보고서에서도 데이터에 대한 분석 결과를 확인하려면 분석 기간을 설정해야 합니다. 분석 기간을 설정하는 것이 **캘린더**입니다. 캘린더는 주로 분석 영역의 오른쪽 상단에 위치합니다. 캘린더를 클릭하면 다음과 같은 화면이 나타납니다.

그림 5-36 | UA 캘린더

① **기간:** 분석 기간을 어떤 방식으로 선택할지 정합니다. 기본은 '맞춤(Custom)'이며, 오늘, 어제, 지난주 등을 선택할 수 있습니다.

② **시작 날짜와 종료 날짜:** 분석 대상이 되는 기간의 시작 날짜와 종료 날짜를 선택합니다.

③ **비교 대상:** 날짜끼리 비교하고 싶다면 이 영역을 클릭해서 활성화합니다. 이전 기간, 이전 연도를 선택할 수 있습니다.

④ **날짜 선택:** 실제로 날짜를 선택하는 영역입니다.

기본적인 분석 기간을 설정해 보겠습니다.

1 채널 보고서로 이동해서 [기간]에 '지난달(Last Month)'을 선택합니다(①). 그러면 자동으로 지난달인 2022년 6월이 모두 선택됩니다(실습 시점이 2022년 7월이기 때문에 6월이 선택된 것입니다. 지난달을 선택하면 여러분이 조회하는 달을 기준으로 바로 한 달 전으로 선택됩니다). 설정을 완료했으면 [적용(Apply)] 버튼을 클릭합니다(②).

그림 5-37 | 지난달 선택

② 2022년 6월에 해당하는 채널 정보가 출력됩니다.

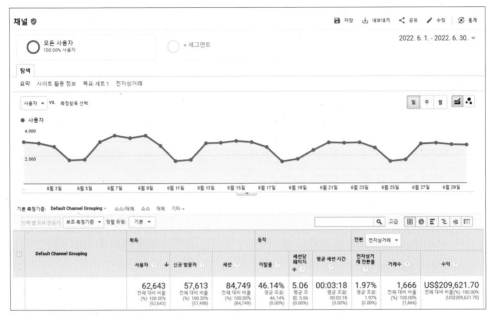

그림 5-38 | 지난달의 채널별 분석 결과

이번에는 동일 기간을 지난달과 비교해 보겠습니다.

① 앞서와 마찬가지로 [기간]을 '지난달(Last Month)'로 두고(①) [비교 대상(Compare to)]을 체크한 뒤 비교 대상을 '이전 기간(Previous period)'으로 선택합니다(②). 이전 기간은 6월의 앞선 기간이므로 2022년 5월이 됩니다. 설정을 완료하면 [적용(Apply)] 버튼을 클릭합니다 (③).

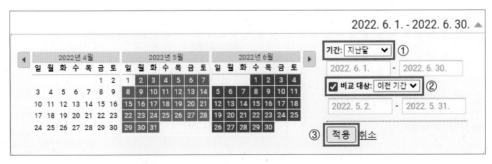

그림 5-39 | 비교 대상으로 [이전 기간] 선택

② 기준 분석 기간에 대한 비교 기간의 결과가 함께 출력됩니다(①). 아울러 비교 기간의 결과에 대해 증감 수치까지도 보여 줍니다(②).

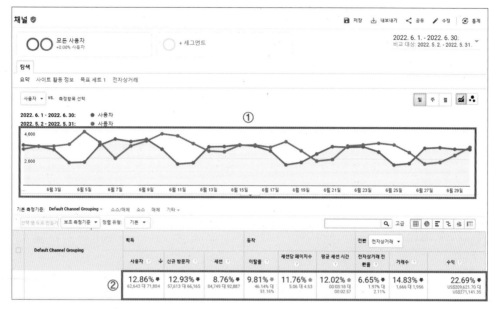

그림 5-40 | 기간 비교 그래프 출력

③ 앞서 비교했던 이전 기간을 제거하려면 [비교 대상]을 다시 한번 클릭해서 체크 표시를 제거한 뒤(①) [적용] 버튼을 클릭하면 됩니다(②).

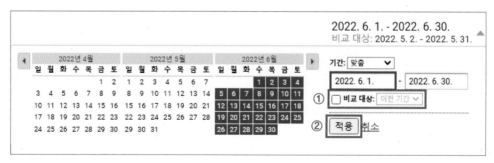

그림 5-41 | 적용한 기간 제거

그래프와 주석: 결과를 그래프로 확인하고 설명 넣기

계정	속성 및 앱	보기	
Demo Account	UA – Google Merchandise Store	1 Master View	
메뉴 경로	획득 〉 전체 트래픽 〉 채널 (Acquisition 〉 All traffic 〉 Channels)	**날짜**	2022/6/1 ~ 2022/6/30

분석 결과를 그래프로 확인하는 영역입니다. 자세히 살펴보면 다음과 같습니다.

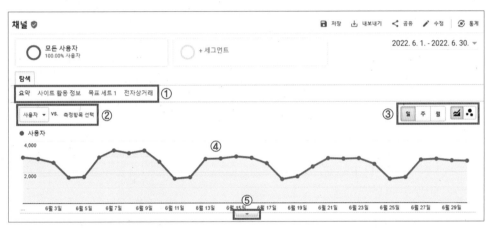

그림 5-42 | 그래프 영역

① **보고서 주제:** 어떤 주제를 중심으로 분석 결과를 볼지 결정하는 기능입니다. 기본값으로는 해당 보고서에 가장 잘 어울리는 '요약(Summary)'이 설정되어 있으며, 다른 주제를 선택할 수도 있습니다. 채널 보고서에서는 '사이트 활용 정보(Site Usage)', '목표 세트 1(Goal Set 1)', '전자상거래(Ecommerce)' 등을 선택할 수 있습니다. 주제는 보고서나 상황에 따라 달라집니다.

② **비교:** 측정항목끼리 비교할 수 있는 기능입니다. '측정항목 선택(Select a metric)'을 선택하면 2개의 측정항목을 비교할 수 있습니다. 다음 그림은 '사용자(Users)'와 '이탈률(Bounce Rate)'을 비교하는 그래프입니다.

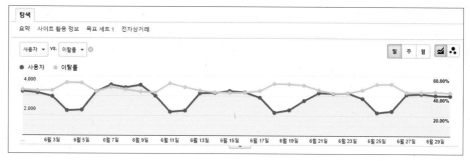

그림 5-43 | 사용자와 이탈률 비교

추가한 측정항목을 제거하려면 측정항목 옆의 삭제 버튼(이탈률 ▾ ⊗)을 누릅니다.

③ **표현 방법:** 그래프를 표현할 방법을 선택합니다. '일(Day)', '주(Week)', '월(Month)'을 선택할 수 있으며 표현 방법에 따라 그래프가 표현되는 구간이 달라집니다. 또한, 선 그래프나 모션 차트로 표현할 수 있습니다. 다음 그림은 2022/6/1부터 2022/6/30까지 기간을 선택해서 주 단위로 표현한 '사용자'와 '이탈률'입니다.

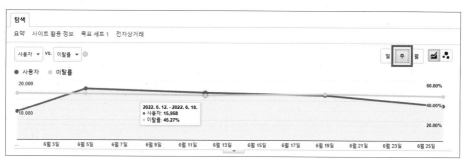

그림 5-44 | 주 단위로 표현한 그래프

④ **그래프:** 분석 결과 그래프입니다. 앞서 살펴본 보고서 주제, 비교, 표현 방법의 영향을 받습니다.

⑤ **주석:** 분석가가 보고서에 '주석'을 남기는 기능입니다. 만약 분석 그래프에 대해 기억해야 하는 상황이나 다른 사람과 공유해야 할 내용을 주석으로 남겨 놓는다면, 시간이 지나도 어떤 상황이었는지 이해하기 쉬울 것입니다. 예를 들어 갑자기 트래픽이 감소한 날이거나, 캠페인을 실행한 날과 같이 다른 사람들도 기억해야 하는 날짜에 대해 주석으

로 남길 수 있습니다. 주석을 남기려면 그래프 하단의 펼침 버튼()을 클릭합니다. 그리고 [새 주석 만들기(Create new annotation)]를 클릭합니다.

그림 5-45 | [새 주석 만들기] 클릭

다음과 같은 주석 상세 설정 화면이 열립니다.

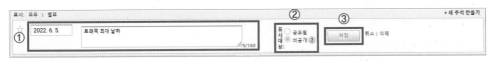

그림 5-46 | 주석 상세 설정 화면

① **날짜와 내용**: 주석을 남기려는 날짜와 내용을 선택합니다. 예로 2022년 6월 5일을 선택하고, 내용은 '트래픽 최대 날짜'라고 입력했습니다.

② **표시 대상**: 주석의 공유 여부를 선택합니다. '공유됨(Shared)'을 선택하면 모든 사람이 주석을 볼 수 있고 '비공개(Private)'를 선택하면 내 계정으로 접속했을 때만 주석 내용을 확인할 수 있습니다(하지만 구글 머천다이즈 스토어는 데모 계정이므로 선택할 수 없습니다).

주석을 상세 설정했으면 [저장] 버튼을 클릭합니다(③). 그러면 다음과 같이 주석이 생성된 것을 확인할 수 있습니다.

그림 5-47 | 생성된 주석

그리고 다음 그림과 같이 그래프 아래에 주석이 있다는 것을 알려 주는 아이콘이 나타납니다. 아이콘을 클릭하면 주석에 대한 상세 내용이 나타납니다.

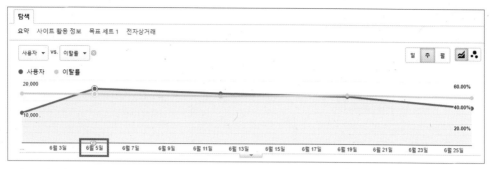

그림 5-48 | 주석 아이콘

주석은 분석 영역에서 항상 확인할 수 있는 것은 아니고 해당 기간이 조회되었을 때만 표현됩니다. 모든 주석을 확인하고 싶다면 [관리 〉 보기 〉 주석(Admin 〉 View 〉 Annotations)]으로 이동합니다.

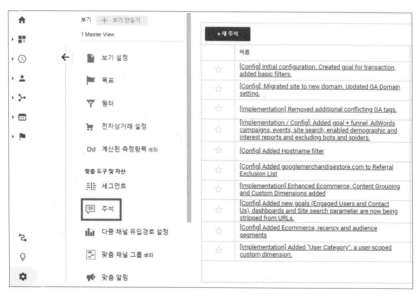

그림 5-49 | 모든 주석 확인하기

 측정기준 선택: 측정기준 선택해서 분석하기

측정기준 선택, 고급 검색, 그래프 출력 유형은 결과로 출력된 하단의 분석 결과표(테이블)에 대해 분석 기준을 적용하는 영역입니다. 즉, 결과 분석표와 묶여 있는 영역이라 생각하면 됩니다. 측정기준은 3장에서 자세히 설명했습니다. 즉, **기본 측정기준**을 선택하고, 추가로 **보조 측정기준**을 선택해서 깊이 있는 분석을 진행할 수 있습니다.

그림 5-50 | 기본 측정기준과 보조 측정기준

5 고급 검색: 분석 조건 적용하기

고급 검색은 출력된 분석 결과표에 대해 다양한 조건으로 데이터를 검색할 수 있는 기능입니다. 출력된 결과표의 측정기준에 대해서 간단하게 조회하려면 검색창에 키워드를 입력하면 됩니다(①). 조금 더 복잡한 조건을 적용하려면 [고급(advanced)]을 클릭합니다(②).

Default Channel Grouping	사용자	신규 방문자	세션	이탈률	세션당 페이지 수	평균 세션 시간
	62,643 전체 대비 비율 (%): 100.00% (62,643)	57,613 전체 대비 비율 (%): 100.20% (57,498)	84,749 전체 대비 비율 (%): 100.00% (84,749)	46.14% 평균 조회: 46.14% (0.00%)	5.06 평균 조회: 5.06 (0.00%)	00:03:18 평균 조회: 00:03:18 (0.00%)
1. Direct	52,440 (82.92%)	47,563 (82.56%)	71,423 (84.28%)	41.76%	5.44	00:03:38
2. Paid Search	8,107 (12.82%)	7,455 (12.94%)	10,189 (12.02%)	64.12%	3.52	00:01:49
3. Display	2,537 (4.01%)	2,455 (4.26%)	2,943 (3.47%)	88.75%	1.32	00:00:30
4. Affiliates	154 (0.24%)	135 (0.23%)	189 (0.22%)	69.84%	2.07	00:01:11

그림 5-51 | 고급 검색 조건 적용

다음 그림은 검색창에 'Direct'라는 키워드를 입력하고(①) 돋보기 아이콘을 클릭해서(②) 해당 결과만 조회해서 출력한 모습입니다.

그림 5-52 | 검색창으로 Direct 측정기준을 조회한 결과

'고급 검색'을 진행해 보겠습니다. [고급(advanced)]을 클릭합니다. 그러면 다음과 같은 상세 조건 검색 화면이 열립니다.

그림 5-53 | 상세 조건 검색 화면

① 측정기준을 포함(Include)할지 제외(Exclude)할지를 정합니다. 지금 조건에서는 '제외(Exclude)'를 선택했습니다.

② 조건을 적용하려면 측정기준을 선택합니다. 여기서는 'Default Channel Grouping'을 선택했습니다.

③ 다음에 올 키워드(④)에 대한 조건을 적용합니다. 지금 보이는 조건은 '포함(Containing)'입니다.

④ 조건에 적용할 키워드입니다. 'Direct'를 입력했습니다.

⑤ 측정기준이나 측정항목 조건을 추가로 적용할 수 있습니다.

⑥ 모두 설정되었다면 [적용(Apply)] 버튼을 클릭합니다.

정리하면 '기본 채널 그룹'을 뜻하는 'Default Channel Grouping' 측정기준에 대해서 'Direct'를 포함하는 결과를 제외(Exclude)해서 출력하라는 의미입니다. [적용] 버튼을 클릭하면 고급 검색 조건을 적용한 결과가 출력됩니다. 다음 그림을 살펴보면 채널 그룹 유형 중 'Direct'에 해당하는 결과만 제외하고 출력한 것을 확인할 수 있습니다. 고급 검색 조건을 제거하려면 삭제 버튼()을 클릭합니다.

Default Channel Grouping	획득			동작			전환
	사용자 ⬇	신규 방문자	세션	이탈률	세션당 페이지수	평균 세션 시간	전자 래 전
	10,775 전체 대비 비율 (%): 17.20% (62,643)	10,050 전체 대비 비율 (%): 17.48% (57,498)	13,326 전체 대비 비율 (%): 15.72% (84,749)	69.63% 평균 조회: 46.14% (50.90%)	3.01 평균 조 회: 5.06 (-40.44%)	00:01:31 평균 조회: 00:03:18 (-54.02%)	1.0 평균 (-45.
1. Paid Search	8,107 (75.04%)	7,455 (74.18%)	10,189 (76.46%)	64.12%	3.52	00:01:49	1
2. Display	2,537 (23.48%)	2,455 (24.43%)	2,943 (22.08%)	88.75%	1.32	00:00:30	0
3. Affiliates	154 (1.43%)	135 (1.34%)	189 (1.42%)	69.84%	2.07	00:01:11	0
4. (Other)	3 (0.03%)	3 (0.03%)	3 (0.02%)	33.33%	7.67	00:03:20	0
5. Organic Search	2 (0.02%)	2 (0.02%)	2 (0.02%)	50.00%	1.50	00:00:01	

그림 5-54 | 고급 검색 조건 결과

6 그래프 출력 유형: 분석 결과 표현 바꾸기

분석 결과표의 표현 방법을 선택하는 기능입니다. 기본은 '데이터(data)' 유형으로 선택되어 있으며 상황에 맞는 다양한 그래프를 선택해서 출력할 수 있습니다. 다음은 '비율(percentage)' 그래프를 선택한 결과입니다. 이외에도 '실적', '비교', '검색어 구름', '피봇'을 선택할 수 있습니다.

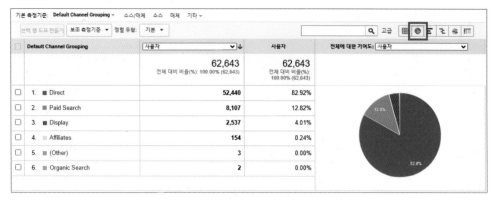

그림 5-55 | 비율 그래프 선택

7 분석 결과표: 데이터 분석 결과

분석 결과표는 측정기준과 측정항목의 구체적인 값이 출력되는 영역입니다. 측정기준과 측정항목은 GA 보고서의 종류에 따라 다릅니다. 일반적으로는 가장 상단 행에 각 측정항목의 전체 합계 수치가 표현되며(①), 그다음 행부터는 측정기준에 해당되는 숫자와 전체 중에서 차지하는 비율이 같이 표현됩니다(② 52,440 (82.92%)).

	Default Channel Grouping	사용자	신규 방문자	세션	이탈률	세션당 페이지 수	평균 세션 시간	전자상거래 전환율	거래수	
		① 62,643 전체 대비 비율(%): 100.00% (62,643)	57,613 전체 대비 비율(%): 100.20% (57,498)	84,749 전체 대비 비율(%): 100.00% (84,749)	46.14% 평균 조회: 46.14% (0.00%)	5.06 평균 조회: 5.06 (0.00%)	00:03:18 평균 조회: 00:03:18 (0.00%)	1.97% 평균 조회: 1.97% (0.00%)	1,666 전체 대비 비율(%): 100.00% (1,666)	US 전체
1.	Direct	② 52,440 (82.92%)	47,563 (82.56%)	71,423 (84.28%)	41.76%	5.44	00:03:38	2.13%	1,522 (91.36%)	US$
2.	Paid Search	8,107 (12.82%)	7,455 (12.94%)	10,189 (12.02%)	64.12%	3.52	00:01:49	1.41%	144 (8.64%)	US
3.	Display	2,537 (4.01%)	2,455 (4.26%)	2,943 (3.47%)	88.75%	1.32	00:00:30	0.00%	0 (0.00%)	
4.	Affiliates	154 (0.24%)	135 (0.23%)	189 (0.22%)	69.84%	2.07	00:01:11	0.00%	0 (0.00%)	
5.	(Other)	3 (0.00%)	3 (0.01%)	3 (0.00%)	33.33%	7.67	00:03:20	0.00%	0 (0.00%)	
6.	Organic Search	2 (0.00%)	2 (0.00%)	2 (0.00%)	50.00%	1.50	00:00:01	0.00%	0 (0.00%)	

그림 5-56 | 분석 결과표

측정기준이나 측정항목 제목을 클릭하면 오름차순이나 내림차순으로 정렬됩니다. 다음은 '사용자(Users)'를 클릭해서 측정기준을 '사용자' 수의 오름차순으로 정렬한 예입니다.

	Default Channel Grouping	획득			동작			전환 전자상거래 ▾		
		사용자 ↑	신규 방문자	세션	이탈률	세션당 페이지 수	평균 세션 시간	전자상거래 전환율	거래수	
		62,643 전체 대비 비율 (%): 100.00% (62,643)	57,613 전체 대비 비율 (%): 100.20% (57,498)	84,749 전체 대비 비율 (%): 100.00% (84,749)	46.14% 평균 조회: 46.14% (0.00%)	5.06 평균 조회: 5.06 (0.00%)	00:03:18 평균 조회: 00:03:18 (0.00%)	1.97% 평균 조회: 1.97% (0.00%)	1,666 전체 대비 비율 (%): 100.00% (1,666)	US$ 전체
☐ 1.	Organic Search	2 (0.00%)	2 (0.00%)	2 (0.00%)	50.00%	1.50	00:00:01	0.00%	0 (0.00%)	
☐ 2.	(Other)	3 (0.00%)	3 (0.01%)	3 (0.00%)	33.33%	7.67	00:03:20	0.00%	0 (0.00%)	
☐ 3.	Affiliates	154 (0.24%)	135 (0.23%)	189 (0.22%)	69.84%	2.07	00:01:11	0.00%	0 (0.00%)	
☐ 4.	Display	2,537 (4.01%)	2,455 (4.26%)	2,943 (3.47%)	88.75%	1.32	00:00:30	0.00%	0 (0.00%)	
☐ 5.	Paid Search	8,107 (12.82%)	7,455 (12.94%)	10,189 (12.02%)	64.12%	3.52	00:01:49	1.41%	144 (8.64%)	US$
☐ 6.	Direct	52,440 (82.92%)	47,563 (82.56%)	71,423 (84.28%)	41.76%	5.44	00:03:38	2.13%	1,522 (91.36%)	US$

그림 5-57 | 항목 정렬

■ 분석 결과표의 표현 설정하기

분석 결과표 설정 기능은 분석 결과표 맨 아래에 위치합니다. 데이터 조회 시 한 번에 표현할 행의 수(Show rows)를 정할 수 있으며(①) 해당 페이지로 바로 이동할 수 있습니다(②). 또한, 앞 페이지나 뒤 페이지로 이동할 수도 있습니다(③).

그림 5-58 | 분석 결과표 표시

분석 결과표의 내용은 기본적으로 10행만 표현되기 때문에, 이 기능을 사용하면 50행, 1000행 등으로 표현해 행의 개수를 늘리면서 결과를 확인할 수 있습니다.

지금까지 '사용자 화면'에 대해 알아보았습니다. 분석가는 메뉴 영역과 분석 영역의 다양한 기능을 조작해서 데이터를 조회하고, 데이터에서 확인한 분석 결과를 바탕으로 인사이트를 발굴합니다. UA '사용자 화면'의 많은 부분은 GA4에서도 계승되었습니다. GA4의 '사용자 화면'은 7.4절에서 다시 자세히 설명합니다. 그림 다음 장에서는 앞서 살펴본 GA 사용 방법을 기초로 UA의 주요 보고서들에 대해서 알아보겠습니다.

6장

UA 보고서로
분석해 보기

UA에는 분석 상황에 어울리는 다양한 보고서가 준비되어
있습니다. 이번 장에서는 UA에서 제공하는 110여 개의 보고서
중에서 가장 많이 사용되는 보고서를 핵심 내용 위주로
알아보겠습니다. 보고서의 목적과 기능, 활용 방법을 확인해서
GA4 분석의 아이디어를 얻어 보세요.

6.1 보고서: UA 분석의 핵심

UA에는 분석가가 유용하게 사용할 수 있는 보고서들이 미리 만들어져 있습니다. UA에서 제공하는 보고서는 전자상거래 분석에 최적화된 형태로 구성되어 있으며, 사용자의 서비스 경험, 즉 사용자의 웹 사이트 유입 전, 유입 시점, 유입 후의 데이터를 분석하는 보고서로 구성되어 있습니다. 그림으로 쉽게 설명하면 다음과 같습니다.

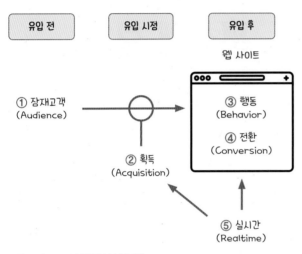

그림 6-1 | GA 보고서의 구성과 분석 흐름

① **잠재고객(Audience) 보고서**: 웹 사이트에 유입되는 사용자들의 특징을 분석하는 보고서입니다. 예를 들어 사용자가 어느 지역에서 주로 유입되는지, 어느 기기를 주로 이용하는지, 어떤 것에 흥미를 갖는지 등에 대한 정보입니다. 이 보고서들은 유입 시점이나 그 이후에도 유용하지만 해당 정보를 통해 향후 유입될 사용자를 분석할 있다는 점에서 유입 전으로 분류했습니다.

② **획득(Acquisition) 보고서**: 사용자가 웹 사이트로 유입되는 시점의 데이터들을 주로 분석하는 보고서입니다. 어느 채널에서 주로 유입되었는지, 구글 애즈 등 마케팅 도구와 연계해서 얼마만큼의 캠페인 효과가 있었는지, 어떤 페이지로 유입되었는지 등을 분석합니다.

③ **행동(Behavior) 보고서**: 웹 사이트에 유입된 사용자가 어떤 행동을 했는지 분석하는 보고서입니다.

④ **전환(Conversion) 보고서**: 사용자가 목표를 얼마나 달성했는지, 전자상거래 매출은 얼마나 일으켰는지 등을 분석합니다. 최종 목표를 얼마나 어떻게 달성했는지 분석하는 보고서라 할 수 있습니다.

⑤ **실시간(Realtime) 보고서**: 실시간으로 트래픽을 분석합니다.

UA 분석 화면은 보고서가 대부분을 차지한다고 해도 과언이 아닐 만큼 다양한 보고서가 존재합니다. 사용자는 이런 보고서들을 기반으로 세그먼트나 다양한 조건 등을 추가해서 데이터 분석을 진행합니다. 이번 장에서 모든 보고서 내용은 [Demo Account의 UA - Google Merchandise Store 속성 〉 1 Master View 보기]에서 2022/06/01 ~ 2022/06/30 기간의 조회 결과입니다.

6.2 실시간 보고서: 실시간 사용자 현황 파악

계정	속성 및 앱	보기	
Demo Account	UA - Google Merchandise Store	1 Master View	
메뉴 경로	실시간(Realtime)	**날짜**	2022/6/01 ~ 2022/6/30

실시간(Realtime) 보고서는 실시간 마케팅 캠페인에 대한 반응, 태깅 후 데이터 오류 모니터링, 사이트 개편 후 동작 상태 등 즉각적인 트래픽의 상황 파악이 필요할 때 유용하게 활용할 수 있는 보고서입니다. 실시간 보고서는 지역, 트래픽 소스, 콘텐츠, 이벤트, 전환 등으로 구분된 보고서로 확인할 수 있습니다. 유의할 것은 실시간 보고서의 데이터는 완전한 실시간 데이터가 아니라 5분 이상 전에 수집된 데이터라는 점입니다. 즉, 실시간에 가까운 데이터라고 생각하면 됩니다.

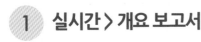
메뉴 경로	실시간 > 개요 (Realtime > Overview)	날짜	실시간 보고서는 날짜가 없음

실시간 개요 보고서는 실시간 현황을 개괄적으로 분석할 수 있는 보고서입니다. 예를 들어 만약 캠페인을 실행하고 실시간으로 얼마나 많은 사용자가 접속했는지 확인할 수 있습니다.

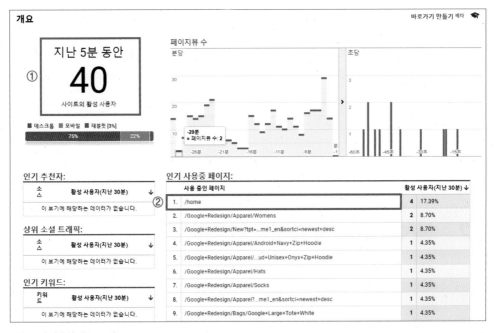

그림 6-2 | 실시간 > 개요 보고서

그림 6-2를 통해 다음을 알 수 있습니다.

① 현재 우리 웹 사이트에 40명의 사용자가 접속해 있습니다.

② 가장 많이 본 페이지는 메인 페이지(/home)입니다.

6.3 잠재고객 보고서: 우리 회사의 잠재고객은 누구일까?

잠재고객(Audience) 보고서는 웹 사이트 방문자에 대한 정보를 분석할 수 있는 보고서입니다. 영문인 '오디언스(Audience)'는 직역하면 청중이라는 의미로, 우리 웹 사이트에 관심을 가질 만한 고객이라는 의미입니다. 사용자 수, 세션 수, 이탈률 등과 함께 인구통계 정보, 기기 정보 등을 확인할 수 있습니다. 한국어판 UA에서는 '잠재고객 보고서'라고 번역되었습니다. 잠재고객 보고서의 나이 등 인구통계, 관심 분야 등 인적 정보는 실제 정보가 아니라 구글 시그널 등에 의해 예측된 정보입니다.

1 잠재고객 > 개요 보고서

메뉴 경로	잠재고객 > 개요 (Audience > Overview)	날짜	2022/6/1~2022/6/30

다음은 잠재고객 보고서 내 **개요(Overview)** 보고서입니다.

그림 6-3 | 잠재고객 > 개요 보고서

잠재고객에 대한 다양한 정보를 확인할 수 있습니다.

② 인구통계 > 연령 보고서

인구통계(Demographics) 보고서는 사용자의 연령, 성별 등 인구통계 정보를 분석할 수 있는 보고서입니다.

메뉴 경로	잠재고객 > 인구통계 > 연령 (Audience > Demographics > Age)	날짜	2022/6/1~2022/6/30

다음은 인구통계 보고서 중에 연령대별로 구분해서 사용자 수 등을 출력하는 **연령(Age) 보고서**입니다. 측정기준을 연령대별로 구분해서 여러 가지 측정항목으로 출력하는 것을 확인할 수 있습니다.

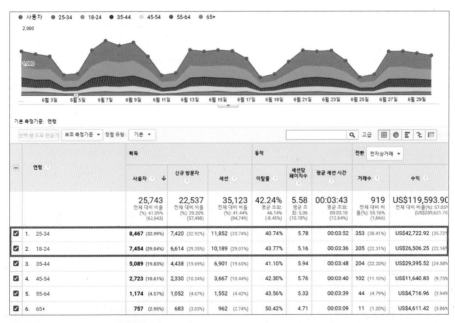

그림 6-4 | 인구통계 > 연령 보고서

분석 결과를 살펴보면, 구글 머천다이즈 스토어에는 25-34세, 18-24세인 젊은 층의 유입이 절반 이상으로 파악됩니다. 결과를 바탕으로 젊은 층을 중심으로 구매를 유도하면서 각 연령대에 적합한 상품으로 잠재고객을 유도하는 캠페인을 실행한다면 좋은 성과를 기대할 수도 있을 것입니다.

3 지역 〉 위치 보고서

지역(Geo) 보고서는 사용자의 지역 정보를 분석하는 보고서입니다. UA의 지역 정보는 사용자의 IP를 통해 확인합니다.

메뉴 경로	잠재고객 〉 지역 〉 위치 (Audience 〉 Geo 〉 Location)	날짜	2022/6/1~2022/6/30

다음은 지역 보고서 내 **위치(Location) 보고서**입니다.

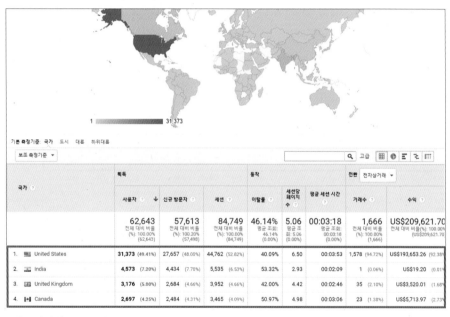

그림 6-5 | 지역 〉 위치 보고서

보고서를 통해 구글 머천다이즈 스토어에 유입되는 '사용자'의 대부분은 미국(49.41%)이며 인도(7.2%), 영국(5.0%)순인 것을 확인할 수 있습니다. 미국 외의 국가에 마케팅 캠페인을 하려면 인도, 영국을 먼저 고려해 볼 수 있습니다. 상단의 지도 이미지를 클릭하면 하위 지역(Region) 정보가 출력됩니다.

4 기술 〉 웹 브라우저 및 운영체제 보고서

기술(Technology) 보고서는 사용자의 기기와 접속 환경을 분석할 수 있는 보고서입니다. UA의 기기/브라우저 정보는 사용자의 쿠키를 기반으로 분석합니다.

메뉴 경로	잠재고객 〉 기술 〉 브라우저 및 운영체제 (Audience 〉 Technology 〉 Browser & OS)	날짜	2022/6/1 ~ 2022/6/30

다음은 기술 보고서 내 **브라우저 및 운영체제(Browser & OS) 보고서**를 조회한 결과입니다.

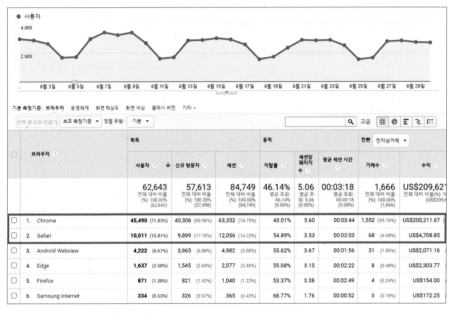

그림 6-6 | 기술 〉 브라우저 및 운영체제 보고서

구글 머천다이즈 스토어의 '사용자'는 대부분 크롬(Chrome) 기반의 브라우저를 사용하고 있으며, 그다음은 사파리(Safari)를 주로 사용하네요.

이 보고서는 데스크톱과 모바일 기기를 구분하지 않으므로 구분해서 보려면 [보조 측정기준]에 '기기 카테고리(Device category)'를 추가해야 합니다. [보조 측정기준]을 클릭해서 '기기 카테고리'를 선택하거나 입력합니다. 그러면 다음 그림과 같이 브라우저와 기기를 구분해서 보여 줍니다.

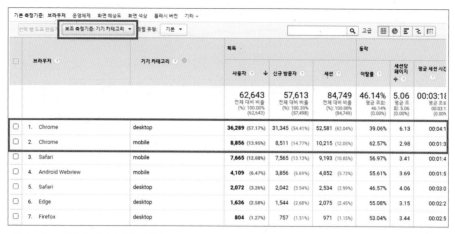

그림 6-7 | 보조 측정기준에 기기 카테고리 추가

구글 머천다이즈 스토어에는 대부분의 사용자(57.17%)가 크롬 브라우저/데스크톱 기기로 유입하고 있으며, 그다음으로 크롬 브라우저/모바일 기기로 유입하고 있습니다(13.95%). 구글 크롬 계열의 비중이 높은 것을 알 수 있습니다.

⑤ 모바일 〉 기기 보고서

UA의 **모바일(Mobile) 보고서**를 통해 웹 사이트 사용자들을 모바일 사용 관점에서 분석할 수 있습니다.

메뉴 경로	잠재고객 〉 모바일 〉 기기 (Audience 〉 Mobile 〉 Device)	날짜	2022/6/1~2022/6/30

다음은 **기기(Device) 보고서**에서 사용자의 모바일 사용 기기를 조회한 결과입니다.

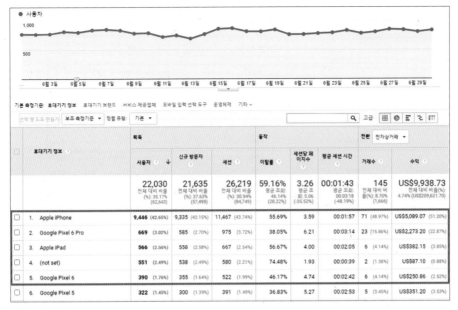

그림 6-8 | 모바일 〉 기기 보고서

구글 머천다이즈 스토어의 '사용자'는 Apple iPhone을 가장 많이 사용하며(42.65%), Google Pixel 6 Pro(3.02%), Apple iPad(2.56%)순으로 사용합니다. 다수가 애플 제품군을 사용하고 있음을 확인할 수 있습니다. (not set)은 정의된 정보가 없다는 의미로, 정보 보안 등의 사유로 정보가 제공되지 않거나 GA에 정의되지 않은 경우에 표현됩니다.

6 벤치마킹 〉 채널 보고서

벤치마킹(Benchmarking) 보고서는 경쟁사와 비교하기 위한 보고서입니다.

메뉴 경로	잠재고객 〉 벤치마킹 〉 채널 (Audience 〉 Benchmarking 〉 Channels)	날짜	2022/6/1 ~ 2022/6/30

다음은 벤치마킹 보고서 내 **채널(Channels) 보고서**입니다. 우리 웹 사이트의 산업군과 가장 가까운 산업군[1]을 포함해 다양한 산업군과 비교할 수 있으며, 국가나 세션의 규모도 비교할

---

1   GA 속성을 설정할 때 선택했던 '업종 카테고리'가 우리 웹 사이트의 산업군입니다.

수 있습니다(①). 경쟁사의 데이터는 GA가 예측한 데이터입니다. 하단의 표에서는 경쟁사 대비 우위일 경우에는 녹색, 열위일 경우에는 빨간색으로 나타나며, 차이가 많이 나면 짙은 색, 적게 나면 옅은 색으로 표현됩니다(②).

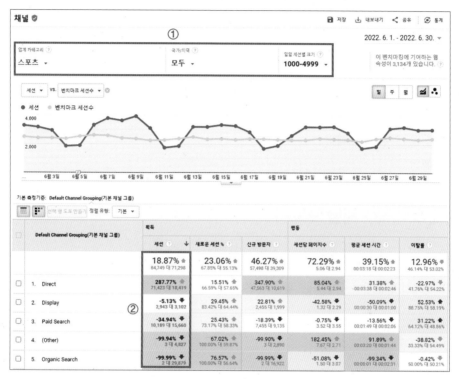

그림 6-9 | 벤치마킹 〉 채널 보고서

선 그래프를 확인해 보면, 구글 머천다이즈 스토어의 '사용자'는 세션 기준으로 스포츠 (Sports) 산업군에 대비하여 요일마다 차이가 크다는 것을 알 수 있습니다. 그래프 하단의 표를 보면 방문자들은 주로 'Direct(직접)' 유입에 우위를 가지며(녹색), 나머지에 항목에 대해서는 열위인 것을 확인할 수 있습니다(빨간색). '직접' 유입이 높다는 것은 트래픽 양만 볼 때는 좋은 의미일 수 있지만, 유입 채널 그룹 분류 관점으로 보았을 때는 유입 채널이 제대로 분류되지 않았다는 의미일 수도 있으므로 원인을 확인해 볼 필요가 있습니다.

6.4 획득 보고서: 고객들은 어떻게 우리 사이트로 유입되었을까?

획득(Acquisition) 보고서는 사용자가 웹 사이트로 접근한 경로 및 방법에 대한 정보를 분석하는 보고서입니다. 획득 보고서는 많은 부분 디지털 마케팅 캠페인과도 관계있습니다. 방문자가 어떤 캠페인으로 얼마만큼 유입되었는지 아는 것이 캠페인 효과 측정에 중요하기 때문입니다. 캠페인 효과 측정을 위해서는 URL에 UTM(Urchin Tracking Module)이라는 방문 추적 코드를 많이 사용합니다.[2]

1 전체 트래픽 〉 채널 보고서

전체 트래픽(All traffic) 보고서는 GA에서 가장 많이 사용하는 보고서입니다. 분석가는 전체 트래픽 보고서에서 방문자가 유입하는 채널과 추천(리퍼럴) 소스를 확인할 수 있습니다.

메뉴 경로	획득 〉 전체 트래픽 〉 채널 (Acquisition 〉 All traffic 〉 Channels)	날짜	2022/6/1 ~ 2022/6/30

다음은 전체 트래픽 보고서 내 **채널(Channels) 보고서**입니다. 채널 보고서를 통해 웹 사이트 사용자의 유입 채널을 분석할 수 있습니다.

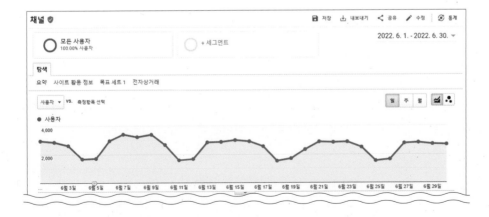

---

2 UTM은 8.4절에서 자세히 설명합니다.

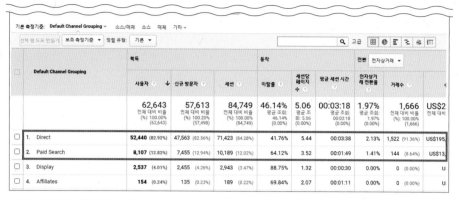

그림 6-10 | 전체 트래픽 〉 채널 보고서

구글 머천다이즈 스토어의 채널 보고서를 살펴보면, 유입 채널의 대부분은 'Direct(직접)'이
며, 그다음은 'Paid Search(광고)'인 것으로 확인됩니다. '직접' 유입이 상당히 높은데 원인이
무엇인지 확인해서 개선할 필요가 있습니다.[3]

2 전체 트래픽 〉 소스/매체 보고서

메뉴 경로	획득 〉 전체 트래픽 〉 소스/매체 (Acquisition 〉 All traffic 〉 Source/Medium)	날짜	2022/6/1 ~ 2022/6/30

소스/매체(Source/Medium) 보고서는 방문자가 웹 사이트에 유입할 때 유입경로인 '소스'와
'매체(미디엄)'를 분석할 수 있는 보고서입니다.[4]

---

3 분류되지 않은 트래픽은 직접(Direct) 유입으로 분류되는 경우가 많습니다.

4 소스와 매체는 3.3절에서 설명했습니다.

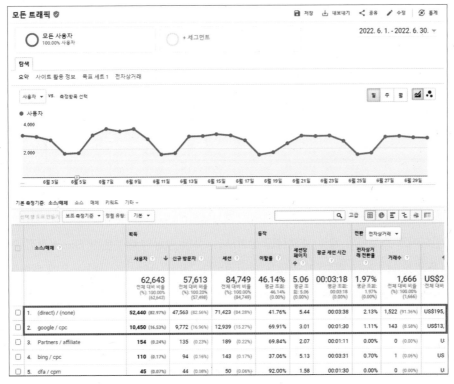

그림 6-11 | 전체 트래픽 〉 소스/매체 보고서

구글 머천다이즈 스토어의 '소스/매체'를 확인해 보면, 사용자는 'direct(직접)'와 'none(정의되지 않음)' 매체를 통해 가장 많이 유입되었습니다. 그다음 유의미한 '소스/매체' 유입은 'google/cpc'로, 구글 소스와 광고 클릭 방식(cpc, Cost Per Click)으로 유입된 것을 확인할 수 있습니다. 이 말은 구글 광고를 클릭해서 유입한 사용자가 많다는 의미입니다.

③ 캠페인 〉 모든 캠페인 보고서

메뉴 경로	획득 〉 캠페인 〉 모든 캠페인 (Acquisition 〉 Campaigns 〉 All Campaigns)	날짜	2022/6/1 ～ 2022/6/30

캠페인(Campaigns) 보고서는 캠페인에 대한 정보를 담고 있는 보고서입니다. 어떤 캠페인을 통해 얼마나 사용자를 획득했는지, 어떤 키워드로 유입되었는지, 거래와 수익은 얼마나 되는지 등을 확인할 수 있습니다. 이를 통해 캠페인 성과를 측정할 수 있습니다. 다음은 **모든 캠페인(All Campaigns) 보고서**를 조회한 화면입니다.

캠페인	획득			동작			전환 전자상거래		
	사용자	신규 방문자	세션	이탈률	세션당 페이지수	평균 세션 시간	전자상거래 전환율	거래수	수익
	9,496 전체 대비 비율 (%): 15.16% (62,643)	8,927 전체 대비 비율 (%): 15.53% (57,498)	11,984 전체 대비 비율 (%): 14.14% (84,749)	66.96% 평균 조회: 46.14% (45.12%)	3.22 평균 조회: 5.06 (-36.30%)	00:01:40 평균 조회: 00:03:18 (-49.69%)	1.20% 평균 조회: 1.97% (-38.87%)	144 전체 대비 비율(%): 8.64% (1,666)	US$13,8 전체 대비 비율 (US$2)
1. Test	4,829 (50.09%)	4,628 (51.84%)	5,615 (46.85%)	83.90%	1.78	00:00:45	0.16%	9 (6.25%)	US$629.60
2. MIX | Txt ~ AW-Brand (US/Cali)	1,241 (12.87%)	848 (9.50%)	2,036 (16.99%)	24.80%	7.30	00:04:38	4.03%	82 (56.94%)	US$9,642.10
3. MIX | Txt ~ AW - Apparel	586 (6.08%)	484 (5.42%)	903 (7.54%)	31.01%	7.38	00:04:07	4.43%	40 (27.78%)	US$2,665.88
4. BMM | Txt ~ AW - Hoodies	551 (5.72%)	535 (5.99%)	588 (4.91%)	84.52%	1.70	00:00:27	0.34%	2 (1.39%)	US$90.60
5. EXA | Txt ~ AW - YouTube	498 (5.17%)	478 (5.35%)	567 (4.73%)	57.50%	2.95	00:01:10	0.71%	4 (2.78%)	US$230.60
6. BMM | Txt ~ AW - Tumbler	243 (2.52%)	240 (2.69%)	259 (2.16%)	85.71%	1.23	00:00:20	0.00%	0 (0.00%)	US$0.00
7. MIX | Txt ~ AW - T-shirts	186 (1.93%)	186 (2.08%)	199 (1.66%)	87.44%	1.33	00:00:05	0.00%	0 (0.00%)	US$0.00
8. MIX | Txt ~ AW - Drinkware	172 (1.78%)	177 (1.98%)	204 (1.70%)	80.88%	1.58	00:00:20	0.49%	1 (0.69%)	US$85.00
9. Data Share Promo	154 (1.60%)	135 (1.51%)	189 (1.58%)	69.84%	2.07	00:01:11	0.00%	0 (0.00%)	US$0.00
10. EXA | Txt ~ AW - Hoodies	126 (1.31%)	141 (1.58%)	148 (1.23%)	82.43%	1.32	00:00:08	0.00%	0 (0.00%)	US$0.00

그림 6-12 | 캠페인 〉 모든 캠페인 보고서

'Test' 캠페인을 제외하고, 구글 머천다이즈 스토어에서 가장 높은 '사용자'를 획득한 캠페인은 'MIX | txt ~ AW-Brand (US/Cali)' 캠페인인 것으로 확인됩니다. 해당 캠페인을 검토해 보면 어떤 내용에 사용자들이 반응했는지 알 수 있을 것입니다. 여기서 확인된 요소는 다음 캠페인에 반영할 수도 있습니다.

6.5 행동 보고서: 웹 사이트 내 고객들의 행동 패턴은?

행동(Behavior) 보고서는 웹 사이트 내에서 사용자가 어떤 행동을 했는지를 분석하기 위한 보고서입니다. 보고서의 내용에는 페이지 뷰와 이벤트 분석이 포함되어 있습니다.

1 행동 〉 행동 흐름 보고서

메뉴 경로	행동 〉 행동 흐름 (Behavior 〉 Behavior Flow)	날짜	2022/6/1 ~ 2022/6/30

행동 흐름(Behavior Flow) 보고서는 사용자들의 행동 흐름을 나타내는 그래프입니다. 특히 콘텐츠 그룹이 정의되어 있다면 이 보고서를 통해 웹 사이트 사용자들의 콘텐츠 이동 패턴을 정확하게 파악할 수 있습니다. 예를 들어 사용자가 웹 사이트에서 이동이나 이탈하는 지점을 확인할 수 있고, 또 어떤 콘텐츠를 주로 소비하는지도 분석할 수 있습니다.

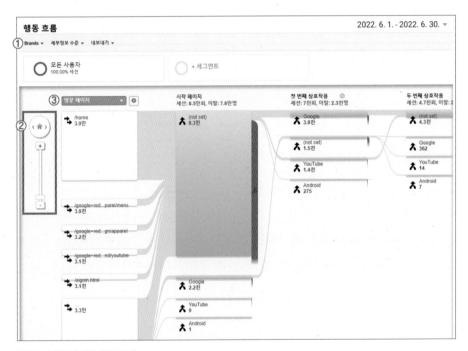

그림 6-13 | 행동 〉 행동 흐름 보고서

① **보기 유형 선택**: 콘텐츠 그룹, 자동화된 페이지, 이벤트 등으로 행동 흐름을 보는 관점을 선택할 수 있습니다.

② **내비게이션 바**: 화면을 옆으로 이동하거나 그래프를 크게 보거나 작게 봅니다.

③ **측정기준**: 기준이 되는 측정기준을 선택합니다.

하늘색 영역은 **연결(connection)**이라고 하는데 연결 관계를 표현합니다. 녹색 사각형은 **노**

드(node)라고 하며 트래픽이 통과하는 지점을 말합니다. 노드 안의 숫자는 경유 세션 수(경유 트래픽)입니다. 노드에 마우스 포인터를 올려 놓으면 **경유 트래픽(through traffic)**과 **이탈수 (drop-offs)**가 나타납니다, 아래로 떨어지는 빨간색 선이 이탈 세션 수(이탈수)입니다. 해당 '노드'에서 얼마나 많은 사용자가 이탈했는지를 나타냅니다.

구글 머천다이즈 스토어의 행동 흐름 분석을 진행해 보면 브랜드와 랜딩 페이지 측정기준으로 확인했을 때 가장 많이 진입하는([방문 페이지]) 영역은 '홈(/home)' 영역이며 [시작 페이지]는 '정의 없음(not set)'[5], [첫 번째 상호 작용]은 'Google'입니다.

② 사이트 콘텐츠 〉 콘텐츠 드릴다운 보고서

메뉴 경로	행동 〉 사이트 콘텐츠 〉 콘텐츠 드릴다운 (Behavior 〉 Site Content 〉 Content Drilldown)	날짜	2022/6/1 ~ 2022/6/30

사이트 콘텐츠(Site Content)란 웹 사이트 내의 웹 페이지를 말합니다. **사이트 콘텐츠 보고서**를 통해 사용자들이 얼마나 많이 웹 페이지를 보았는지, 즉 관심을 가졌는지를 확인할 수 있습니다. 이 중에서 **콘텐츠 드릴다운(Content Drilldown) 보고서**는 웹 사이트 구조 기준으로 얼마나 페이지를 보았는지를 확인할 수 있는 보고서입니다. 콘텐츠 드릴다운 보고서는 주로 페이지 뷰와 관련된 측정항목들의 수치가 결과로 출력됩니다.

페이지 경로 1단계	페이지뷰 수	순 페이지뷰 수	평균 페이지에 머문 시간	이탈률	종료율(%)
	428,914 전체 대비 비율(%): 100.00% (428,914)	286,981 전체 대비 비율(%): 100.00% (286,981)	00:00:49 평균 조회: 00:00:49 (0.00%)	46.14% 평균 조회: 46.14% (0.00%)	19.76% 평균 조회: 19.76% (0.00%)
1. /google+redesign/	224,626 (52.37%)	164,204 (57.22%)	00:00:50	42.24%	17.95%
2. /home	57,946 (13.51%)	46,568 (16.23%)	00:01:22	53.25%	46.84%
3. /basket.html	47,350 (11.04%)	11,918 (4.15%)	00:00:40	29.43%	7.71%
4. /store.html	25,613 (5.97%)	16,561 (5.77%)	00:00:40	50.59%	12.56%
5. /signin.html	13,373 (3.12%)	11,094 (3.87%)	00:00:25	13.29%	8.84%
6. /asearch.html	11,541 (2.69%)	5,923 (2.06%)	00:00:47	40.46%	20.23%
7. /yourinfo.html	8,148 (1.90%)	4,431 (1.54%)	00:00:59	50.00%	7.20%

그림 6-14 | 사이트 콘텐츠 〉 콘텐츠 드릴다운 보고서

---

5 웹 사이트에 정의가 제대로 되어 있지 않아서 이렇게 표현됩니다. 어째서인지 구글은 데모 페이지를 제대로 관리하지 않는 면이 있습니다.

구글 머천다이즈 스토어의 [페이지 경로 1단계]에서 가장 많이 본 웹 페이지는 '/google +redesign/'이고, 그다음은 '/home(메인 화면)', '/basket.html(장바구니)'순인 것을 확인할 수 있습니다. '/google+redesign/' 페이지는 방문자가 구글 검색 결과를 클릭했을 때 바로 연결되는 웹 페이지입니다.

 3 **이벤트 〉 인기 이벤트 보고서**

메뉴 경로	행동 〉 이벤트 〉 인기 이벤트 (Behavior 〉 Events 〉 Top Events)	날짜	2022/6/1 ~ 2022/6/30

인기 이벤트(Top Events) 보고서는 인기가 높은 이벤트를 확인할 수 있는 보고서입니다. 인기 이벤트 보고서에는 주로 이벤트와 관련된 측정항목들의 수치가 결과로 출력됩니다.

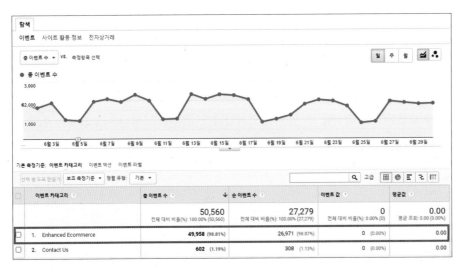

그림 6-15 | 행동 〉 인기 이벤트 보고서

구글 머천다이즈 스토어에서 가장 인기가 많은 이벤트는 전자상거래(Enhanced Ecommerce)인 것으로 확인됩니다.[6] 특정 이벤트가 많이 발생했다는 것은 사용자가 해당 활동을 적극적으로 했다는 의미이기 때문에 원인을 확인해서 디지털 마케팅 활동 등에 반영할 수도 있습니다.

---

6 구글 머천다이즈 스토어가 이벤트를 다양하게 정의해 놓지 않아서 그런 것이지 정의에 따라 많은 이벤트가 있을 수 있습니다. 8장의 국내 웹 사이트 실습을 통해 어떤 다양한 이벤트가 있는지 확인해 보기 바랍니다.

전환 보고서: 고객들이 일으킨 매출 전환은 얼마나 될까?

전환(Conversions) 보고서는 분석가가 설정해 놓은 목표를 얼마나 달성했는지 확인할 때 사용하는 보고서입니다. '목표(Goal)', '전자상거래(Ecommerce)', '다채널 유입경로(Multi-Channel Funnels)' 보고서 등이 있습니다. 분석가는 이들 보고서를 통해 정해 놓은 전환 목표를 얼마나 달성했는지 분석할 수 있습니다.

1 목표 > 개요 보고서

메뉴 경로	전환 > 목표 > 개요 (Conversions > Goals > Overview)	날짜	2022/6/1 ~ 2022/6/30

목표가 얼마나 달성되었는지 전체적인 내용을 확인할 수 있는 보고서입니다.

그림 6-16 | 목표 > 개요 보고서

구글 머천다이즈 스토어는 분석 기간에 19,808개의 목표를 달성했고, '목표 전환율(Goal Conversion Rate)'은 23.37%로 확인됩니다. 또 주말에는 목표 달성 횟수가 떨어지는 것도 확인됩니다. 즉, 주로 평일에 방문자들의 활동이 많음을 알 수 있습니다.

② 목표 〉 유입경로 시각화 보고서

메뉴 경로	전환 〉 목표 〉 유입경로 시각화 (Conversions 〉 Goals 〉 Funnel Visualization)	날짜	2022/6/1 ~ 2022/6/30

유입경로 시각화(Funnel Visualization) 보고서는 얼마만큼의 세션이 분석가가 미리 설정한 목표 단계를 거쳐 최종 목표에 도달했는지를 보여 주는 보고서입니다. 목표는 [관리 〉 보기 〉 목표(Admin 〉 View 〉 Goals)] 메뉴의 설정을 따릅니다.[7]

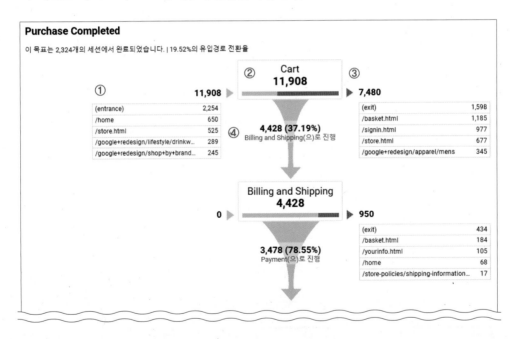

---

7 이 보고서를 사용하려면 목표 설정 시 '유입경로(funnel)' 옵션을 활성화하고 유입경로에 들어갈 목표 내용을 미리 설정해야 합니다. 목표 설정 방법은 4.4절에서 설명했습니다.

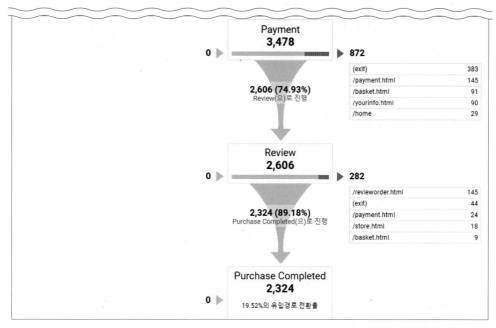

그림 6-17 | 목표 > 유입경로 시각화 보고서

① 유입된 경로 페이지입니다. 총 11,908건의 세션이 다양한 경로로 유입되었습니다.

② 목표로 설정한 첫 번째 유입 단계(노드)입니다. 'Cart' 단계로 11,908 세션이 유입되었음을 의미합니다. 녹색, 빨간색 막대는 각각 다음 단계로의 이동과 이탈률을 나타냅니다.

③ 이탈한 세션입니다. 즉, 11,908 세션 중에 7,480 세션이 다양한 경로로 이탈했습니다. (exit)는 'Cart' 단계에서 세션이 종료된 숫자입니다.

④ 다음 단계인 'Billing and Shipping'으로 이동한 세션입니다. 총 4,428 세션이 다음 단계로 이동했습니다.

이 보고서를 통해 구글 머천다이즈 스토어에서는 'Cart' 단계로 11,908 세션이 유입되어서 여러 단계를 거치면서 계속 이탈이 일어났고, 최종 목표인 'Purchase Completed' 단계에는 2,324 세션이 도달한 것을 확인할 수 있습니다. 이런 퍼널 분석을 통해 각 단계에서의 이탈을 줄이면서 다음 단계로 이동을 유도한다면 목표 달성에 도움이 될 것입니다.

3 전자상거래 〉 쇼핑 행동 보고서

메뉴 경로	전환 〉 전자상거래 〉 쇼핑 행동 (Conversions 〉 Ecommerce 〉 Shopping Behavior)	날짜	2022/6/1 ~ 2022/6/30

쇼핑 행동(Shopping Behavior) 보고서에서는 개별 구매 단계의 현황을 확인할 수 있습니다. 구매 단계란 고객이 상품을 조회하고(Product Views), 장바구니에 넣고(Add to Cart), 결제 정보를 입력한 뒤(Checkout), 최종 결제를 하는 단계를 말합니다.[8]

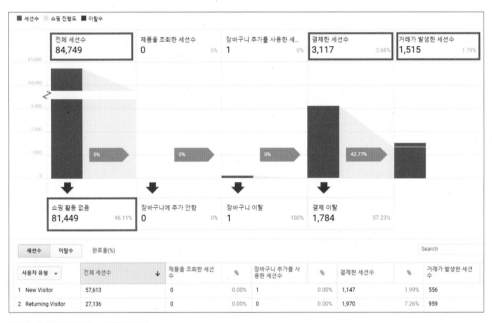

그림 6-18 | 전자상거래 〉 쇼핑 행동 보고서

구글 머천다이즈 스토어의 쇼핑 행동 보고서를 확인해 보면 84,749 세션 중에 구매 행위 없이 이탈한([쇼핑 활동 없음]) 세션은 81,449 세션, 결제한([결제한 세션 수]) 세션은 3,117 세션, 최종 거래 완료한([거래가 발생한 세션 수]) 세션은 1,515 세션입니다.[9] 쇼핑 행동 보고서 분석을 통해 분석가는 웹 사이트의 전자상거래 목표 달성도를 확인할 수 있습니다. 추가적으로 같은 전환(Conversions) 보고서 내의 **결제 행동(Checkout Behavior) 보고서**는 쇼핑 행동

---

8   앞서 우리는 구매 단계에 따른 전자상거래의 단계와 추적 코드 삽입에 대해 알아보았습니다. 구매 단계는 정의하기 나름입니다.

9   '제품을 조회한 세션 수'나 '장바구니 추가를 사용한 세션 수'는 숫자가 매우 적은 것으로 확인되는데 구글 머천다이즈 스토어 오류입니다.

보고서와 유사하지만 결제 단계에 대한 현황을 세부적으로 확인할 수 있는 보고서입니다.

 4 전자상거래 > 제품 실적 보고서

메뉴 경로	전환 > 전자상거래 > 제품 실적 (Conversions > Ecommerce > Product Performance)	날짜	2022/6/1 ~ 2022/6/30

제품 실적(Product Performance) 보고서는 개별 상품에 대한 실적을 자세히 분석할 때 사용하는 보고서입니다.

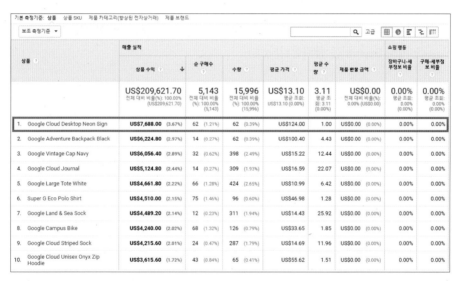

그림 6-19 | 전자상거래 > 제품 실적 보고서

구글 머천다이즈 스토어의 제품 실적 보고서에서 'Google Cloud Desktop Neon Sign' 상품을 확인해 보면 '상품 수익(Product Revenue)'은 $7,688.00, '순 구매수(Unique Purchase)'는 62건, '수량(Quantity)'은 62개입니다. 그 외에 '평균 가격(Avg. Price)', '평균 수량(Avg. QTY)' 등도 확인할 수 있습니다.

6.7 맞춤 보고서: 내 마음대로 만드는 GA 보고서

맞춤(Custom) 보고서는 UA가 정해 놓은 주제의 보고서가 아닌 분석가가 임의로 만들어서 사용하는 보고서입니다. 맞춤 보고서를 통해 분석가가 원하는 다양한 관점으로 데이터를 분석할 수 있습니다. 맞춤 보고서는 GA4의 탐색 분석과 유사한 성격을 갖고 있는데, GA4에서의 탐색 분석은 매우 강력한 맞춤 분석을 진행할 수 있게 진화되었습니다. 간단한 맞춤 보고서를 제작해 보겠습니다.

❶ 맞춤 보고서 작성을 위해 [맞춤 설정 〉 맞춤 보고서(Customization 〉 Custom Reports)]를 선택하면(①) 다음과 같은 화면이 나타납니다. 신규 맞춤 보고서를 작성하려면 [새 맞춤 보고서(+New Custom Report)]를 클릭합니다(②).

그림 6-20 | 맞춤 보고서 선택

❷ 다음과 같이 측정기준과 측정항목, 필터를 선택할 수 있는 화면이 나타납니다. [측정항목 그룹(Metric Groups)]에 '측정항목 그룹'이라고 입력한 뒤 [측정항목 추가]를 클릭해 '세션(Sessions)'과 '사용자(Users)'를 선택하고(①), [측정기준 드릴다운(Dimension Drilldown)]에는 'Default Channel Grouping(기본 채널 그룹)'을 선택한 후(②) [저장(Save)] 버튼을 클릭합니다(③).

그림 6-21 | 맞춤 보고서 구성하기

그러면 다음과 같이 'Default Channel Grouping(기본 채널 그룹)'을 측정기준으로 하고 '세션'
과 '사용자'를 측정항목으로 하는 맞춤 보고서가 생성됩니다.

Default Channel Grouping(기본 채널 그룹)	세션	사용자
	84,749 전체 대비 비율(%): 100.00% (84,749)	62,643 전체 대비 비율(%): 100.00% (62,643)
1. Direct	71,423 (84.28%)	52,440 (82.92%)
2. Paid Search	10,189 (12.02%)	8,107 (12.82%)
3. Display	2,943 (3.47%)	2,537 (4.01%)
4. Affiliates	189 (0.22%)	154 (0.24%)

그림 6-22 | 생성된 맞춤 보고서

제작한 맞춤 보고서를 보면 구글 머천 다이즈 스토어 유입 트래픽은 'Direct(직접)'가 대부분이고, 그다음은 'Paid Search(광고)'입니다. 사용자가 검색 엔진의 결과에서 검색 영역의 항목을 클릭해 유입하는 'Organic Search(자연 검색)'는 거의 없는 것으로 확인됩니다.

GA4 본격적으로 다루기

GA4는 웹/앱 중심의 분석 도구입니다.
UA와 GA4 간에는 주요 개념과 기능이 같은 것도 있지만,
분명하게 다른 부분도 많습니다. 이번 장에서는 GA4만의
주요 특징과 사용 방법에 대해 알아보겠습니다.

7.1 GA4의 특징

GA4가 등장하게 된 배경은 스마트폰의 출현과 함께 앱이 웹만큼이나 중요해졌기 때문입니다. 기존 UA는 웹 페이지 분석을 기본으로 했기 때문에 앱 사용자의 행동을 분석하기에는 한계가 있었습니다. 웹 사이트를 방문한 '사용자'의 개인 정보가 담긴 쿠키(cookie)를 더 이상 적극적으로 사용하기 어렵게 된 점도 GA4가 나온 원인입니다. UA 대비 GA4의 특징은 다음과 같습니다.

1 이벤트 중심으로 변화

UA에서는 세션의 페이지 뷰와 이벤트가 기본 측정 방법이었다면 GA4에서는 이벤트를 기본으로 데이터를 측정합니다. 즉, 웹 사이트 사용자의 모든 활동은 이벤트로 정리된다는 의미입니다. 이것은 화면보다는 기능에 집중하는 앱의 특징과도 관련이 있습니다. 이런 이유로 기존에 다양한 형태로 존재하던 분석 기법과 측정 요소들이 이벤트 중심으로 개편되었습니다.

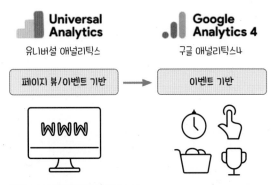

그림 7-1 | 이벤트 기반으로 변화한 GA4

GA4에서 이벤트는 GA4의 뼈대를 이루는 매우 중요한 개념이라고 할 수 있습니다.

② 앱과 웹의 통합 분석: 데이터 스트림

GA4는 웹 분석뿐만 아니라 앱 분석도 함께 할 수 있는 분석 도구입니다. 이 얘기는 하나의 **속성** 안에 앱과 웹 데이터를 동시에 포함해야 한다는 의미이기도 합니다. 예를 들어 '데이터 셰프의 레시피' 앱과 '데이터 셰프의 레시피' 웹 사이트의 데이터를 동시에 전달받아 저장해야 합니다. 이때 GA4의 데이터 수집 방식을 **데이터 스트림(data stream)**이라고 부릅니다. 웹에서 데이터를 전달받는다면 웹 데이터 스트림, 안드로이드 앱에서 데이터를 전달받는다면 안드로이드 데이터 스트림이라고 합니다.[1] GA4는 데이터 스트림을 통해 앱과 웹 분석을 하나의 속성, 즉 하나의 관점으로 분석할 수 있습니다.

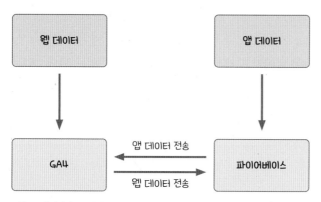

그림 7-2 | 데이터 스트림과 GA4 데이터 전송

③ 단순화

UA에서 110개가 넘던 기본 보고서가 GA4에서는 30여 개로 줄었습니다. 대신 GA4는 **맞춤 보고서**와 같은 **탐색(Explore) 분석** 메뉴를 제공하며, 기존 보고서를 분석가의 입맛에 맞게 재구성하는 GA4 **라이브러리** 기능을 제공합니다. 특히 '탐색 분석' 메뉴를 사용하면 분석가가 자유롭게 보고서를 제작하고 분석할 수 있습니다. 더불어 피벗, 드릴다운, 필터를 적용하면 매우 다양한 형태로 보고서를 제작하고 결과를 도출할 수 있습니다.

---

1 앱 데이터 스트림을 수집할 때는 주로 파이어베이스(Firebase)라는 도구를 함께 사용합니다.

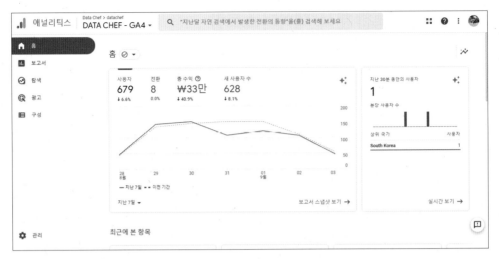

그림 7-3 | 단순해진 GA4의 사용자 화면

GA4에서는 UA에 있던 많은 기능들이 없어지고 계정 구조, 각종 설정 방법이나 필터, 메뉴, 이벤트 구조도 단순화되었습니다. 이런 단순화는 분석가 입장에서 보면 분석 도구가 직관적으로 사용할 수 있게 변경되었다고 말할 수 있지만, 구현되어야 할 기능 요소들이 아직 덜 구현되었다고 생각할 수도 있습니다.

 4 원천 데이터를 마음껏 가공하는 빅쿼리

UA 스탠다드 버전에서는 최대 50개월간의 데이터 보존 기간 옵션을 제공하지만, 사실상 영구적으로 데이터를 보존할 수 있었습니다. 하지만 GA4 스탠다드 버전에서는 최대 14개월간의 데이터 보존 옵션만 제공합니다. 즉, GA4 '사용자 화면'에서는 최대 14개월까지만 데이터를 확인할 수 있다는 얘기입니다. 하지만 빅쿼리로 데이터를 연동하면 과거 데이터를 영구적으로 보존할 수 있습니다.[2] GA4는 스탠다드 버전에서도 빅쿼리를 사용할 수 있습니다. 분석가가 원천 데이터를 직접 조작하면서 자유롭게 데이터를 분석하게 하기 위한 배려입니다. 분석가가 SQL을 사용할 줄 안다면 빅쿼리를 사용해 기본 보고서가 제공하지 못하는 다양한 관점의 분석 결과를 도출할 수 있습니다.

---

2   구글이 빅쿼리 사용을 유도하는 의도라고 생각할 수 있습니다.

또한, 개인 사용자를 식별할 때 GA는 사용자 아이디와 쿠키(cookie)에 크게 의존한 반면 GA4에서는 여기에 더해 구글 제품(지메일 등) 사용에 동의한 사용자에 한해 개인을 식별할 수 있는 구글 시그널(구글 신호 데이터)을 적극적으로 사용하며, 앱 마케팅에 대한 기능 또한 강화되었습니다. 머신 러닝 기능이 강화된 것도 특징입니다. 예를 들어 GA4는 데이터를 기반(data-driven)으로 전환 기여도 모델을 만들어 내기도 하며, 전환 가능성이 높은 사용자를 찾아낼 수도 있습니다.

이처럼 GA4는 기존 GA 대비 웹/앱을 모두 분석하면서 분석가의 자율성과 역량에 비중을 둔 도구로 변화하였습니다. 다만 UA에 비해 자유도는 높아졌지만 그만큼 다루기 어려워진 측면도 있습니다.

 잠깐만요

UA를 넘어 GA4로

2020년, 구글은 급작스럽게 2023년 7월부터 UA 프로세싱 중지, 즉 데이터 수집을 종료한다고 발표합니다. 해당 발표는 단순 지원의 종료가 아닌 데이터 수집 기능이 동작하지 않는다는 내용으로, 분석 데이터를 유지하고 운영하는 기업과 분석가에게는 치명적인 처분이었습니다. 다만 UA에 대해서는 새로운 데이터를 수집하지 못할 뿐, 당분간 과거 데이터를 지속해서 분석할 수 있도록 플랫폼은 유지한다고 발표하였습니다. 즉, 15년 이상 사용된 GA의 기본 플랫폼인 UA는 그대로 유지된다는 의미입니다. 그럼에도 불구하고 분석가들은 2023년 하반기부터는 무조건 GA4를 사용해야 하는 상황이 되었습니다. 시대는 이미 웹을 넘어서서 모바일 앱의 시대를 맞이했습니다. 그러나 웹 또한 여전히 데스크톱에서 선호되는 환경입니다. 즉, 웹과 앱이 사용자들의 주요 인터넷 환경이 된 것입니다.

시대 흐름의 자연스러운 상황이 이제는 웹과 앱 데이터를 모두 분석하는 GA4를 사용해야 한다고 말하고 있습니다. 그렇다고 오랜 기간 사용된 UA를 갑자기 버릴 수도 없는 노릇입니다. 앞으로도 최소 몇 년은 UA에 적재된 데이터도 분석해야 합니다. 왜냐하면 현재 데이터와 과거 데이터를 비교할 수 있어야 현재 성과를 정확하게 측정할 수 있기 때문입니다.

GA4가 급하게 출시된 이유로, 구글에서는 앱 등 모바일 환경에 대응하기 위한 것이라는 표면적인 이유를 내세우고 있지만, UA의 핵심 기능이 유럽의 개인 정보 보호 정책에 위반된다는 것을 주요 원인으로 꼽는 분석이 있습니다. 즉, 기존 UA로는 더 이상 글로벌 개인 정보 보호 정책을 준수할 수 없는 상황이 되어 버린 것입니다. 그래서 강력했던 UA의 분석 기능들이 이어지지 못한 채, 기본적인 기능만을 탑재한 GA4가 부랴부랴 출시되지 않았겠느냐라는 것이 많은 사람의 추측입니다.

◐ 계속

여러 가지 이유로 인해 모든 기업과 분석가는 UA에서 GA4로 전환해야 하는 상황이 되어 버렸습니다. 현재 기준 GA4는 UA에 비해 기능적으로 부족하고 미흡한 면이 있습니다. 그러나 부족한 점들은 점차적으로 개선될 것이며, 급하게 출시되어 구현되지 못했던 기존 UA의 핵심 기능들은 더욱 발전된 형태로 GA4에서 다시 구현될 것으로 예상됩니다.

7.2 태깅

GA4를 본격적으로 다루기 전에 앞서 간단하게 언급했던 **태깅(tagging)**이 무엇인지 간단하게 알아보겠습니다. 태깅은 웹 사이트나 앱에 태그(tag)를 적용하는 작업을 말합니다. 여기서 태그는 웹 사이트에서 데이터를 수집해서 구글 애널리틱스로 보내는 꼬리표 기능을 하는 코드입니다.

앞에서 데이터를 수집하려면 추적 코드가 앱이나 웹에 심어져 있어야 한다고 배웠습니다. 추적 코드를 심는다고 데이터가 마음먹은 대로 수집되는 것은 아닙니다. 분석가의 목적에 따라 어떤 분류로 어떻게 데이터를 수집할지에 대한 고민이 필요하고, 어떤 형태로 GA에 데이터를 저장할지에 대한 기획이 필요합니다. 이 기획을 바탕으로 추적 코드와 연계된 로직을 구현하고, 필요하다면 소스 코드로도 구현해서 적용하는 작업이 바로 태깅 작업입니다.

예를 들어 다음은 8장에서 실습하게 될 '데이터 셰프의 레시피' 웹 사이트의 BOOK REVIEW 페이지에서 사용자가 상품을 클릭했을 때만 별도의 전자상거래 이벤트로 측정하고 싶다고 한다면, 전자상거래 상품 조회(view_item) 태깅 작업을 진행해야 합니다.

그림 7-4 | 상품 클릭 태깅 대상

다음 그림은 전자상거래 상품 조회(view_item) 태깅 작업을 통해 GA4로 수집된 데이터입니다.

그림 7-5 | 상품 조회(view_item) 태깅 결과

태깅을 위해서는 태깅 기획이 필요한데, 앞서 살펴본 것처럼 앱이나 웹 사이트의 어느 위치에서 어떤 데이터를 어떻게 수집해서 저장할지를 기획하는 작업을 태깅 기획이라고 합니다.

그림 7-6 | 태깅 기획 과정

분석가는 이런 태깅 기획을 통해 데이터를 체계적으로 수집하고 GA4로 저장해서 분석하게 됩니다.[3]

구글 태그 매니저(GTM)의 동작 원리

GA4에서는 태깅을 위해서 구글 태그 매니저를 많이 사용합니다. 구글 태그 매니저는 데이터 수집기 로직의 집합이라 할 수 있는 GTM 컨테이너를 제작하는 태깅 도구입니다. 크게 태그, 트리거, 변수 요소가 주로 사용되며 이런 요소를 통해 태깅 로직을 작성합니다. 역할을 간단히 설명하면 다음 그림과 같습니다.

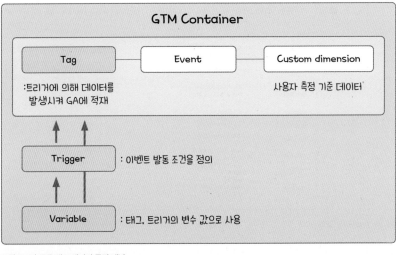

그림 7-7 | 구글 태그 매니저 동작 개념

구글 태그 매니저는 태깅에 유용한 기능을 제공하기 때문에 많이 사용됩니다.

---

3 GA4를 설치하면 태깅을 하지 않아도, 마치 태깅이 자동으로 된 것처럼 일부 주요한 데이터를 수집하기 시작하는데, 이런 종류의 이벤트를 자동 이벤트라고 합니다. 자동 이벤트는 다음 절에서 배웁니다.

GA4는 앱 그리고 웹의 데이터를 모두 담아 놓고 분석하는 분석 도구입니다. 따라서 GA4에서는 UA에서 별도로 구분되어 화면 조회 시 발동했던 **페이지 뷰가 이벤트로 통합**되었습니다. 즉, GA4는 페이지 뷰도 이벤트의 한 종류로 간주합니다(웹 page_view, 앱 screen_view 이벤트). 이런 이벤트들은 웹과 앱의 다양한 경로에서 발생하고, 발생된 이벤트는 추적 코드를 통해 GA4로 수집됩니다.

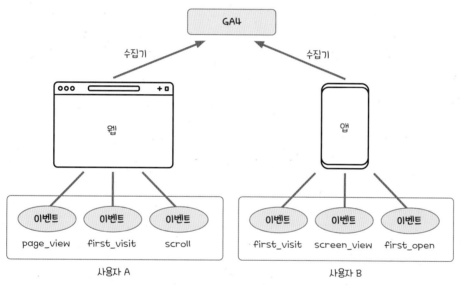

그림 7-8 | GA4와 이벤트

이렇게 웹과 앱으로부터 수집된 이벤트를 분석하는 것이 바로 GA4입니다. GA4는 이벤트로 시작해서 이벤트로 끝난다고 말해도 과언이 아닐 정도로 이벤트가 중요합니다.

데이터 분석을 위한 '사용자 화면'을 알아보기에 앞서 GA4의 가장 큰 특징이라고 할 수 있는 GA4 이벤트에 대해 자세히 알아보겠습니다. 이벤트란 사용자가 특정 웹 또는 앱에서 특정 행위를 했을 때 발생하는 사건 정보를 말합니다. 예를 들어 상품을 보거나 버튼을 클릭하거나 동영상을 재생하는 모든 행위가 이벤트입니다. UA에서는 이런 행위를 이벤트 **히트(hit)**라고 불렀습니다.

그림 7-9 | 다양한 이벤트

GA 데이터 구조 체계를 **범위(scope)**라고 부릅니다. 범위는 데이터의 수준(level)이라고도 할 수 있습니다. UA의 '사용자 범위'는 GA4의 '사용자 범위'와 같은 개념입니다. 그리고 이벤트 **히트 범위**는 이벤트 범위와 같은 개념입니다. 대표적인 사용자 범위는 성별, 연령, 국가 등이 있으며, 이벤트 범위는 first_visit, page_view 등이 있습니다('사용자 범위'는 GA4에서는 **사용자 속성**이라고 부릅니다. 앞서 데이터를 저장하는 속성과는 다른 개념임을 유의하세요). 변화된 GA 데이터 구조 체계와 범위를 그림으로 표현하면 다음과 같습니다. **UA에 있던 세션 범위가 사라진 것을 알 수 있습니다.**[4]

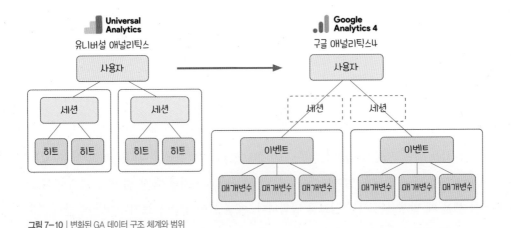

그림 7-10 | 변화된 GA 데이터 구조 체계와 범위

---

4 UA에 존재하던 세션 범위가 GA4에서는 삭제된 채 아직 공식적으로는 없는 상태입니다(점선 영역). 다만 세션 지표가 생겨나고 있기 때문에 향후 어떤 변화가 있을지는 지켜봐야 할 부분입니다. 2023년 4월, UA의 상품(Product) 범위에 해당하는 항목(Item) 범위가 생겨났습니다.

기존 UA에서는 세션 지표를 핵심 지표로 사용했습니다. 하지만 GA4에서는 핵심 지표가 세션이 아니라 유저(user), 즉 **사용자**로 바뀌었습니다. 사용자는 다수의 이벤트를 갖습니다.

세션을 계산하는 개념도 변화했는데 예를 들어 UA에서는 동일한 세션이 A라는 캠페인으로 웹 사이트에 유입되었다가 다시 B라는 캠페인으로 유입되면 2건의 세션으로 계산했지만, GA4에서는 하나의 세션으로 간주합니다. 또한, 세션이 날짜 경계를 통과하는 경우, 예를 들어 세션이 오후 11시 55분에 시작되어 오전 12시 5분에 끝나는 경우 세션은 1건으로 계산됩니다.[5] 그래서 세션이 시작되었다는 의미의 'session_start' 이벤트는 기존 UA보다 세션 수가 적게 계산될 가능성이 높습니다.

GA4에는 **참여 세션 수(engagement sessions)**라는 주요 지표가 생겨났습니다. '참여 세션 수'는 사용자가 다음과 같을 때 집계되는 지표입니다.

- 10초 동안 웹 또는 앱에 머물렀을 때(앱이 상호 작용하고 있는 상태일 때)
- 전환 이벤트가 1회 이상 발생했을 때
- 페이지 조회 수 또는 화면 조회 수가 2회 이상일 때

참여 세션 수는 '획득 보고서', '참여도 개요 보고서' 등에서 확인할 수 있습니다.[6]

 이벤트 구조: 이벤트 이름, 매개변수, 변수 값

각각의 이벤트는 크게 **이벤트 이름, 매개변수, 변수 값**의 구조를 갖습니다. 예를 들어 페이지 뷰 (page_view) 이벤트는 다음 그림과 같은 구조를 갖습니다.

---

5   UA는 2건으로 계산했습니다. 다만 사용자의 활동이 멈춘 후 30분 뒤에 세션 종료(타임아웃)되는 것은 UA와 동일합니다.
6   GA4 초기 버전에는 세션 관련 지표는 거의 없었습니다. 하지만 오랫동안 사용되던 세션 개념을 없애기는 무리였는지 최근 다시 생겨나고 있습니다.

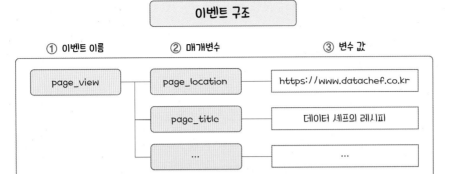

그림 7-11 | GA4 이벤트 구조

이벤트 구조를 자세히 살펴봅시다.

① **이벤트 이름:** 이벤트를 부르는 이름입니다. 특정 이벤트 이름은 GA4에 미리 정의된 경우도 있고, 분석가가 수동으로 생성할 수도 있습니다. 미리 정의된 경우에는 특정 조건에 해당하면 이벤트가 발생합니다. 예를 들어 그림 7-11을 보면 '이벤트 이름'은 page_view인데 이 이벤트는 페이지를 보면 자동으로 발생하는 이벤트입니다.

② **매개변수:** 이벤트의 특징적인 정보를 담는 변수입니다. '파라미터(parameter)'라고도 부릅니다. 예를 들어 페이지를 보았을 때 페이지 위치를 담는 매개변수(page_location), 페이지 이름을 담는 매개변수(page_title) 등 다양한 매개변수가 있습니다. 이벤트 이름과 마찬가지로 GA4에 의해 미리 정의된 경우도 있고 분석가가 수동으로 생성할 수도 있습니다.

③ **변수 값:** 매개변수에 담기는 데이터 값입니다. 페이지 위치는 'https://www.datachef.co.kr', 페이지 이름은 '데이터 셰프의 레시피'입니다.

정리하면 사용자가 앱 또는 웹에서 특정 페이지를 보게 되는 경우, 예를 들어 사용자가 '데이터 셰프의 레시피' 웹 페이지를 보게 되면 페이지 뷰(page_view) 이벤트가 발동하고, 페이지 위치(page_location)를 담는 매개변수에는 'https://www.datachef.co.kr' 변수 값이, 페이지 이름(page_title)을 담는 매개변수에는 '데이터 셰프의 레시피' 변수 값이 담기게 됩니다. 이벤트는 속성당 최대 500개까지 생성할 수 있습니다. GA4는 이런 이벤트에 대해 분석을 진행합니다.

2 이벤트 종류: 자동 이벤트와 수동 이벤트

GA4 이벤트의 종류에 대해 알아보겠습니다. GA4 이벤트는 다음과 같이 GA4가 자동으로 생성하느냐 분석가가 수동으로 생성하느냐에 따라 자동 이벤트와 수동 이벤트로 분류할 수 있습니다. 또 자동 이벤트는 일반 이벤트인지 향상된 측정 이벤트인지에 따라 **자동 수집 이벤트**와 **향상된 측정 이벤트**로 분류할 수 있고, 수동 수집 이벤트는 GA4가 미리 정한 방식으로 생성하느냐 분석가가 완전히 자기만의 방식으로 생성하느냐에 따라 **추천 이벤트**와 **맞춤 이벤트**로 분류할 수 있습니다.

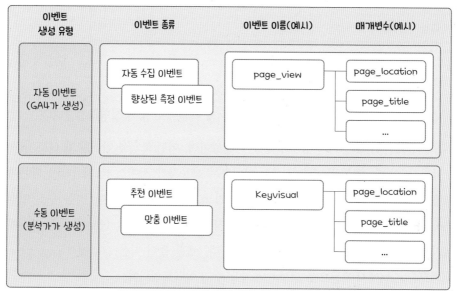

그림 7-12 | GA4 이벤트 종류

먼저 자동 수집 이벤트부터 살펴보겠습니다.

3 자동 수집 이벤트

자동 이벤트는 일반 자동 이벤트인지 '향상된 측정' 옵션을 설정하면 자동 수집되는 이벤트인지에 따라 **자동 수집 이벤트(Automatically collected events)**와 **향상된 측정 이벤트 (Enhanced measurement events)**로 나뉩니다. 이는 단순히 GA4의 [관리] 〉 속성 〉 데이터 스트림 〉 향상된 측정] 옵션을 적용해서 자동 수집되느냐 그렇지 않느냐의 차이입니다. '향상된 측정 이벤트' 옵션은 2.2절에서 **데이터 스트림**을 생성할 때 자동으로 적용됩니다. '페이지 조회' 등 현재 기준 7개의 추가 이벤트가 수집됩니다.

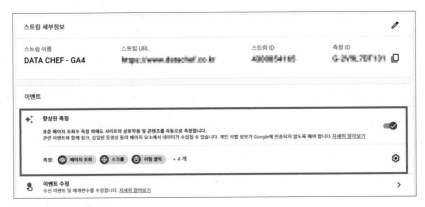

그림 7-13 | 향상된 측정 옵션

따라서 이 책에서는 앞서 두 가지 이벤트를 '자동 수집 이벤트'로 묶어 설명하겠습니다.

자동 수집 이벤트는 GA4가 미리 정의해 놓은 이벤트이며, 어떤 조건을 만족할 때 GA4가 자동으로 발동시킵니다. 예를 들어 first_visit 이벤트는 사용자가 서비스[7]를 처음으로 방문하거나 실행할 때, page_view 이벤트는 특정 페이지가 로드될 때 발생합니다. 자동 수집 이벤트는 분석가가 따로 이벤트가 발동하도록 태깅(제작)할 필요가 없으며, GA4가 특정 조건에 대해 미리 만들어 놓은 이벤트라고 이해하면 됩니다. 예를 들어 다음 그림에서 page_view, scroll 이벤트는 GA4에서 자동으로 생성하는 자동 수집 이벤트입니다.

---

7   이후부터는 기업이 제공하는 웹/앱 플랫폼을 통칭하는 경우 서비스라고 부르겠습니다.

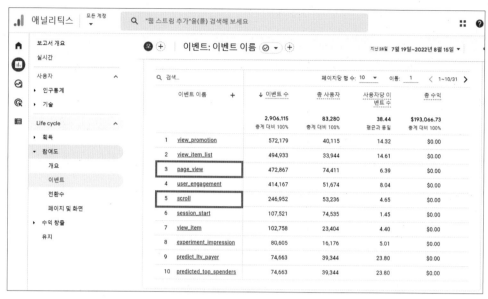

그림 7-14 | 자동 수집 이벤트

주요한 자동 수집 이벤트의 종류는 다음과 같습니다.[8]

표 7-1 | 주요 자동 수집 이벤트

이벤트 이름	이벤트 발생 시점	발생 기기
page_view	페이지가 로드될 때	웹
screen_view	화면이 전환될 때	앱
scroll	사용자가 페이지의 90%를 스크롤할 때	웹
video_start	동영상이 재생될 때	웹
first_view	사용자가 서비스를 처음 시작할 때	웹, 앱
first_visit	사용자가 서비스를 처음으로 방문했을 때	웹, 앱
session_start	사용자가 서비스에 참여할 때	웹, 앱
user_engagement	사용자가 참여 중 상태일 때 1분마다	웹, 앱

자동 수집 이벤트와 마찬가지로, 자동으로 수집되는 주요 **자동 수집 매개변수**도 있습니다. 자동 수집 매개변수는 '자동 이벤트'와 마찬가지로 특정 이벤트가 발생했을 때 GA4가 자동으로 수집하는 매개변수입니다.

---

8   모든 자동 수집 이벤트는 https://support.google.com/analytics/answer/9234069?hl=ko에서 확인할 수 있습니다.

표 7-2 | 주요 자동 수집 매개변수

매개변수 이름	설명
page_title	이벤트가 발생한 페이지 이름
page_location	이벤트가 발생한 페이지 위치
page_referrer	이벤트가 발생한 이전 페이지 위치
language	사용자 언어

자동 수집 이벤트와 자동 수집 매개변수는 소개한 것들 외에도 다양한 종류가 있습니다.

 4 ## 추천 이벤트

추천 이벤트(Recommended events)는 분석가가 구현하지만 GA4에 사전 정의된 이름과 매개변수를 사용해야 하는 이벤트입니다. 즉, GA4가 용도를 추천하는 이벤트입니다. 리테일/게임 등 각 산업 분야에 따라 사전 정의된 이벤트들이 있으며, view_item, add_to cart 등 전자상거래 이벤트가 대표적인 추천 이벤트라고 할 수 있습니다. 다시 설명하자면 분석가가 수동으로 제작하는 이벤트인 것은 맞지만, GA4가 이미 정해 놓은 이벤트 이름과 매개변수를 사용해야 하는 이벤트를 말합니다. 자세한 내용은 7.6.2절에서 설명합니다.

5 맞춤 이벤트

자동 수집 이벤트는 주요한 이벤트에 대해 GA4가 자동으로 발생시키는 이벤트로, 매우 편리하게 사용할 수 있지만, 때로는 분석가가 원하는 조건일 때만 발생하는 이벤트가 필요할 때가 있습니다. 이런 경우 사용하는 것이 **맞춤 이벤트(Custom events)**입니다. 즉, 자동 수집 이벤트는 GA4가 미리 정의된 조건에 대해 자동으로 발동해 주는 이벤트인 반면, 맞춤 이벤트는 분석가가 직접 조건을 설정해서 발동하게 하는 이벤트라고 이해하면 됩니다. 예를 들어 분석가는 웹이나 앱에서 특정 버튼이 눌렸을 때만 발동하는 이벤트를 제작하고 싶을 수 있습니다. 이런 이벤트는 GA4가 기본으로 제공해 주지 않습니다. 이럴 때 제작하는 것이 맞춤 이벤트입니다.

맞춤 이벤트에는 크게 두 가지 방식의 제작 방법이 있습니다. GTM을 활용하는 방법, GA4를 활용하는 방법입니다.

① **GTM 활용**: GTM은 발동할 이벤트의 조건식이 복잡한 경우 사용됩니다. 개발자의 도움이 필요할 수 있습니다.

② **GA4 활용**: GA4는 상대적으로 발동할 이벤트의 조건식이 간단할 경우 사용합니다. GA4만 사용하면 되므로 쉬운 반면 복잡한 조건식을 사용하려면 한계가 있습니다.

먼저, GTM을 이용해서 맞춤 이벤트를 제작하는 방법을 알아보겠습니다(이 책에서는 GTM 사용 방법을 다루지 않으므로 참고만 합니다).

■ GTM을 활용한 맞춤 이벤트 제작

다음 그림은 8장에서 실습할 '데이터 셰프의 레시피' 웹 사이트에 대해, GTM을 활용해서 제작한 버튼 클릭 맞춤 이벤트가 GA4에 저장된 예입니다. 바로 'Click – All Button' 이벤트가 맞춤 이벤트입니다.

그림 7-15 | 데이터 셰프의 레시피 웹 사이트의 버튼 클릭 사용자 이벤트

Click – All Button 이벤트는 데이터 셰프의 레시피 웹 사이트에서 사용자가 버튼을 누른 경우 발동하는 이벤트입니다. 이 이벤트는 GTM을 사용해서 다음 그림과 같이 조건이

a[class*='btn']⁹일 때 이벤트가 발생하도록 설정해 놓았습니다.[10]

그림 7-16 | GTM에서 제작한 Click - All Button 맞춤 이벤트 조건

이벤트가 발생할 때 GTM을 사용하면, 다음과 같이 맞춤 매개변수를 설정할 수도 있습니다. 맞춤 매개변수는 '사용자 정의 매개변수'라고도 부릅니다. 다음은 click_button 맞춤 매개변수에 '버튼 이름(Click Text)' 데이터 값이 저장되게 하는 예입니다.

그림 7-17 | GTM에서 제작한 클릭 버튼 매개변수와 데이터 값

이벤트가 잘 발동된다면 이벤트 데이터는 GA4에 저장되고, 분석가는 다음과 같이 GA4에서 어떤 버튼이 눌렸는지 이벤트 이름과 매개변수를 통해 확인할 수 있습니다.

---

9 btn이라는 버튼을 눌렀을 때 발동한다는 조건식입니다. 웹 사이트마다 조건은 다릅니다.

10 상세한 내용은 이 책의 범위를 벗어나므로 이렇게 이벤트 발생 조건을 설정한다는 정도만 알아 둡니다.

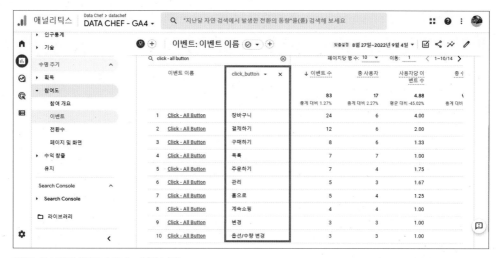

그림 7-18 | 버튼을 클릭할 때 담기는 매개변수 확인

맞춤 이벤트는 GTM 같은 태깅 도구를 사용해서 발동 조건을 적용해야 하는데, 웹 사이트나 모바일 기기 플랫폼 구조에 따라 발동 조건이 상이할 수 있습니다. 또 개발 지식이 필요하므로 개발자가 없다면 분석가가 설정에 어려움을 겪을 수 있습니다. 이런 경우 분석가가 GA4를 사용해 맞춤 이벤트를 수동 생성할 수 있습니다.

■ GA4를 사용한 맞춤 이벤트 제작

GTM을 이용하는 맞춤 이벤트 제작은 이벤트 태깅을 직접 해야 하므로 IT 개발 지식이 없다면 개발자와의 협업이 필요합니다. 하지만 주변에 늘 개발자가 있다는 보장이 없습니다. 이런 경우 여러분만의 맞춤 이벤트를 제작할 수 없는 걸까요? 이럴 때 사용할 수 있는 것이 GA4를 활용한 맞춤 이벤트입니다. GA4는 이벤트 발동 조건을 사용해 새로운 맞춤 이벤트를 제작하는 기능을 제공합니다. '데이터 셰프의 레시피' 웹 사이트 기준으로 GA4를 활용해 맞춤 이벤트를 만드는 방법을 알아보겠습니다. 여기서 제작하려는 맞춤 이벤트는 사용자가 '모두의 SQL'에 해당하는 페이지 제목을 확인할 때 발생하는 **페이지 뷰 이벤트**입니다.[11]

---

11 [모두의GA 〉 모두의GA_속성 – GA4] 계정에서 실습합니다. 다만 수집 코드와 연결되어 있지 않기 때문에 실제 이벤트 데이터는 수집되지 않습니다.

❶ 왼쪽 하단의 [관리(Admin)] 메뉴를 클릭한 뒤 [속성 〉 이벤트(Property 〉 Events)]를 선택합니다.

그림 7-19 | [이벤트] 메뉴 선택

❷ 이벤트 화면이 열리면 GA4 이벤트들이 나열됩니다. 오른쪽 상단의 [이벤트 만들기(Create event)] 버튼을 클릭합니다.

그림 7-20 | [이벤트 만들기] 클릭

❸ 이벤트 만들기 화면이 나타나면 [만들기(Create)] 버튼을 클릭합니다.

그림 7-21 | [만들기] 버튼 클릭

❹ 맞춤 이벤트를 만드는 화면이 나타납니다. 만들고자 하는 이벤트 이름을 입력합니다. 여기서는 '모두의 SQL' 웹 페이지 제목을 볼 때 발동하는 이벤트를 제작하려고 합니다. [맞춤 이벤트 이름(Custom event name)]에 'page_view_everybody_for_sql'이라고 입력했습니다. 이벤트 이름은 분석가가 임의로 설정하면 됩니다(①). 다음으로 맞춤 이벤트가 발동할 조건을 입력합니다. 페이지 뷰(page_view) 이벤트가 발동하면 함께 발동하는 이벤트이므로, [매개변

수(Parameter)]에는 'event_name', [연산자(Operator)]에는 '같음(equal)', [값(Value)]에는 'page_view'라고 입력합니다(②). page_view 이벤트가 발동하면 지금 제작하는 맞춤 이벤트가 발동한다는 의미입니다. 여기서 끝난 것이 아닙니다. 우리는 페이지 제목이 '모두의 SQL'일 때만 이벤트를 집계하고 싶기 때문입니다. [조건 추가(Add condition)] 버튼을 클릭해서 조건을 추가합니다(③).

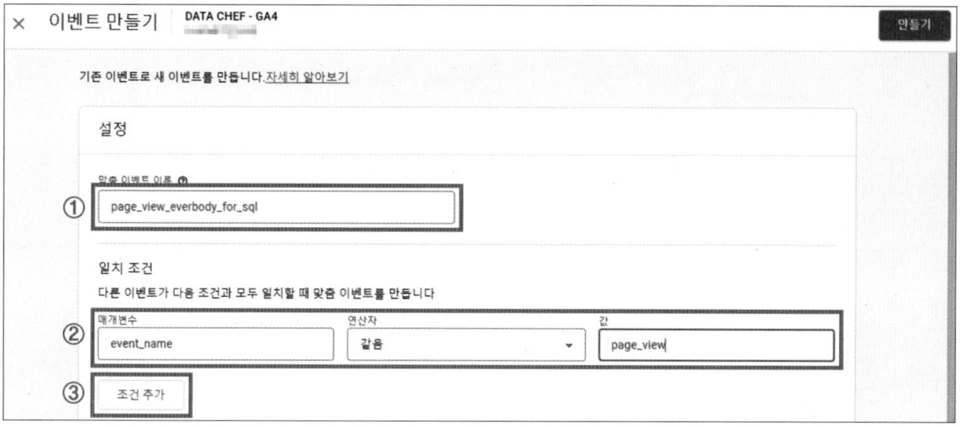

그림 7-22 | page_view 기반 맞춤 이벤트 만들기

⑤ 앞서 4번과 마찬가지로 조건을 추가 입력하는데, 이번에는 [매개변수]에 'page_title', [연산자]에는 '같음', [값]에는 '모두의 SQL'이라고 입력합니다(①). 앞선 조건에 더해 페이지 제목이 '모두의 SQL'이면 이벤트를 발동하게 하겠다는 의미입니다. 입력을 완료했으면 [만들기(Create)]를 클릭해서 마무리합니다(②).

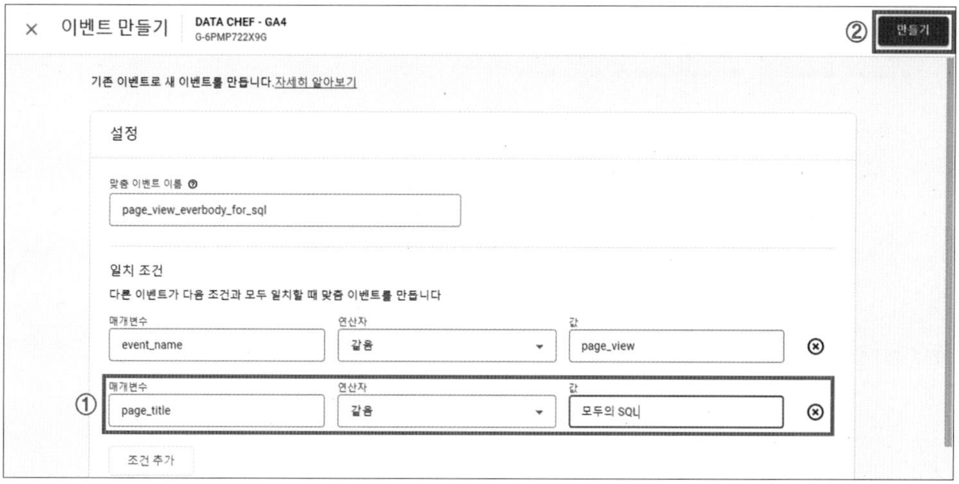

그림 7-23 | 모두의 SQL 페이지 제목 이벤트 추가

❻ 맞춤 이벤트가 잘 만들어졌으면 다음 그림처럼 생성된 이벤트를 확인할 수 있습니다. 우리가 제작한 page_view_everybody_for_sql 이벤트는 웹 사이트에서 웹 페이지 제목이 '모두의 SQL'인 경우 발동하는 이벤트입니다.

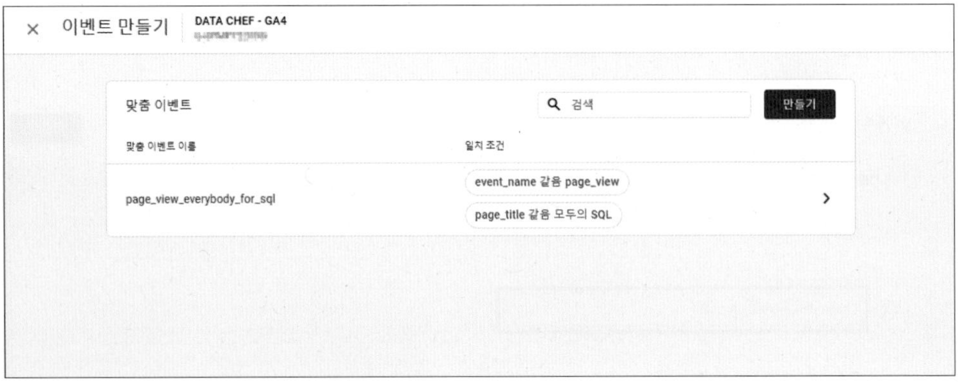

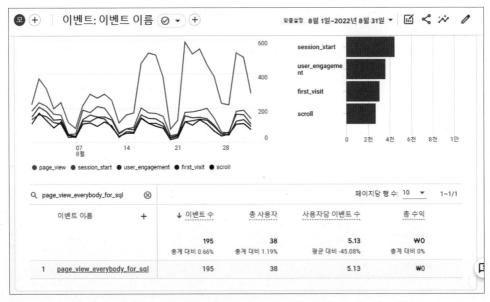

그림 7-24 | 생성된 page_view_everybody_for_sql 이벤트

이벤트가 생성되면 GA4는 5~10분 정도 지난 후부터 데이터를 수집합니다. 수집된 데이터는 GA4의 속성에 저장됩니다.

그림 7-25 | 수집된 page_view_everybody_for_sql 이벤트(보고서 〉 참여도 〉 이벤트)

7.4 GA4 사용자 화면

지금부터 GA4 '사용자 화면'에 대해 알아보겠습니다. 실습은 GA4 데모 계정의 구글 머천다이즈 스토어 **속성**으로 진행하겠습니다. GA4는 보기가 없기 때문에 속성만 선택하면 됩니다. 선택 경로는 [모든 계정 〉 Demo Account 〉 GA4 – Google Merchandise Store]입니다. 계정 선택기에서 [즐겨찾기] 혹은 [최근] 탭을 통해 선택합니다.[12]

계정	속성 및 앱	보기	
Demo Account	GA4 – Google Merchandise Store	–	
메뉴 경로	보고서 〉 보고서 개요 (Reports 〉 Reports snapshot)	**날짜**	2022/04/01 ~ 2022/04/30

그림 7-26 | GA4 실습을 위한 구글 머천다이즈 스토어 속성 선택

다음은 GA4의 [보고서 〉 보고서 개요] 화면입니다. 전체적인 구성이 UA와 크게 다르지 않은 것을 알 수 있습니다. 간단히 살펴보면 다음과 같습니다.

> **잠깐만요**
>
> 구글에서 GA4의 메뉴 이름과 항목 이름, 구성을 계속해서 조금씩 변경하고 있습니다. 책의 내용은 2022년 12월을 기준으로 합니다.

---

12 계정 선택 방법은 2.3절에서 설명했습니다.

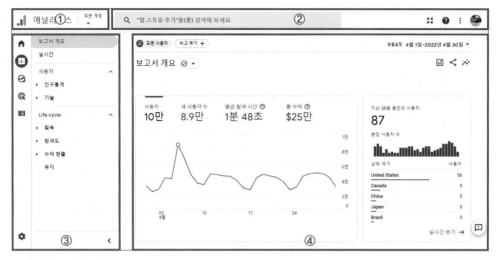

그림 7-27 | GA4 '사용자 화면'

① **계정 선택기:** 이 영역에서 GA4 계정과 속성을 선택할 수 있습니다. UA와는 다르게 보기는 존재하지 않습니다.

② **검색 영역:** 보고서 및 GA4에 대한 자연어 검색[13] 질문과 도움말 영역입니다.

③ **메뉴 영역:** GA4 주요 기능이 모여 있는 영역입니다. 크게 '홈(Home)', '보고서(Reports)', '탐색(Explore)', '광고(Advertising)', '구성(Configure)' 메뉴가 있습니다.[14]

④ **분석 영역:** 그래프 등 각종 분석 내용이 출력되는 영역입니다. 분석가는 이 영역에서 분석을 진행합니다. 분석 영역에는 화면 이름이 표현되며 캘린더, 비교하기, 공유하기, 인사이트 아이콘도 있습니다.

분석가는 그림 7-28처럼 분석 대상이 되는 속성을 선택하고(①) 분석하려는 내용에 관계되는 보고서를 선택하며(②) 조회 기간과 비교 조건을 설정하고 결과를 확인한 후(③) 필요하다면 결과를 다시 비교하거나 공유합니다(④). 작업의 반시계 방향 진행은 UA와 유사합니다.

---

13 일상 대화처럼 물어보는 방식을 말합니다. 예를 들어 "가장 많이 본 페이지 제목은(Top page title by views)?" 등으로 질문을 하면 해당하는 정보를 보여 줍니다.

14 [구성] 메뉴의 기능은 [관리] 메뉴로 이동되었습니다.

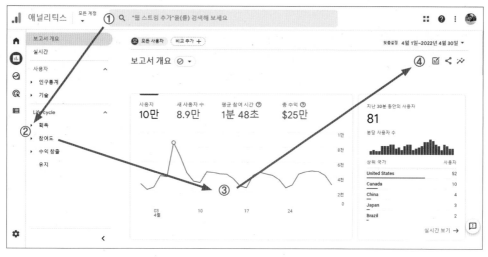

그림 7-28 | GA4 '사용자 화면'을 조작하는 순서

'사용자 화면' 중 GA4만의 특징적인 것들 위주로 살펴보겠습니다.

1 계정 선택기

계정 선택기는 계정과 속성을 선택하는 영역입니다. 다음은 계정 선택기를 클릭하면 나타나는 화면입니다. UA와 동일합니다.

그림 7-29 | 계정 및 속성 영역

① **계정 및 속성 선택:** 계정 및 속성을 선택합니다. [전체 사용 가능(All)], [즐겨찾기 (Favorites)], [최근(Recents)] 탭을 클릭해서 속성을 선택할 수 있는데, [즐겨찾기] 속성은

속성 옆에 별 표시(☆)를 클릭해서 지정할 수 있습니다.

② **구글 제품 바로 가기:** 사용하는 구글 제품이 있다면 바로 이동할 수 있습니다. 왼쪽 아이콘부터 구글 애널리틱스, 구글 태그 매니저, 옵티마이즈, 루커 스튜디오(데이터 스튜디오), 서베이입니다.

② 검색 영역

UA에서는 단순하게 보고서와 몇몇 도움말 기능만을 제공했으나 GA4에서는 보고서, 도움말, 설정과 각종 분석 팁까지 다양한 기능을 제공합니다. 다음 그림은 '1일 활성 사용자'에 대한 검색 결과입니다. 구체적인 수치뿐만 아니라 그와 관련된 다양한 문서를 제공하는 것을 확인할 수 있습니다.

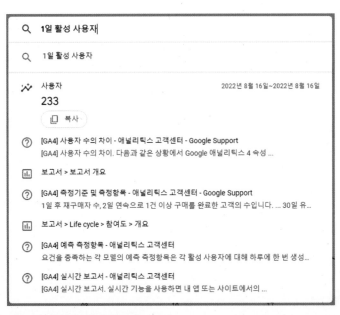

그림 7-30 | '1일 활성 사용자' 검색 결과

GA4 '사용자 화면'에서 가장 중요한 메뉴 영역과 분석 영역을 자세히 살펴보겠습니다.

3 메뉴 영역

메뉴 영역은 주로 분석가가 분석 방법을 선택하는 영역입니다. 메뉴 영역은 '보고서(Reports)', '탐색(Explore)', '광고(Advertising)', '구성(Configure)', '관리(Admin)'로 되어 있습니다. 역할을 살펴보면 다음과 같습니다.

그림 7-31 | GA4 메뉴 영역

① **홈(Home):** 홈 화면으로 이동합니다.

② **보고서(Reports):** 자주 쓰이는 보고서를 미리 만들어서 모아 놓은 메뉴입니다. GA4에서 기본 보고서 외에 탐색 분석을 이용해 보고서로 만들어 사용합니다.

③ **탐색(Explore):** 탐색 분석이라고도 부릅니다. 탐색을 통해 분석가는 다양한 관점(템플릿)으로 데이터를 분석할 수 있습니다. 즉, UA의 맞춤 보고서와 같은 기능을 합니다. GA4는 UA에 비해 보고서의 개수가 많이 줄었기 때문에 주로 이 기능을 이용해서 분석가만의 보고서를 작성합니다.

④ **광고(Advertising):** 캠페인 광고 성과를 분석하는 메뉴입니다. 구글 애즈 등 구글 제품과도 연동하여 분석할 수 있습니다.

⑤ **구성(Configure):** '이벤트', '전환', '잠재고객(오디언스)'[15], '맞춤 기준' 등을 생성하거나

---

15 미리 분류해서 수집해 놓은 잠재적 고객 대상 트래픽을 말합니다.

수정할 수 있습니다. 이를 통해 관리 대상을 통합하거나 나누는 등 체계적으로 관리할 수 있습니다. 데이터를 추적하여 검수하기 위한 '디버그 뷰(DebugView)' 메뉴도 있습니다. 2022년 12월에 [구성] 메뉴는 [관리] 메뉴로 이동되어, 이전 [구성] 메뉴에 있던 기능은 [관리 〉 속성] 메뉴에서 찾을 수 있습니다.

⑥ **관리(Admin):** GA4 계정과 속성을 설정하는 메뉴입니다. [관리] 메뉴 역시 간소화되었습니다. GA4 무료 버전인 스탠다드 버전의 보기는 존재하지 않으므로 보기에 대한 설정은 일절 없습니다.[16]

그림 7-32 | 간소화된 GA4 관리 화면

UA의 대시보드, 맞춤 설정, 다수의 보고서가 삭제되면서 GA4 메뉴 영역은 UA에 비해 간소화되었습니다. 하지만 GA4 메뉴 영역이 여전히 분석가가 어떻게 분석할지 결정하는 영역인 것은 동일합니다. GA4는 메뉴 영역을 통해 분석 방법을 결정하면 분석 영역에서 추가 조작을 통해 분석을 진행합니다.

---

16 그렇다면 보기에 있던 각종 설정 기능을 GA4에서는 어떻게 적용해야 할까요? 현재로선 이벤트의 제작할 때 조건식을 코딩해서 적용하는 수밖에 없습니다.

GA4가 간소화된 이유

앞서 살펴보았듯이 UA에 비해 GA4는 구성이나 메뉴 구성, 설정 화면 등이 간소화되었는데 이유는 다음과 같습니다.

1. **이벤트 중심:** UA가 '페이지 뷰', '이벤트', '전자상거래' 등 다양한 유형의 구성 요소가 있었던 반면, GA4는 모든 것이 이벤트로 통합되었기 때문입니다. 즉, 관리 체계가 간소화되었다고 할 수 있습니다.

2. **분석 방식:** 기존 UA에서는 분석가에게 필요할 것으로 여겨지는 수많은 보고서와 템플릿이 미리 만들어져 있어 제공하는 방식이었다면, GA4는 탐색 분석이나 빅쿼리를 사용해 분석가가 직접 필요한 것을 만들어 쓰는 방식으로 분석 방식이 변화되었습니다.

3. **초기 버전:** GA4는 완성형이라고 하기에는 기능적으로 미흡한 부분도 많으며 계속해서 변화하고 있습니다. 이런 부분들은 점차 개선될 것으로 여겨집니다.

 분석 영역

계정	속성 및 앱		보기	
Demo Account	GA4 - Google Merchandise Store		–	
메뉴 경로	보고서 〉 획득 〉 트래픽 획득 (Reports 〉 Acquisition 〉 Traffic acquisition)	**날짜**	2022/04/01 ~ 2022/04/30	

GA4의 분석 영역은 캘린더 및 기능 영역(①)과 콘텐츠 분석 영역(②)으로 나눌 수 있습니다. GA4는 캘린더 및 기능 영역과 콘텐츠 분석 영역을 통해 분석을 진행합니다.

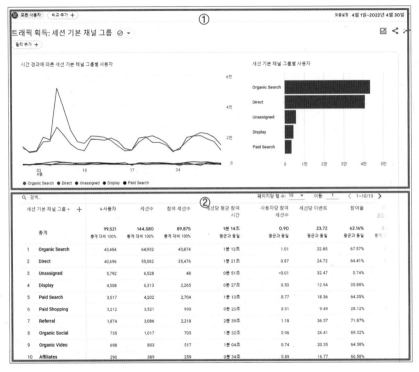

그림 7-33 | GA4 분석 영역 화면

⑤ 캘린더 및 기능 영역

콘텐츠 제목이 표시되고 캘린더를 사용해서 분석 기간을 선택하고 비교를 하는 등의 분석 조작을 하는 영역입니다. 상세히 살펴보면 다음과 같습니다.

그림 7-34 | 캘린더 및 기능 영역 주요 내용

① **보고서 이름:** 메뉴 영역에서 보고서를 선택했다면 보고서 이름이 나타납니다.

② **샘플링 여부:** ⊘ ▾ 아이콘은 샘플링(표본 추출) 여부를 나타냅니다. 기본적으로 GA4 에서는 일반 보고서에서는 샘플링이 발생하지 않습니다. 다만 '탐색 분석'에서 집계하는

이벤트 개수가 1,000만 개가 넘으면 샘플링이 발생합니다. 샘플링에 대해서는 5.1.3절에서 설명했습니다.

③ **캘린더**: 분석할 기간을 선택합니다. [맞춤 설정(Custom)]을 선택하면 분석 시작 날짜와 종료 날짜를 마음대로 지정할 수 있습니다. 구성이 바뀐 것 말고는 UA와 기능이 크게 다르지 않습니다. 맞춤 설정을 선택해서 분석가가 마음대로 분석하려는 날짜를 지정할 수 있고, 지난 7일, 지난 28일 등 구간 날짜를 지정할 수도 있습니다.

그림 7-35 | GA4 캘린더

[비교(Compare)]를 클릭해서 활성화하면 일정 기간끼리 비교할 수도 있습니다.

그림 7-36 | 2022년 4월과 3월을 비교 설정한 예

④ **부가 리포팅 기능:** 아이콘들이 하는 역할은 다음과 같습니다.

– **비교 수정(⊡):** 뒤에 배울 '비교' 기능을 편집합니다.

– **이 보고서 공유(⊲):** 보고서 결과를 공유하는 링크를 만듭니다. [링크 공유] → [링크 복사]를 클릭하면 보고서 링크를 클립보드로 복사합니다. 링크에는 누구나 접근할 수 있습니다.

그림 7-37 | 보고서 링크 공유

– **유용한 정보(⚲):** 구글에서 정해 놓은 형태의 카테고리로 인사이트를 확인합니다. 예를 들어 '가장 많이 사용한 언어는?'에 대한 결과를 알려 주는 식입니다. 결과는 설정(⁞) 아이콘을 눌러서 공유할 수 있습니다.

그림 7-38 | 인사이트 결과

⑤ **비교:** 비교 기능은 UA의 세그먼트와 유사하면서 비교도 할 수 있는 기능입니다. GA4가 전면에 내세우고 있는 특징적인 기능이기도 합니다. '비교' 기능을 사용하려면 먼저 '모든 사용자(All users, 🙂 모든 사용자)' 항목을 알아야 하는데, 말 그대로 모든 사용자, 즉 가장 기본 데이터이자 비교 기준이 되는 데이터를 말합니다. GA4에서는 기준 데이터가

기본으로 '모든 사용자'로 되어 있지만, '모든 사용자' 역시 조건을 바꿀 수 있습니다. 즉, 비교 기준 데이터를 변경할 수 있다는 의미입니다. 예를 들어 기기 카테고리를 비교하고자 할 때는 다음과 같이 합니다.

① 메뉴 영역에서 [획득 〉 트래픽 획득(Acquisition 〉 Traffic acquisition)] 보고서를 선택한 뒤(①), 캘린더는 2022년 4월 1일부터 4월 30일까지로 설정하고(②), '모든 사용자(All users)'를 클릭합니다(③). 오른쪽에 사이드 바가 열리면서 비교 기능이 활성화됩니다(④).

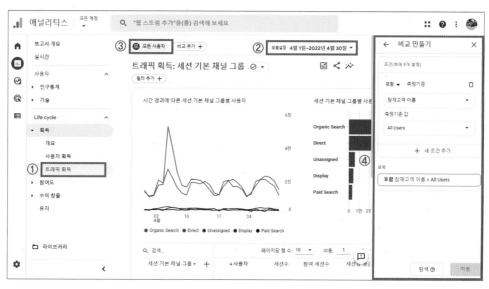

그림 7-39 | 비교 기능 활성화

② [측정기준]은 기본으로 되어 있는 '잠재고객 이름(Audience name)'에서 '기기 카테고리(Device category)'로 바꾸고(①) [측정기준 값]은 'desktop'에 체크 표시한 뒤(②) [확인]을 클릭하고(③) [적용하기(Apply)] 버튼을 클릭합니다(④).

그림 7-40 | 측정기준과 값을 각각 '기기 카테고리'와 'desktop'으로 변경

❸ 이렇게 하면 조건에 맞추어 분석 콘텐츠 화면이 변경됩니다. 이번에는 [새 비교 추가 (Add new comparison)]를 클릭해서 비교 기능을 활성화합니다.

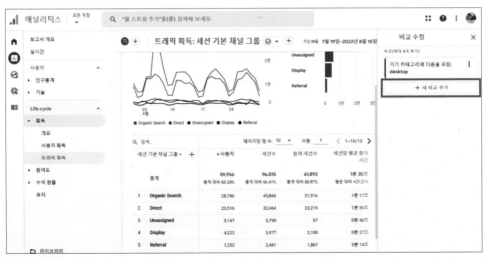

그림 7-41 | 변경된 콘텐츠 화면

❹ 앞서와 동일하게 조건을 적용하는데, [측정기준]은 '기기 카테고리(Device category)'로 바꾸고(①) [측정기준 값]은 'mobile'에 체크 표시한 뒤 [확인]을 클릭하고(②) [적용하기(Apply)] 버튼을 클릭합니다(③).

그림 7-42 | 기기 카테고리 모바일 비교 추가

정확히 적용되었다면, 기준 데이터와의 '비교'를 추가했기 때문에 다음 그림과 같이 데스크톱과 모바일 트래픽을 비교하는 분석 결과가 나타납니다.

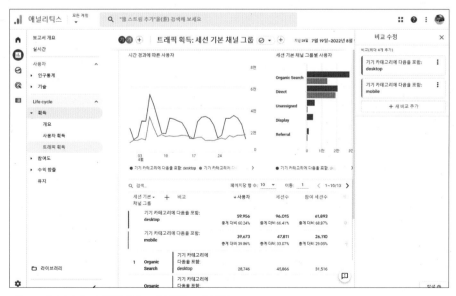

그림 7-43 | 데이터 비교가 적용된 결과(보고서 〉 획득 〉 트래픽 획득)

'비교' 기능이 적용되면 지금 보고 있는 보고서뿐만 아니라, 다른 보고서에도 동일한 비교 조건을 적용해 내용을 확인할 수 있습니다. 이렇게 하려면 단지 왼쪽 메뉴 영역에서 보고서만 바꿔서 선택하면 됩니다. 다음 그림은 [보고서 〉 참여도 〉 페이지 및 화면] 보고서를 바꿔 선택한 화면입니다.

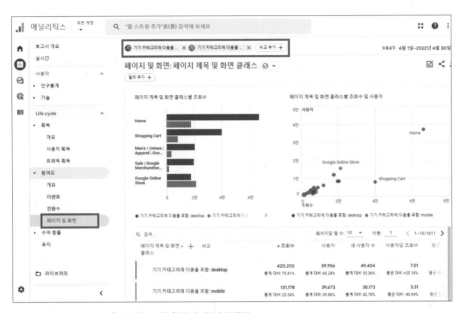

그림 7-44 | 데이터 비교가 적용된 결과(보고서 〉 참여도 〉 페이지 및 화면)

다른 보고서이지만, 앞서 살펴보았던 비교 조건이 그대로 적용된 것을 확인할 수 있습니다.

비교 기능을 해제하려면 비교 목록 옆에 삭제 버튼(☒)을 클릭해 비교 그룹을 삭제합니다.

그림 7-45 | 비교 그룹 삭제 버튼

 잠깐만요

비교 분석 세그먼트 사용하기

비교 기능은 세그먼트처럼 사용할 수 있습니다. 세그먼트처럼 사용하려면 [비교 추가] 아이콘을 클릭해서 비교 만들기 화면을 연 뒤 [탐색]을 클릭하면 됩니다. 다음은 [측정기준]은 '기기 카테고리'로, [측정기준 값]은 'mobile'로 선택한 화면입니다.

● 계속

그림 7-46 | 비교 만들기 화면

그러면 다음과 같이 세그먼트 생성 화면이 열립니다. 조건이 맞다면 [저장 및 적용] 버튼을 클릭합니다.

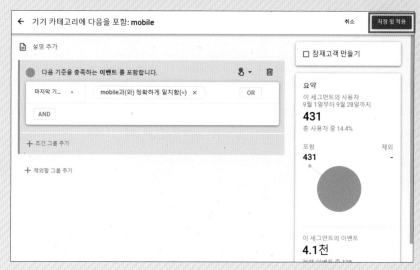

그림 7-47 | 세그먼트 설정 화면

● 계속

그러면 7.7절에서 배우게 될 '자유 형식'의 '탐색 분석' 화면에 세그먼트가 적용된 채 열립니다.

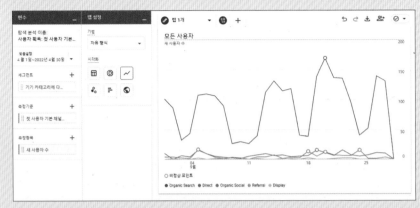

그림 7-48 | 탐색 분석에 적용된 세그먼트

다만 이 방법을 사용하면 확인하던 보고서가 아닌 '탐색 분석'에서 세그먼트를 적용한 채 분석이 진행됩니다.

콘텐츠 분석 영역

콘텐츠 분석 영역은 분석가가 데이터 분석 결과를 확인하는 영역입니다. 보고서의 종류에 따라 구성(layout, 레이아웃)이 달라집니다. 콘텐츠 분석 영역에서 주요 분석 내용의 구성은 기본적으로 UA와 동일하게 2차원 결과표(테이블)로 되어 있습니다. 트래픽 획득(Traffic acquisition) 보고서를 기준으로 콘텐츠 분석 영역을 살펴보겠습니다.

메뉴 경로	보고서 〉 획득 〉 트래픽 획득 (Reports 〉 Acquisition 〉 Traffic acquisition)	날짜	2022/4/1 ~ 2022/4/30

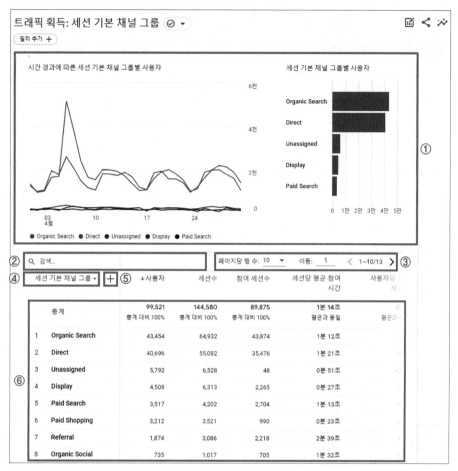

그림 7-49 | 콘텐츠 분석 영역

① **그래프:** 분석 결과에 대한 그래프가 표현됩니다. 마우스 포인터를 가져다 대면 구체적인 분석 결과 수치가 팝업[17]으로 표현되는 경우도 있습니다.

② **검색:** 측정기준을 검색하는 기능입니다. UA가 고급 검색(advanced) 기능을 이용해서 다양한 조건을 적용할 수 있었던 데 비해, GA4의 검색은 포함(contain) 조건만 적용할 수 있습니다.

③ **출력:** 결과 출력을 설정하는 기능입니다. 기본 10행(row) 출력으로 되어 있는데, 최대 5,000행 출력으로 설정할 수 있습니다. 이동(Go to) 기능은 해당 페이지로 바로 이동하

---

17 팝업(pop-up)은 새 창에 띄운 화면을 말합니다.

는 기능입니다.

④ **측정기준 변경:** 해당 영역을 클릭하면 보고서에 어울리는 측정기준을 변경할 수 있습니다. 측정기준 항목은 보고서에 따라 달라집니다. 측정기준을 클릭해서 변경하면 그에 맞는 결과가 갱신되어 분석 결과표에 출력됩니다.

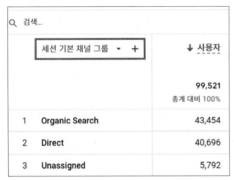

그림 7-50 | 측정기준 변경

다음은 [측정기준]을 '세션 소스(Session source)'로 변경한 결과입니다.

트래픽 획득: 세션 소스		맞춤설정 4월 1일~2022년 4월 30일		
세션 소스	↓사용자	세션수	참여 세션수	세션당 평균 참여 시간
총계	99,521 총계 대비 100%	144,580 총계 대비 100%	89,875 총계 대비 100%	1분 14초 평균과 동일
1 google	47,241	71,332	43,744	1분 09초
2 (direct)	40,696	55,082	35,476	1분 21초
3 (not set)	5,792	6,528	48	0분 51초
4 baidu	3,500	3,708	2,355	0분 12초
5 analytics.google.com	2,188	3,174	1,907	0분 35초
6 youtube.com	674	778	505	1분 05초
7 art-analytics.appspot.com	659	1,397	1,050	3분 23초
8 bing	418	685	507	1분 25초
9 perksatwork.com	361	736	618	4분 19초
10 sites.google.com	339	525	410	2분 02초

그림 7-51 | 세션 소스로 측정기준을 변경한 결과

⑤ **보조 측정기준 추가:** 추가 아이콘(+)을 클릭하면 다음 그림과 같이 함께 사용할 수 있는 보조 측정기준 화면이 나타납니다. 분석가는 보조 측정기준을 추가하면서 깊이 있는

분석을 진행할 수 있습니다. [보조 측정기준]으로 '기기 카테고리(Device category)'를 선택해 보겠습니다.

그림 7-52 | 보조 측정기준 화면

다음 그림처럼 측정기준 옆에 '기기 카테고리' 보조 측정기준이 추가된 것을 확인할 수 있습니다. 보조 측정기준이 추가되었으므로 기존 카테고리 기준에서 데이터를 추가로 분류해서 분석할 수 있습니다. 삭제 버튼([×])을 클릭하면 추가한 보조 측정기준이 제거됩니다.

세션 소스 ▾	기기 카테고리 ▾	↓사용자	세션수	참여 세션수	세션당 평균 참여 시간
총계		99,521 총계 대비 100%	144,580 총계 대비 100%	89,875 총계 대비 100%	1분 14초 평균과 동일
1 google	desktop	29,564	47,278	30,526	1분 16초
2 (direct)	desktop	20,516	32,464	23,219	1분 59초
3 (direct)	mobile	19,336	22,384	11,707	0분 26초
4 google	mobile	16,969	22,472	12,777	0분 57초
5 (not set)	desktop	5,147	5,790	37	0분 48초
6 baidu	desktop	2,181	2,281	1,528	0분 13초
7 analytics.googl...	desktop	2,168	3,161	1,893	0분 35초
8 baidu	mobile	1,283	1,338	808	0분 10초
9 google	tablet	870	1,069	597	0분 53초
10 (direct)	tablet	691	797	449	0분 50초

그림 7-53 | 추가된 보조 측정기준

⑥ **분석 결과표**: 분석 결과가 측정기준과 측정항목으로 출력되는 2차원 분석 결과표입니다.[18] 테이블이라고도 부릅니다. 측정기준과 측정항목이 교차되는 지점에 있는 것이 분석 값입니다.

세션 소스 ▾ +	↓사용자	세션수	참여 세션수	세션당 평균 참여 시간	사용자당 참여 세션수
측정기준 총계	99,521 총계 대비 100%	144,580 총계 대비 100%	**측정항목** 총계 대비 100%	1분 14초 평균과 동일	0.90 평균과 동일
1 google	47,241	71,332	43,744	1분 09초	0.93
2 (direct)	40,696	55,082	35,476	1분 21초	0.87
3 (not set)	5,792	6,528	48	0분 51초	<0.01
4 baidu	3,500	3,708 분석 값 355		0분 12초	0.67
5 analytics.google.com	2,188	3,174	1,907	0분 35초	0.87
6 youtube.com	674	778	505	1분 05초	0.75
7 art-analytics.appspot.com	659	1,397	1,050	3분 23초	1.59
8 bing	418	685	507	1분 25초	1.21
9 perksatwork.com	361	736	618	4분 19초	1.71
10 sites.google.com	339	525	410	2분 02초	1.21

그림 7-54 | GA4 측정기준과 측정항목

측정항목 이름 옆에 정렬 화살표(⬇)가 보인다면 클릭할 때 측정항목을 기준으로 결과를 오름차순, 내림차순 정렬할 수 있습니다.

7.5 GA4 보고서

GA4의 보고서에는 '실시간(Realtime)', '획득(Acquisition)', '참여도(Engagement)', '수익 창출(Monetization)', '유지(Retention)', '사용자(User)' 보고서가 있습니다. GA4 보고서는 이벤트 중심으로 구성이 바뀌었을 뿐, 기본적으로 UA 보고서와 역할이 비슷하다고 생각하면 됩니다. 따라서 각 보고서의 주요 기능은 6장을 참고하면 조금 더 이해하기 쉽습니다. GA4 보고서는 UA에 비해 보고서 수가 많이 줄었고 구성도 단순화되었습니다. 그래서 GA4에서는 '탐

---

18 측정기준과 측정항목은 3.3절에서 자세히 설명했습니다.

색(Explore)' 메뉴를 사용해서 분석가가 직접 보고서를 만들어 사용하거나, GA4 기본 보고서 편집 기능인 '라이브러리'를 활용해 분석가만의 보고서를 구성해서 사용하는 것이 좋습니다.

GA4는 크게 수명 주기(Life cycle) 보고서와 사용자 보고서로 나눌 수 있습니다. 수명 주기 보고서에는 획득, 참여도, 수익 창출, 유지 보고서가 해당하고 사용자 보고서에는 인구통계, 기술 보고서가 해당합니다. GA4는 전자상거래를 분석하는 데 초점이 맞춰진 분석 도구입니다. 전자상거래는 고객의 획득에서 유지와 이탈까지의 과정, 즉 고객 수명 주기가 중요합니다. GA4의 보고서 역시 이런 특성에 맞춰서, 고객 수명 주기와 사용자 분석 관점의 보고서들로 구성되어 있습니다. 따라서 분석가는 고객을 어떻게 획득해서 유지하는지의 관점에서, 고객들이 우리 서비스에 어떻게 참여 중이며, 수익을 창출하고 있는지를 분석할 필요가 있습니다. 여기에 더해 어떤 사용자인지 사용자의 특성을 파악할 필요가 있습니다.

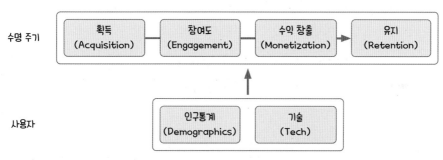

그림 7-55 | 분석가가 GA4 보고서에서 분석해야 할 내용

지금부터 GA4의 주요한 보고서를 확인해 보겠습니다. 이번 장의 실습은 특별한 언급이 없으면 'Demo Account'의 'GA4 – Google Merchandise Store' 속성에서 2022/03/01 ~ 2022/05/31 기간에 대해 진행하겠습니다. GA4 측정기준과 측정항목 지표 항목은 다소 종류가 많고 복잡합니다. 분석가는 GA4의 지표 항목들이 어떤 의미를 갖는지 정확히 알아야 결과를 해석할 수 있습니다. 따라서 이 책에서는 GA4 주요한 지표 항목들을 표로 명쾌하게 정리해서 알려 드리겠습니다.

1 실시간 보고서

계정	속성 및 앱	보기	
Demo Account	GA4 - Google Merchandise Store	–	
메뉴 경로	보고서 〉 실시간 (Reports 〉 Realtime)	날짜	실시간 보고서는 날짜가 없음

실시간(Realtime) 보고서는 UA의 실시간 보고서와 마찬가지로 실시간 캠페인이나 트래픽 모니터링 등 즉각적인 현재 상황 파악에 유용한 보고서입니다. 실시간 보고서는 최근 30분 내의 사용자 정보를 보여 주는데, 접속자 수와 지역, 기기 카테고리, 유입 소스 등의 다양한 정보를 보여 줍니다. 즉, 수명 주기나 사용자의 특성 파악에 관련된 보고서라기보다는 실시간으로 발생하는 트래픽의 특성을 파악하는 데 주로 사용됩니다. GA4가 이벤트 기반 분석 도구인 만큼 가장 많이 발생한 이벤트의 종류나 전환 이벤트도 확인할 수 있습니다.

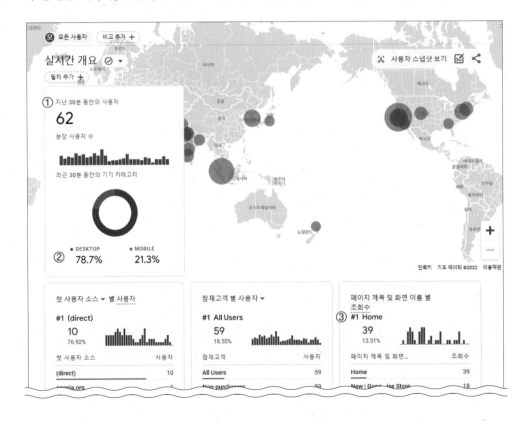

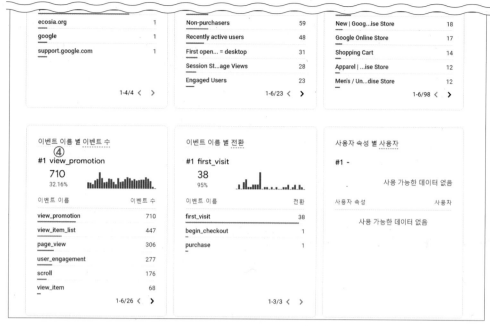

그림 7-56 | 실시간 보고서

실시간 보고서의 주요 항목을 정리하면 다음 표와 같습니다. 모든 집계는 지난 30분 동안의 사용자를 기준으로 합니다.

표 7-3 | 실시간 보고서 주요 항목

항목(한글)	항목(영문)	설명
지난 30분 동안의 사용자	USERS IN LAST 30 MINUTES	분당 사용자 수를 집계하고 사용자의 사용 기기 비율을 표현
첫 사용자 소스별 사용자	Users by First user source	처음으로 유입된 소스 기준 사용자 수를 집계. 기준을 매체, 소스 플랫폼 등으로 바꿀 수 있음
잠재고객별 사용자	Users by Audience	잠재고객 기준 사용자 수를 집계. 사용자는 새 사용자 수로 바꿀 수 있음
페이지 제목 및 화면 이름별 조회 수	Views by Page title and screen name	페이지나 화면 조회 수를 집계
이벤트 이름별 이벤트 수	Event count by Event name	이벤트 이름별 이벤트 수를 집계
이벤트 이름별 전환	Conversions by Event name	이벤트 이름별 전환 수를 집계
사용자 속성별 사용자*	Users by User property	사용자 속성 기준의 사용자 수를 집계

* '사용자 속성'이란 연령, 관심사, 국가, 언어 등 사용자 수준에 해당되는 측정기준을 말합니다.

실시간 보고서 현황을 살펴보면 지난 30분 동안 접속한 사용자 수는 62명이고(①), 데스크톱 비율은 78.7%, 모바일 비율은 21.3%로 확인됩니다(②). 가장 많이 본 페이지 제목은 Home 화면(③), 가장 많이 발생한 이벤트는 view_promotion입니다(④).

이처럼 실시간 보고서를 활용하면 실시간 캠페인 성과나 웹 사이트의 트래픽 몰림 현상, 트래픽 감소 현상 등 이상 징후도 확인할 수 있습니다.

2 획득 보고서

획득(Acquisition) 보고서는 우리의 웹/앱 서비스에 사용자가 어디에서부터 유입되었는지를 확인할 수 있는 보고서입니다. 사용자가 어디로부터 유입되어 얼마나 이탈했고 최종적으로 얼마나 전환되었는지 알 수 있다면 고객 관리 전략이나 마케팅 전략을 세우기가 한층 쉬워집니다. 각 보고서에는 대부분 **개요(Overview) 보고서**가 있는데, 개요 보고서는 각 보고서의 대표적인 지표들을 한눈에 볼 수 있는 보고서입니다. 다음은 획득 보고서 전체를 요약해서 설명하는 **획득 개요(Acquisition overview) 보고서**입니다.

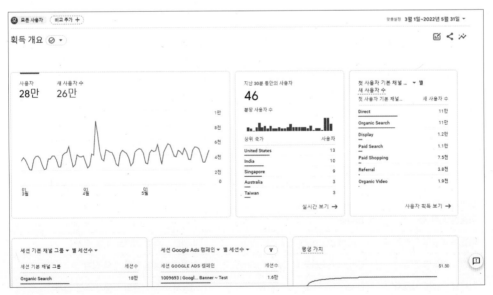

그림 7-57 | 획득 개요 보고서

사용자 유입을 이해하려면 앞서 간단하게 언급한 **소스(source)**와 **매체(medium)**라는 개념을 알아야 합니다. 소스란 말 그대로 사용자가 어디에서 유입되었는지를 생각하면 됩니다. 즉, 구글, 네이버 등이 소스가 됩니다. 매체란 구글이 정한 유입 방법을 말하며, '자연 검색(Organic Search)'인지 '추천(Referral)'[19]인지 등이 있습니다. GA에서 사용되는 매체의 종류를 정리하면 다음과 같습니다.

표 7-4 | GA4 매체의 종류

매체	설명
직접(Direct)	웹 사이트에 직접 접속한 트래픽, 또는 분류가 불가능한 트래픽도 직접으로 분류됨
추천(Referral)	링크를 클릭해서 접속하는 트래픽
자연 검색(Organic Search)	구글, 네이버 등 무료 검색 키워드로 유입된 트래픽
유료 검색(Paid Search)	구글 애즈 등 유료 검색 키워드로 유입된 트래픽(주로 구글 검색 광고)
디스플레이(Display)	배너 광고 등 디스플레이 광고 트래픽
소셜(Social)	유튜브, 페이스북, 인스타그램 등에서 유입된 트래픽
제휴(Affiliates)	제휴 채널/광고 트래픽
이메일(Email)	이메일을 통해 접속한 트래픽

획득 보고서에 대해 더 자세히 알아보겠습니다.

■ 획득 〉 사용자 획득(User acquisition) 보고서

계정	속성 및 앱	보기	
Demo Account	GA4 - Google Merchandise Store	–	
메뉴 경로	보고서 〉 획득 〉 사용자 획득 (Reports 〉 Acquisition 〉 User acquisition)	**날짜**	2022/03/01 ~ 2022/05/31

사용자 획득(User acquisition) 보고서는 우리 서비스의 사용자들이 어디에서 어떻게 접속했는지를 파악할 때 사용하는 보고서입니다. 예를 들어 사용자가 구글 검색으로 접속했는지 네이버 검색으로 접속했는지, 페이스북 광고로 접속했는지 등을 확인할 수 있습니다.

사용자 획득 보고서 테이블의 주요 지표 항목은 다음 표와 같습니다.

---

19 구글이 번역한 것은 추천 검색이지만, 추천 링크라는 말이 더 정확합니다. 즉, URL을 클릭해서 유입되는 트래픽을 말합니다.

표 7-5 | 사용자 획득 보고서 주요 지표 항목

항목(한글)	항목(영문)	설명
새 사용자 수*	New users	처음으로 웹 사이트와 상호 작용하거나 앱을 실행한 사용자의 수
재방문자 수**	Returning users	웹 사이트나 앱에 다시 방문하거나 앱을 실행한 사용자의 수
참여 세션 수	Engaged sessions	10초 이상 지속되었거나, 전환 이벤트가 발생했거나, 화면 또는 페이지 조회 수가 2회 이상인 세션의 수
참여율	Engagement rate	참여 세션 수/세션 수
사용자당 참여 세션 수	Engaged sessions per user	참여 세션 수/사용자 수
평균 참여 시간	Average engagement time	앱이 포그라운드***이거나, 웹이 포커스(창이 활성)되어 상호 작용하고 있었던 평균 시간
이벤트 수	Event count	발동한 이벤트의 수
전환	Conversions	전환 이벤트가 발동한 수
총 수익	Total revenue	구매 수익, 구독 수익, 광고 수익을 더한 값

* 새 사용자 수: GA 쿠키 및 클라이언트 ID 또는 앱 식별(인스턴스) ID가 GA4에 저장되어 있지 않았던 사용자

** 재방문자 수: GA 쿠키 및 클라이언트 ID, 앱 식별(인스턴스) ID가 저장되어 있는 사용자

*** 포그라운드: 앱이 사용자에게 보여질 때 사용자와 상호 작용하고 있는 상태. 반대 개념은 백그라운드

사용자 획득 보고서의 상단을 살펴보면 보고서의 주요 지표들이 막대 그래프와 선 그래프로 표현되고 있습니다.

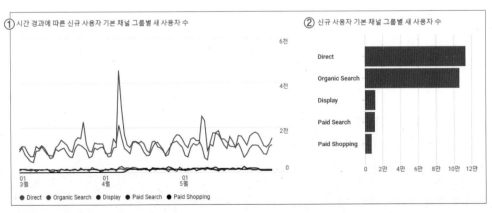

그림 7-58 | 사용자 획득 보고서 상단 그래프 영역

2022/03/01 ~ 2022/05/31 기간의 사용자 획득 보고서의 내용을 살펴보면, 왼쪽에는 기본 채널 그룹에 대한 '첫 사용자(First user)[20]' 중에 '새 사용자 수'가 시계열 그래프로 표현되고, 오른쪽에는 같은 데이터가 측정기준에 따라 가로 막대 그래프로 표현됩니다. 이 그래프들은 분석가가 하단 결과표 영역에서 분석 조건을 바꾸면 연동되어 따라서 바뀝니다. 여기서 '첫 사용자 기본 채널 그룹'은 사용자가 최초로 서비스에 유입한 채널을 나타냅니다. 예를 들어 사용자가 처음에는 'Organic Search(자연 검색)'로 웹 사이트에 유입했다가 나중에 'Direct(직접)'로 유입했다고 해도 '첫 사용자'는 '자연 검색'으로 집계됩니다.

왼쪽 시계열 그래프를 확인해 보면 특히 4월 6일에 '새 사용자'가 가장 많이 유입된 것을 확인할 수 있습니다. 특히 '자연 검색'으로 유입한 사용자가 많은데, 이런 경우 해당하는 날짜에 캠페인이나 특정 프로모션이 있었을 가능성이 있습니다(①). 오른쪽 막대 그래프를 살펴보면 '새 사용자'는 '직접'으로 가장 많이 유입했고, 그다음으로는 '자연 검색'으로 많이 유입했습니다(②). 막대 그래프나 시계열 그래프에 마우스 포인터를 가져다 대면 구체적인 숫자가 표현됩니다. 이것은 다른 보고서도 마찬가지입니다.

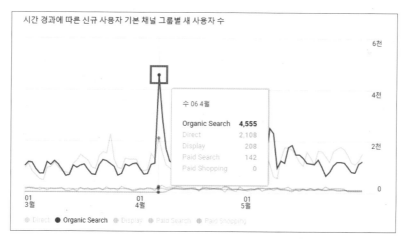

그림 7-59 | 마우스 포인터로 구체적인 숫자 확인

하단에는 앞서 살펴본 그래프의 내용이 분석 결과표로 상세하게 표현됩니다.

---

20 화면에서는 '신규 사용자'라고 표기되어 있지만 의미상 '첫 사용자'가 맞아 '첫 사용자'로 표기합니다. GA에서는 '첫 사용자'와 '신규 사용자' 표기가 혼용되어 있습니다.

신규 사용자 기본 채널 그룹 ▾ ＋	↓새 사용자 수	참여 세션수	참여율	사용자당 참여 세션수	평균 참여 시간	이벤트 수 모든 이벤트 ▾	전환 모든 이벤트 ▾	총 수익
총계	262,004 총계 대비 100%	250,705 총계 대비 100%	59.14% 평균과 동일	0.89 평균과 동일	1분 50초 평균과 동일	10,165,130 총계 대비 100%	287,951.00 총계 대비 100%	$750,529.21 총계 대비 100%
1 Direct	113,674	116,286	58.83%	0.88	2분 06초	5,232,355	130,017.00	$543,363.31
2 Organic Search	106,543	101,496	62.61%	0.92	1분 42초	3,716,953	114,333.00	$167,845.07
3 Display	11,640	5,867	35.65%	0.50	0분 35초	215,481	11,674.00	$63.00
4 Paid Search	11,225	8,041	58.67%	0.70	1분 24초	245,371	11,816.00	$10,190.25
5 Paid Shopping	7,451	3,082	37.32%	0.41	0분 31초	80,006	7,631.00	$3,138.40
6 Referral	3,829	4,484	67.07%	1.07	2분 41초	184,772	4,396.00	$12,548.41
7 Organic Video	1,913	1,520	65.6%	0.77	1분 10초	46,285	1,937.00	$55.20
8 Organic Social	1,671	1,853	69.3%	1.05	2분 17초	73,965	1,832.00	$8,746.56

그림 7-60 | 사용자 획득 보고서 하단 분석 결과표

4월 6일에 'Organic Search(자연 검색)'로 '새 사용자'가 가장 많이 유입된 것을 확인했다면 앞서 배운 내용을 바탕으로 추가적인 분석도 해 볼 수 있습니다.

❶ 캘린더에서 [2022년 4월 6일]을 선택하고(①) [적용]을 클릭합니다(②).

그림 7-61 | 2022년 4월 6일 선택

❷ 하단 테이블에 자연 검색만 표현되도록 검색창에서 'organic search'라고 입력하고 엔터 키를 누릅니다(①).

그러면 테이블에 다음과 같이 자연 검색 항목만 출력됩니다. 이 상태에서 추가 아이콘(＋)을 누릅니다(②).

그림 7-62 | 검색창에 'organic search' 입력

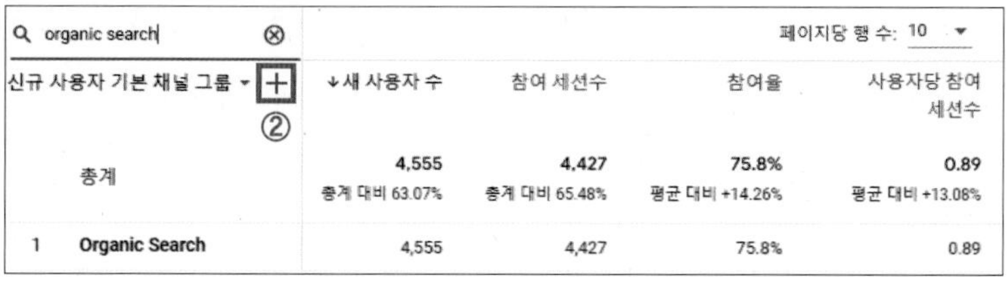
organic search
페이지당 행 수: 10
신규 사용자 기본 채널 그룹
②
↓새 사용자 수
참여 세션수
참여율
사용자당 참여 세션수
총계
4,555
총계 대비 63.07%
4,427
총계 대비 65.48%
75.8%
평균 대비 +14.26%
0.89
평균 대비 +13.08%
1 Organic Search
4,555
4,427
75.8%
0.89

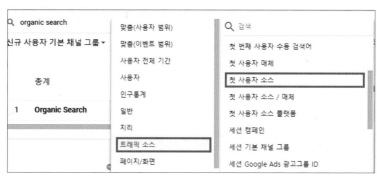

그림 7-63 | 자연 검색 항목만 출력

❸ 보조 측정기준 추가 창이 열리면 [트래픽 소스 〉 첫 사용자 소스(Traffic source 〉 First user source)]를 선택합니다.

organic search
신규 사용자 기본 채널 그룹
총계
1 Organic Search
맞춤(사용자 범위)
맞춤(이벤트 범위)
사용자 전체 기간
사용자
인구통계
일반
지리
트래픽 소스
페이지/화면
검색
첫 번째 사용자 수동 검색어
첫 사용자 매체
첫 사용자 소스
첫 사용자 소스 / 매체
첫 사용자 소스 플랫폼
세션 캠페인
세션 기본 채널 그룹
세션 Google Ads 광고그룹 ID

그림 7-64 | 보조 측정기준 추가하기

❹ 이렇게 하면 자연 검색에 해당하는 '첫 사용자 소스'가 출력되며, '새 사용자 수(↓새 사용자 수)' 항목을 클릭해 '새 사용자' 집계 데이터를 내림차순으로 정렬할 수도 있습니다.

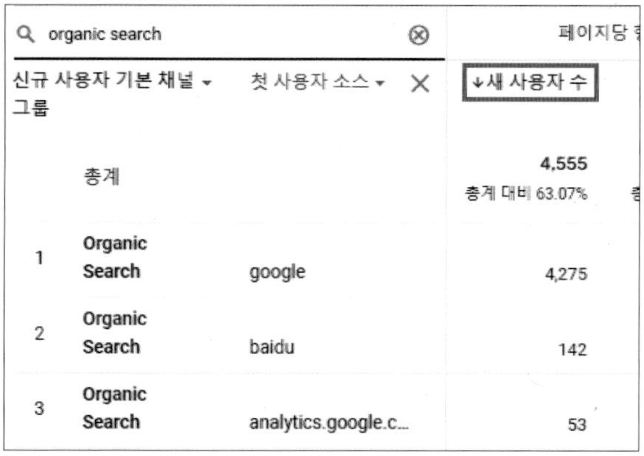
organic search
페이지당
신규 사용자 기본 채널 그룹
첫 사용자 소스
↓새 사용자 수
총계
4,555
총계 대비 63.07%
1 Organic Search google 4,275
2 Organic Search baidu 142
3 Organic Search analytics.google.c... 53

그림 7-65 | 자연 검색의 첫 사용자 소스를 선택한 결과

자연 검색에 대한 '첫 사용자 소스'를 확인해 본 결과 google이 가장 많은 소스로 확인되며,

baidu가 그다음으로 많은 소스입니다. 이것은 2022년 4월 6일에는 구글, 바이두를 소스로 하는 자연 검색 엔진으로 새 사용자가 가장 많이 유입되었다고 해석할 수 있습니다.

■ 획득 〉 트래픽 획득 보고서

계정	속성 및 앱	보기	
Demo Account	GA4 – Google Merchandise Store	–	
메뉴 경로	보고서 〉 획득 〉 트래픽 획득 (Reports 〉 Acquisition 〉 Traffic acquisition)	**날짜**	2022/03/01 ~ 2022/05/31

사용자 획득 보고서가 사용자 관점에서 데이터를 다루는 보고서라면 **트래픽 획득(Traffic acquisition) 보고서**는 트래픽 관점에서 데이터를 다루는 보고서입니다. 구성과 사용법은 거의 같습니다. 트래픽 획득 보고서에서 추가적으로 사용하는 지표 항목은 다음 표와 같습니다.

표 7-6 | 트래픽 획득 보고서 지표 항목

항목(한글)	항목(영문)	설명
세션 수	Sessions	웹 사이트나 앱에서 시작된 세션 수
세션당 평균 참여 시간	Average engagement time per session	세션의 평균 참여 시간
세션당 이벤트	Events per session	세션당 이벤트 수

트래픽 획득 보고서의 하단 결과표 영역을 살펴보겠습니다.

세션 기본 채널 그룹 ▾ ＋	↓사용자	세션수	참여 세션수	세션당 평균 참여 시간	사용자당 참여 세션수
총계	283,265 총계 대비 100%	423,947 총계 대비 100%	250,705 총계 대비 100%	1분 13초 평균과 동일	0.89 평균과 동일
1 Direct	115,590	154,978	101,702	1분 23초	0.88
2 Organic Search	114,705	176,140	114,478	1분 11초	1.00
3 Unassigned	26,987	32,285	354	1분 03초	0.01
4 Display	11,568	15,955	5,930	0분 25초	0.51
5 Paid Search	10,509	12,650	7,712	1분 12초	0.73
6 Paid Shopping	7,603	8,455	3,197	0분 29초	0.42
7 Referral	5,378	9,501	6,754	2분 09초	1.26
8 Organic Social	2,008	3,076	2,212	1분 40초	1.10
9 Organic Video	1,955	2,239	1,497	0분 58초	0.77

그림 7-66 | 트래픽 획득 보고서 하단 결과표 영역

2022/03/01 ~ 2022/05/31 기간의 트래픽 획득 보고서 출력 결과를 살펴보면 세션과 관련한 항목이 등장합니다. 세션은 사용자가 포그라운드에서 앱을 열 때나, 현재 활성화된 세션이 없는 상태에서 웹 페이지에서 상호 작용을 시작할 때 집계되는 측정항목입니다. 세션은 사용자에 종속되므로 '사용자' 수보다 '세션 수'가 큰 경우가 대부분입니다.

잠깐만요

사용자 지표 항목의 새 사용자 vs 재사용자 vs 활성 사용자

'새 사용자(New user)'는 웹 사이트와 처음 상호 작용하거나 앱을 실행한 사용자이며 '재사용자(Returning user)'는 웹 사이트에 다시 방문하거나 앱을 다시 실행한 사용자를 말합니다. 앱이 실행되어 포그라운드 상태이거나 웹상에서 포커스 상태에서 1분이 지나면 user_engagement 이벤트가 발생하는데, 이때의 사용자를 '활성 사용자(Active user)'라고 합니다. 한 가지 주의할 것은 **새 사용자 수 + 재사용자 수 = 총 사용자 수가 아닙니다.** 왜냐하면 사용자는 새 사용자이면서 재사용자일 수 있기 때문입니다.

③ 참여도 보고서

사용자의 획득 상황에 대해서 파악했다면, 사용자들이 우리 서비스에서 어떻게 활동했는지를 파악해야 합니다. **참여도(Engagement) 보고서**는 사용자들이 우리의 서비스에서 어떻게 상호 작용했는지를 확인할 수 있는 보고서입니다.

■ 참여도 〉 이벤트 보고서

계정	속성 및 앱	보기	
Demo Account	GA4 – Google Merchandise Store	–	
메뉴 경로	보고서 〉 참여도 〉 이벤트 (Reports 〉 Engagement 〉 Events)	**날짜**	2022/03/01 ~ 2022/05/31

이벤트(Events) 보고서는 사용자의 이벤트를 확인할 수 있는 보고서입니다. 앞서 GA4는 이벤트 기반의 분석 도구라고 설명했습니다. 그렇기 때문에 사용자들에 대한 이벤트 활동 분석은 매우 중요합니다. 이벤트 분석을 통해 사용자의 관심사를 파악할 수 있고, 이를 통해 우리의 서비스 상품을 개선할 수 있으며, 비즈니스 방향성을 설정할 수도 있습니다. 또 전환

이벤트를 설정한다면 해당 전환 목표를 달성했는지, 그렇지 않은지, 그렇게 된 그 이유는 무엇인지도 분석해 볼 수 있습니다.

앞서 살펴본 지표 항목 외에도 이벤트 보고서에서 추가적으로 사용하는 지표 항목은 다음 표와 같습니다.

표 7-7 | 이벤트 보고서 주요 지표 항목

항목(한글)	항목(영문)	설명
총 사용자	Total users	이벤트 기록을 남긴 순 사용자의 수(Engaged event를 발생시켰는지 여부와 상관없음)
사용자당 이벤트 수	Event count per user	총 이벤트 수/총 사용자. 즉 사용자당 발생한 평균 이벤트 수

이벤트 보고서는 획득 보고서와 마찬가지로 상단 그래프 영역과 하단 결과표 영역으로 나눕니다. 먼저 상단 그래프 영역을 살펴보겠습니다.

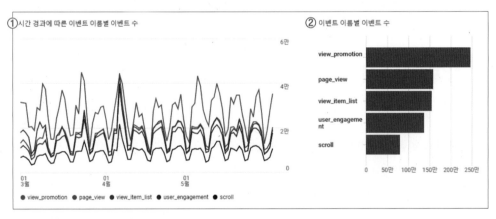

그림 7-67 | 이벤트 보고서 상단 그래프 영역

왼쪽에는 시간 경과에 따른 '이벤트 수'가 시계열 그래프로 표현되고 있습니다. 오른쪽에는 이벤트 이름별로 '이벤트 수'가 막대 그래프로 표현되고 있습니다. 이벤트는 날짜에 따라 진폭과 주기를 갖는 것이 확인됩니다. 특히 view_promotion 이벤트의 진폭이 상당히 큰 것으로 확인됩니다(①).

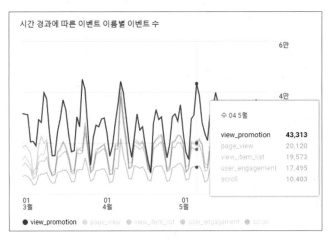

그림 7-68 | view_promotion 이벤트

그림에서 오른쪽 막대 그래프를 보면 '이벤트 수' 역시 view_promotion 이벤트가 상위를 차지하고 있습니다. 그다음으로 page_view, view_item_list가 보이네요(②). 보통 전체 이벤트 중에 전자상거래 이벤트는 적은 비율을 차지합니다. 그래서 기업은 전자상거래 이벤트의 수치, 특히 최종 구매 이벤트인 purchase 이벤트 수치를 높이는 것을 목표로 하는 경우가 많습니다.

하단에는 다음과 같은 분석 결과표가 있습니다. 다른 보고서와 마찬가지로 상단 그래프와 하단 결과표는 상호 연동되어 있습니다.

	이벤트 이름 +	↓ 이벤트 수	총 사용자	사용자당 이벤트 수	총 수익
		10,165,130 총계 대비 100%	360,152 총계 대비 100%	35.89 평균과 동일	$750,529.21 총계 대비 100%
1	view_promotion	2,462,344	137,626	17.92	$0.00
2	page_view	1,577,015	273,378	5.78	$0.00
3	view_item_list	1,546,945	125,651	12.33	$0.00
4	user_engagement	1,365,536	200,512	6.81	$0.00
5	scroll	797,411	179,946	4.44	$0.00
6	experiment_impression	417,765	93,097	4.50	$0.00
7	session_start	410,835	270,193	1.52	$0.00
8	view_item	371,759	87,655	4.25	$0.00
9	first_visit	262,004	259,235	1.01	$0.00
10	predicted_top_spenders	214,951	120,946	23.44	$0.00

그림 7-69 | 이벤트 보고서 하단 결과표 영역

이벤트 보고서에서는 '이벤트 수'와 '총 사용자'가 중요합니다. 분석 결과표를 살펴보면 가장 많이 발생한 이벤트는 view_promotion 이벤트이며 그다음이 page_view 이벤트로 확인됩니다. 다만 '총 사용자'를 살펴보면 view_promotion 이벤트가 page_view 이벤트보다 적습니다. 이것은 '사용자당 이벤트 수(Event count per user)'로도 확인할 수 있는데 view_promotion 이벤트가 17.92%, page_view 이벤트가 5.78%입니다. 사용자들은 view_promotion 이벤트, 즉 프로모션에 상대적으로 높은 관심을 보였다고 생각할 수 있습니다. 따라서 프로모션 전략을 다양화하거나 강화해서 수익을 높이는 것을 고려해 볼 수 있습니다.

이벤트 보고서의 '총 수익(Total revenue)' 항목은 전체 매출을 의미하며, 이를 통해 어떤 이벤트가 얼마나 매출에 기여했는지를 확인할 수 있습니다. 이벤트 보고서 중상단의 페이지당 행 수를 100행으로 늘려 보면(페이지당 행 수: 100 ▼) 총 수익은 전부 purchase 이벤트가 발생시킨 것으로 확인됩니다. 즉 모두 구매 완료 이벤트에서 발생한 수익입니다.

26	purchase		6,123	5,004	1.22	$750,529.21

그림 7-70 | 구매 완료(purchase) 이벤트가 발생시킨 수익

■ 참여도 〉 전환수 보고서

계정	속성 및 앱		보기	
Demo Account	GA4 - Google Merchandise Store		–	
메뉴 경로	보고서 〉 참여도 〉 전환수 (Reports 〉 Engagement 〉 Conversions)		**날짜**	2022/03/01 ~ 2022/05/31

전환수(Conversions) 보고서는 전환 목표로 설정해 놓은 이벤트의 현황 분석을 위한 보고서입니다. 분석가는 전환수 보고서를 통해 전환 현황을 확인할 수 있습니다. 예를 들어 대표적인 전환 이벤트인 purchase 이벤트 현황에 대한 정보, 즉 구매 현황을 전환수 보고서로 확인할 수 있습니다. GA에서 **전환**은 다른 말로 '목표 달성'이라고 생각하면 이해하기 쉽습니다. 분석가가 달성하고자 하는 목표 이벤트가 있다면 해당 이벤트를 '전환 이벤트'로 설정해 놓고, 전환수 보고서를 통해 수시로 달성 현황을 확인할 수 있습니다. 전환 이벤트로 설정하는 방법은 7.6.5절에서 설명합니다.

다음은 전환수 보고서에서 추가적으로 사용하는 지표 항목입니다.

표 7-8 | 전환수 보고서 추가 지표 항목

항목(한글)	항목(영문)	설명
전환	Conversions	사용자가 전환 이벤트를 발생시킨 횟수
이벤트 수익	Event revenue	이벤트가 발생시킨 수익(보통 purchase 이벤트 수익)

전환수 보고서 상단 그래프 영역부터 살펴보겠습니다.

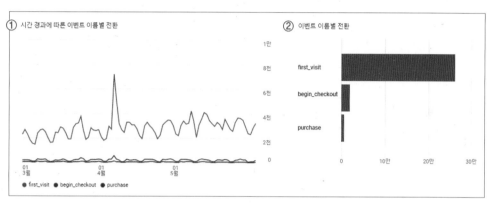

그림 7-71 | 전환수 보고서 상단 그래프 영역

왼쪽에는 '시간 경과에 따른 이벤트 이름별 전환'이 표현되는 시계열 그래프가 있고, 오른쪽에는 '이벤트 이름별 전환' 막대 그래프가 있습니다. 시계열 그래프를 통해 first_visit 이벤트가 가장 높은 수치를 기록하고 있으며, 4월 6일에 가장 많이 발생한 것을 확인할 수 있습니다(①).

오른쪽 막대 그래프를 살펴보면 first_visit 이벤트가 가장 많은 전환을 일으켰습니다. 적은 수치이지만 begin_checkout 이벤트도 확인됩니다(②). 그래프를 통해 이벤트들 중에 first_visit 이벤트, purchase 이벤트, begin_checkout 이벤트가 전환 이벤트로 설정되어 있음을 알 수 있습니다. 하단 결과표를 살펴보겠습니다.

	이벤트 이름 +	↓ 전환	총 사용자	이벤트 수익
		287,951.00 총계 대비 100%	260,493 총계 대비 100%	$750,529.21 총계 대비 100%
1	first_visit	262,004.00	259,235	$0.00
2	begin_checkout	19,824.00	8,850	$0.00
3	purchase	6,123.00	5,004	$750,529.21

그림 7-72 | 전환 보고서 하단 결과표 영역

앞서 그래프 영역에서 살펴본 것과 마찬가지로 first_visit 이벤트가 가장 많은 전환수를 보입니다. purchase 이벤트의 경우 전환수는 적지만, 이벤트 수익(Event revenue)의 전부를 차지하고 있음을 확인할 수 있습니다. 현재 구글 머천다이즈 스토어의 수익은 purchase 이벤트로 발생하지만, 분석가의 설정에 의해 다른 이벤트에서 수익을 할당할 수도 있습니다.

■ 참여도 〉 페이지 및 화면 보고서

계정	속성 및 앱		보기	
Demo Account	GA4 - Google Merchandise Store		-	
메뉴 경로	보고서 〉 참여도 〉 페이지 및 화면 (Reports 〉 Engagement 〉 Pages and screens)		날짜	2022/03/01 ~ 2022/05/31

페이지 및 화면(Pages and screens) 보고서는 웹과 앱의 어떤 페이지를 사용자가 상호 작용했는지 확인할 수 있는 보고서입니다. 이 보고서에서 분석가는 사용자들의 흥미와 관심도를 파악할 수 있습니다. 예를 들어 '10명의 사용자'가 새로 만든 페이지를 얼마나 보았는지, 캠페인 화면에서는 '전환'이 얼마나 발생했는지 등을 확인할 수 있습니다. 이를 통해 분석가는 페이지나 화면의 효과를 측정할 수 있고, 개선 사항을 찾아낼 수 있습니다.

페이지 및 화면 보고서에서 추가적으로 사용하는 지표 항목은 다음 표와 같습니다.

표 7-9 | 페이지 및 화면 보고서 추가 지표 항목

항목(한글)	항목(영문)	설명
조회 수	Views	사용자가 본 앱 화면 또는 웹 페이지 수. 페이지나 화면을 반복해서 조회한 횟수도 집계 포함(screen_view+page_view 이벤트)
사용자당 조회 수	Views per user	사용자당 페이지 조회 수
순 사용자 스크롤	Unique user scrolls	페이지에서 90% 이상 스크롤한 총 순 사용자의 수

페이지 및 화면 보고서의 상단 그래프 영역을 살펴보겠습니다.

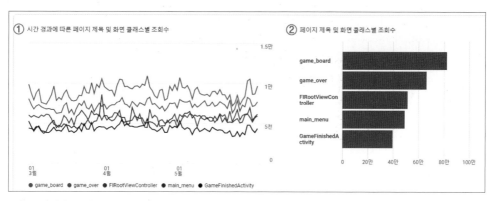

그림 7-73 | 페이지 및 화면 보고서 상단 그래프 영역

왼쪽에는 '시간 경과에 따른 페이지 제목 및 화면 클래스별 조회 수'가 표현되는 시계열 그래프가 있으며, 오른쪽에는 '페이지 제목 및 화면 클래스별 조회 수'가 표현되는 막대 그래프가 있습니다. 왼쪽 그래프를 확인해 보면 가장 높은 조회 수를 차지하는 것은 메인(Home) 페이지이며, 그다음은 장바구니(Shopping Cart) 페이지입니다(①). 메인 페이지는 조회 수가 가장 높으며, 장바구니 페이지는 각 상품 페이지와 연동되어 집계되므로 그다음 조회 수를 차지하는 것을 알 수 있습니다(②). 결과표 영역을 살펴보겠습니다.

	페이지 제목 및 화면 클래스 ▾ +	↓ 조회수	사용자	사용자당 조회수	평균 참여 시간
		1,577,015 총계 대비 100%	283,265 총계 대비 100%	5.57 평균과 동일	1분 50초 평균과 동일
1	Home	262,834	143,268	1.83	0분 33초
2	Shopping Cart	132,231	26,264	5.03	1분 08초
3	Google Online Store	121,544	84,972	1.43	0분 08초
4	Men's / Unisex	Apparel	Google Merchandise Store	71,029	28,944	2.45	1분 11초
5	Sale	Google Merchandise Store	61,285	24,884	2.46	1분 21초
6	New	Google Merchandise Store	40,657	20,085	2.02	1분 20초
7	Apparel	Google Merchandise Store	36,234	22,334	1.62	0분 41초
8	Store search results	31,978	14,293	2.24	0분 34초
9	YouTube	Shop by Brand	Google Merchandise Store	29,776	18,310	1.63	0분 30초
10	Bags	Lifestyle	Google Merchandise Store	29,300	16,293	1.80	0분 39초

그림 7-74 | 페이지 및 화면 보고서 하단 결과표 영역

마찬가지로 Home, Shopping Cart 페이지가 가장 많은 조회 수를 차지하고 있습니다. 다만 장바구니 페이지는 조회 수에 비해 사용자 수가 상대적으로 적게 나타나는데, 일부 사용자만이 장바구니 페이지를 보았다고 생각할 수 있습니다. 그 외에 몇 가지 특이한 지표 항목이

보이는데, '평균 참여 시간(Average engagement time)'은 사용자가 상호 작용했던 시간입니다. Home 페이지가 높은 '조회 수'를 보이는데 반해, '평균 참여 시간'이 낮은 것은 단순히 스쳐 지나는 페이지였을 가능성이 높습니다. 상대적으로 Shopping Cart 페이지의 '평균 참여 시간'이 높은 것은 사용자가 관심을 갖고 해당 페이지에 관여했다는 의미로 생각할 수 있습니다.

앞서 이미지에는 보이지 않지만 '순 사용자 스크롤(Unique user scrolls)'은 사용자가 페이지나 화면에서 90% 이상 스크롤한 총 '순 사용자' 수를 말합니다. 해당 페이지나 화면 콘텐츠에 대해 얼마나 많은 관심을 갖고 있는지를 확인할 때 사용하는 지표입니다. 전환이나 총 수익은 해당 페이지나 화면이 얼마나 지표 항목에 기여했는지로 생각하면 됩니다. 페이지나 화면의 전환 및 수익에 대한 중요도를 가늠할 때 사용됩니다.

 ## 4 수익 창출 보고서

다수 기업의 서비스는 최종적으로 기업 수익과 관련이 있습니다. **수익 창출(Monetization) 보고서**는 전자상거래, 수익, 광고 기여도를 확인할 수 있는 보고서입니다. 수익 창출 보고서를 사용하면 기업이 웹과 앱을 통해 제공한 서비스로부터 발생한 수익과 집행한 광고 기여 수익을 분석할 수 있습니다. **전자상거래 구매(Ecommerce purchases) 보고서**에 대해 알아보겠습니다.

■ **수익 창출 〉 전자상거래 구매 보고서**

계정	속성 및 앱		보기	
Demo Account	GA4 – Google Merchandise Store		–	
메뉴 경로	보고서 〉 수익 창출 〉 전자상거래 구매 (Reports 〉 Monetization 〉 Ecommerce purchases)		날짜	2022/03/01 ~ 2022/05/31

전자상거래 구매 보고서는 전자상거래 이벤트와 관련이 깊습니다. 간단하게 말하면 view_item, add_to_cart 등 전자상거래와 관련된 이벤트들을 집계하여 보여 주는 보고서입니다. 전자상거래 구매 보고서에 추가된 지표 항목은 다음과 같습니다.

표 7-10 | 전자상거래 구매 보고서 지표 항목

항목(한글)	항목(영문)	설명
상품 조회 이벤트	Item views	상품을 조회한 횟수 (=전자상거래 view_item 이벤트 발생 횟수)
장바구니에 추가	Add-to-carts	장바구니에 추가한 횟수 (=전자상거래 add_to_cart 이벤트 발생 횟수)
조회 수 대비 장바구니 추가 비율	Cart-to-view rate	장바구니에 추가/상품 조회 수
전자상거래 구매	Ecommerce purchase	구매를 완료한 횟수 (=전자상거래 purchase 이벤트 발생 횟수)
조회 수 대비 구매 비율	Purchase-to-view rate	구매를 완료한 횟수/상품 조회 수

전자상거래 구매 보고서의 상단 그래프 영역을 살펴보겠습니다.

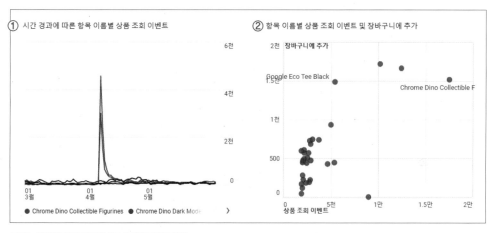

그림 7-75 | 전자상거래 구매 보고서 상단 그래프 영역

왼쪽에는 '시간 경과에 따른 항목 이름별 상품 조회 이벤트'를 표현한 시계열 그래프가 있으며, 오른쪽에는 '항목 이름별 상품 조회 이벤트 및 장바구니에 추가' 수치를 표현한 산점도가 있습니다. 왼쪽 시계열 그래프를 살펴보면 상품 조회 이벤트가 평균적인 흐름을 유지하다가 2022년 4월 6일에 갑자기 급격하게 높아진 것을 확인할 수 있습니다. 관련 상품은 Chrome Dino Collectible Figurines, Chrome Dino Dark Mode Collectible입니다(①).

그림 7-76 | Chrome Dino Collectible Figurines

오른쪽 산점도는 X축으로 '상품 조회 이벤트'를, Y축으로 '장바구니에 추가'를 표현하는 그래프입니다. 산점도는 2차원 평면에서 어떤 항목이 어떤 위치를 차지하고 있는지를 한눈에 살펴보기 좋은 그래프입니다. 상품 조회 이벤트도 많고 장바구니 추가 수치가 높은 것은 역시 같은 상품들인 것을 알 수 있습니다. 2022년 4월 6일 하루만 캘린더에서 조회 기간으로 지정해서 산점도를 확인해 보겠습니다.

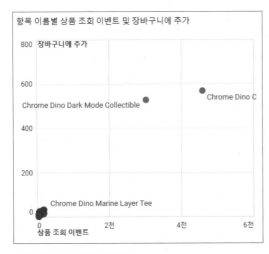

그림 7-77 | 2022년 4월 6일 산점도

역시 Chrome Dino Collectible Figurines, Chrome Dino Dark Mode Collectible 상품이 2022년 4월 6일 당일의 전체 판매를 견인하는 역할을 했다고 생각할 수 있습니다. 다시 **캘린더에서 조회 기간을 2022/03/01 ~ 2022/05/31로 변경**한 뒤 전자상거래 구매 보고서 하단 결과표 영역을 살펴보겠습니다.

항목 이름 ▾ +	상품 조회 이벤트	장바구니에 추가	조회 수 대비 장바구니 추가 비율	전자상거래 구매
	371,759 총계 대비 100%	76,499 총계 대비 100%	25.08% 평균과 동일	6,123 총계 대비 100%
1 Chrome Dino Collectible Figurines	① 17,482	1,516	11.37%	73
2 Chrome Dino Dark Mode Collectible	12,448	1,662	19.41%	1
3 For Everyone Google Tee	10,180	1,717	17.55%	② 276
4	8,978	0	0%	0
5 Google Eco Tee Black	5,387	1,486	35.3%	0
6 Google Campus Bike	5,349	445	8.35%	135
7 Google Classic White Organic F/C Tee	4,979	931	18.89%	176
8 Google Incognito Techpack V2	4,648	427	11.33%	128

그림 7-78 | 전자상거래 구매 보고서 하단 결과표 영역

Chrome Dino Collectible Figurines, Chrome Dino Dark Mode Collectible 상품의 '상품 조회 이벤트'가 가장 많고 '장바구니에 추가' 수치도 높습니다(①). 하지만 '전자상거래 구매(Ecommerce purchases)' 항목을 살펴보면 의외로 실제 판매로 가장 많이 이어진 상품은 For Everyone Google Tee입니다(②). 어떻게 된 걸까요?

'전자상거래 구매'의 ↓ 아이콘을 클릭해서 수치를 내림차순으로 정렬해 보겠습니다.

항목 이름 ▾ +	상품 조회 이벤트	장바구니에 추가	조회 수 대비 장바구니 추가 비율	전자상거래 구매
	371,759 총계 대비 100%	76,499 총계 대비 100%	25.08% 평균과 동일	6,123 총계 대비 100%
1 Chrome Dino Collectible Figurines	17,482	1,516	11.37%	73
2 Chrome Dino Dark Mode Collectible	12,448	1,662	19.41%	1
3 For Everyone Google Tee	10,180	1,717	17.55%	276

그림 7-79 | '전자상거래 구매' 기준으로 내림차순 정렬

'전자상거래 구매' 항목을 클릭했기 때문에 지표 항목에 맞춰 상단 그래프 영역도 본래의 '항목 이름별 상품 조회 이벤트 및 장바구니에 추가(Item views and add to cart)'에서 '항목 이름별 전자상거래 구매 및 상품 조회 이벤트(Ecommerce purchases and items views)'로 변경됩니다.

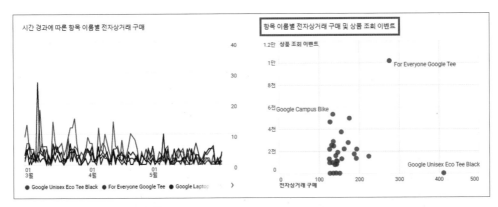

시간 경과에 따른 항목 이름별 전자상거래 구매

항목 이름별 전자상거래 구매 및 상품 조회 이벤트

● Google Unisex Eco Tee Black ● For Everyone Google Tee ● Google Laptop

그림 7-80 | 변경된 상단 그래프 영역 지표 항목

그리고 하단 결과표 영역도 다음처럼 구매 수치가 내림차순으로 정렬됩니다.

	항목 이름 ▾ ＋	상품 조회 이벤트	장바구니에 추가	조회 수 대비 장바구니 추가 비율	전자상거래 구매 ↓
		371,759 총계 대비 100%	76,499 총계 대비 100%	25.08% 평균과 동일	6,123 총계 대비 100%
1	Google Unisex Eco Tee Black	4	22	500%	412
2	For Everyone Google Tee	10,180	1,717	17.55%	276
3	Google Laptop and Cell Phone Stickers	1,529	703	52.57%	224
4	Google Tonal Sweatshirt Stone Gray	2,182	608	34.83%	194
5	Google Vintage Navy Tee	1,343	551	51.79%	193
6	Google Large Tote White	1,739	632	42.26%	188
7	Google Classic White Organic F/C Tee	4,979	931	18.89%	176
8	Google Onyx Water	2,774	726	31.47%	173

그림 7-81 | 내림차순 정렬된 전자상거래 구매 지표 항목

의외의 결과가 나타납니다. 앞서 같은 기간에 대해 '상품 조회 이벤트'가 가장 많은 것은 Chrome Dino Collectible Figurines, Chrome Dino Dark Mode Collectible 상품이었으나 실제로 많이 팔린 것은 Google Unisex Eco Tee Black, For Everyone Google Tee, Google Laptop and Cell Phone Stickers순입니다. 앞서 살펴본 2022년 4월 6일에 많이 팔린 두 상품은, 꾸준히 팔리는 스테디셀링 상품이라기보다는 프로모션이나 할인 상품이었을 것으로 생각할 수 있습니다.

'조회 수 대비 구매 비율(Purchase-to-View rate)' 항목도 확인해 보겠습니다.

항목 이름 ▼	+	상품 조회 이벤트	장바구니에 추가	조회 수 대비 장바구니 추가 비율	전자상거래 구매 ↓	조회 수 대비 구매 비율
		371,759 총계 대비 100%	76,499 총계 대비 100%	25.08% 평균과 동일	6,123 총계 대비 100%	5.72% 평균과 동일
1	Google Unisex Eco Tee Black	4	22	500%	412	9,900%
2	For Everyone Google Tee	10,180	1,717	17.55%	276	3.54%
3	Google Laptop and Cell Phone Stickers	1,529	703	52.57%	224	19.53%
4	Google Tonal Sweatshirt Stone Gray	2,182	608	34.83%	194	12.37%
5	Google Vintage Navy	1,343	551	51.79%	193	21.22%

그림 7-82 | 조회 수 대비 구매 비율 지표 확인

'조회 수 대비 구매 비율'은 전자상거래 구매 사용자 수를, 동일한 제품을 조회한 사용자 수로 나눈 수치입니다. 이 항목의 수치가 높으면 상품을 조회했을 때 구매하는 비율이 높다는 얘기입니다. 즉, 고객이 선호하는 상품이라는 의미가 될 수 있습니다. 결과표를 확인해 보면 앞서 Chrome Dino Collectible Figurines, Chrome Dino Dark Mode Collectible 상품이 아닌 Google Laptop and Cell Phone Stickers 등 다른 상품들의 비율이 높습니다.[21] 프로모션 상품과 스테디셀링 상품의 차이 때문으로 생각할 수도 있습니다. 이처럼 이 보고서를 통해 상품의 수익 현황뿐만 아니라 상품 판매 경향과 특성도 파악할 수 있습니다. 이렇게 함으로서 자사 서비스의 판매와 수익의 현황과 알 수 없었던 사실도 확인할 수 있습니다.

■ 수익 창출 〉 인앱 구매 보고서

계정	속성 및 앱		보기	
Demo Account	GA4 - Google Flood-it!		-	
메뉴 경로	보고서 〉 수익 창출 〉 인앱 구매 (Reports 〉 Monetization 〉 In-app purchases)		날짜	2022/03/01 ~ 2022/05/31

인앱 구매(In-app purchases) 보고서는 웹 사이트가 아닌 앱에서 구매한 내역을 확인하는 보고서입니다.. 따라서 인앱 구매 보고서 실습은 구글 데모 계정의 구글 머천다이즈 스토어 속성이 아닌 플러드잇(GA4 - Google Flood-it!) 속성에서 진행하겠습니다.

---

21 Google Unisex Eco Tee Black의 조회 수 대비 구매 비율이 9,900%로 표현되는 것은 GA4 데모의 데이터 오류입니다.

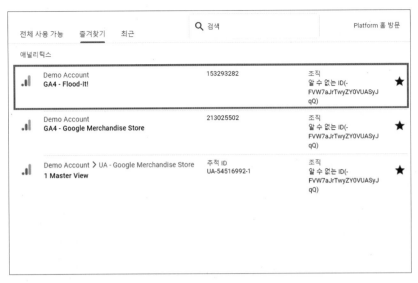

그림 7-83 | GA4 – Google Flood-it! 속성 선택

왼쪽 메뉴 영역에 [게임 보고서(Games reporting)]와 [Life Cycle]로 보고서 영역이 구분되어 있는데, [Life cycle] 영역에서 [인앱 구매] 보고서를 선택해서 확인해 보겠습니다.

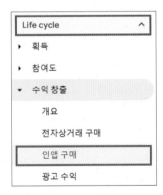

그림 7-84 | Life cycle 영역에서 인앱 구매 보고서 선택

인앱 구매 보고서에 추가된 지표 항목은 다음과 같습니다.

표 7-11 | 인앱 구매 보고서 지표 항목

항목(한글)	항목(영문)	설명
수량	Quantity	판매된 제품 수
제품 수익	Product revenue	인앱 + 전자상거래 + 앱 구독 + 가상 통화 지출
평균 제품 수익	Average product revenue	제품 수익/수량

인앱 구매 보고서의 상단 그래프 영역을 살펴보겠습니다.

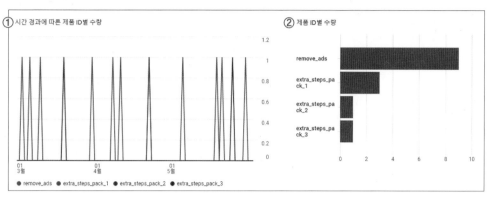

그림 7-85 | 인앱 구매 보고서의 상단 그래프 영역

왼쪽에는 '시간 경과에 따른 제품 ID별 수량' 시계열 그래프가(①), 오른쪽에는 '제품 ID별 수량'의 막대 그래프가 나타납니다. 오른쪽 그래프를 보면 판매 수량이 가장 많은 것은 remove_ads 이벤트입니다(②).

하단 결과표 영역을 살펴보겠습니다.

제품 ID ▾		↓수량	제품 수익	평균 제품 수익
	총계	14 총계 대비 100%	$27.03 총계 대비 100%	$1.93 평균과 동일
1	remove_ads	9	$9.21	$1.02
2	extra_steps_pack_1	3	$3.04	$1.01
3	extra_steps_pack_2	1	$9.79	$9.79
4	extra_steps_pack_3	1	$4.99	$4.99

그림 7-86 | 인앱 구매 보고서의 하단 결과표 영역

마찬가지로 remove_ads 이벤트가 가장 높은 판매 '수량'을 나타내고, extra_steps_pack_2 이벤트가 가장 높은 '제품 수익'을 올렸습니다. 고객들은 광고를 제거하기 위한 remove_ads 제품을 가장 많이 선택했으며, 게임 앱 확장팩으로 추정되는 extra_steps_pack_2가 판매 수량은 적었지만 가장 고가의 제품으로 수익에 기여했음을 알 수 있습니다.

■ 수익 창출 〉 광고 수익 보고서

계정	속성 및 앱	보기
Demo Account	GA4 – Google Flood–it!	–
메뉴 경로	보고서 〉 수익 창출 〉 광고 수익 (Reports 〉 Monetization 〉 Publisher ads)	날짜	2022/03/01 ~ 2022/05/31

광고 수익(Publisher ads) 보고서는 광고를 통해 벌어들인 수익을 확인하는 보고서입니다.

광고 수익 보고서에서 확인할 수 있는 지표 항목은 다음과 같습니다.

표 7–12 | 광고 수익 보고서 지표 항목

항목(한글)	항목(영문)	설명
게시자 광고 노출수	Publisher ads impressions	게시된 광고의 사용자에게 노출된 수
광고 단위 노출 시간	Ad unit exposure	게시된 광고가 사용자에게 노출된 시간
게시자 광고 클릭	Publisher ads clicks	게시된 광고를 사용자가 클릭한 수
총 광고 수익	Total ads revenue	모든 광고 수익의 합계

광고 수익 보고서의 상단 그래프 영역을 살펴보겠습니다.

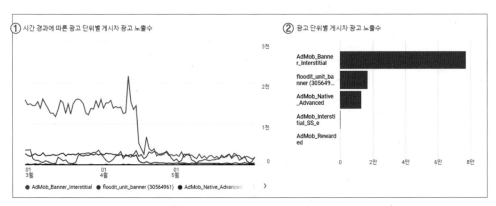

그림 7–87 | 광고 수익 보고서 상단 그래프 영역

왼쪽에는 '시간 경과에 따른 광고 단위별 게시자 광고 노출수' 시계열 그래프가, 오른쪽에는 '광고 단위별 게시자 광고 노출수'에 대한 막대 그래프가 표현됩니다. 이 보고서를 통해 디지털 마케터가 광고를 얼마나 실행했고 얼마나 목표를 달성했는지 효과를 측정할 수 있습니다. 예를 들어 광고 집행을 늘리면 광고의 노출수가 늘게 되고 수익도 연동되어 높아집니다. 다만 광고 노출이 꼭 수익으로 이어지지는 않습니다. 광고 수익 보고서는 광고 집행 전략을 분석할 때 유용하게 활용할 수 있습니다. 왼쪽 시계열 그래프를 살펴보면 AdMob_Banner_Interstitial 광고가 꾸준히 집행되어 노출되다가 2022년 4월 14일을 기점으로 노출수가 급격히 줄어듭니다. 광고 집행 비용을 줄였거나 광고를 중단한 것으로 짐작됩니다(①). 오른쪽 막대 그래프를 살펴보면 AdMob_Banner_Interstitial 광고가 '게시자 광고 노출수'에서 가장 높은 수치를 나타내는 것을 확인할 수 있습니다(②).

하단 결과표 영역을 살펴보겠습니다.

광고 단위 ▼ +	↓게시자 광고 노출수	광고 단위 노출 시간	게시자 광고 클릭	총 광고 수익
총계	107,233 총계 대비 100%	169일 04시간 총계 대비 100%	847 총계 대비 100%	$421.13 총계 대비 100%
1 AdMob_Banner_Interstitial	77,121	94일 07시간	488	$410.63
2 floodit_unit_banner (30564961)	16,646	10일 13시간	342	$1.58
3 AdMob_Native_Advanced	12,856	58일 08시간	5	$1.80
4 AdMob_Interstitial_SS_e	453	2시간 23분	5	$3.82
5 AdMob_Rewarded	150	1시간 25분	7	$3.29
6 AdMob_Banner_ILLTV	6	1시간 14분	0	$0.01
7 AdMob_AppOpen_ILLTV	1	0분 16초	0	$0.00
8	0	5일 15시간	0	$0.00
9 AdMob_Interstitial_ILLTV	0	3분 43초	0	$0.00
10 AdMob_Native_Express	0	2시간 59분	0	$0.00

그림 7-88 | 광고 수익 보고서 하단 결과표 영역

하단 결과표 영역 역시 그래프 영역과 같은 결과를 보여 줍니다. AdMob_Banner_Interstitial 광고가 가장 많은 광고 노출수와 노출 시간을 보여 줍니다. '게시자 광고 클릭(Publisher ads clicks)'과 '총 광고 수익(Total ads revenue)'도 마찬가지입니다. AdMob_Banner_Interstitial 이 전체 광고에서 높은 비중을 차지하는 것을 알 수 있습니다. 하지만 광고 효과 측면에서도 그럴까요? AdMob_Banner_Interstitial 광고는 77,121회 노출되었고 488회 클릭했습니다. 0.63%의 클릭률입니다. floodit_unit_banner(30564961) 광고는 16,646회 노출된 데 비해 342회 클릭했습니다. 즉, 2.05%의 클릭률입니다. floodit_unit_banner(30564961) 광고가 노출 대비 클릭률(CTR, Click-Through Rate) 측면에서는 더 높은 성과를 보였습니다. 이렇게 지표 항목을 비교해 가면서 광고에 대한 효과를 검증할 수 있습니다.

5 유지 보고서

기업 입장에서도 획득한 고객을 계속해서 유지하는 것이 중요합니다. 사용자가 유지되어야 지속적으로 이윤이 창출될 가능성이 높기 때문입니다. 사용자는 한 번만 우리 서비스에 접속했다가 다시는 접속하지 않을 수도 있고, 어떤 이유로 서비스에 계속해서 접속할 수도 있습니다. 이 '어떤 이유'를 분석하여 알아내서 사용자가 계속해서 우리 서비스를 이용하게 하는 것이 분석가의 주요한 역할이기도 합니다.

유지(Retention) 보고서는 사용자가 어떻게 유지되고 있는지 확인할 수 있는 보고서입니다. 유지 보고서를 통해 고객의 유지 상태를 측정하고 자사 서비스의 품질을 가늠해 볼 수 있습니다.

계정	속성 및 앱	보기	
Demo Account	GA4 – Google Flood – it!	–	
메뉴 경로	보고서 〉 유지 (Reports 〉 Retention)	**날짜**	2022/03/01 ~ 2022/05/31

유지 보고서의 가장 상단 그래프부터 확인해 보겠습니다. 먼저 사용자 그래프와 '동질 집단별 사용자 유지(User retention by cohort)' 그래프입니다.

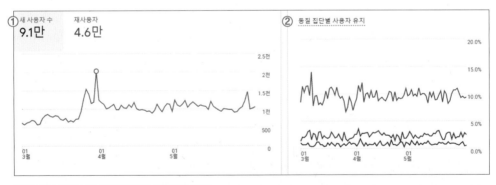

그림 7-89 | 사용자 그래프와 동질 집단별 사용자 유지 그래프

새 사용자(New users)는 웹 사이트 또는 앱을 처음으로 방문하는 사용자를 말합니다. 재사용자(Returning users)는 이미 웹 사이트나 앱을 방문했던 사용자입니다(①). 동질 집단(Cohort)

이란 GA4 측정기준에 따라 식별된 공통의 특징을 지닌 사용자 그룹을 말합니다. 예를 들어 획득 날짜가 동일한 사용자는 모두 같은 동질 집단입니다.

동질 집단별 사용자 유지 그래프는 1번째 일, 7번째 일, 30번째 일을 기준으로 수치가 집계되는데, 1번째 일(day 1)은 사용자가 방문한 다음날(+1일), 7번째 일(day 7)은 방문한 날에서 +7일, 30번째 일(day 30)은 방문한 날에서 +30일을 말합니다. 예를 들어 3월 1일에 사용자 100명이 사이트를 방문합니다. 사용자 중 10명이 3월 2일에 재방문하고, 2명은 3월 8일에 재방문한다면 1번째 일인 3월 2일에 10%가 표시되고 7번째 일인 3월 8일에 2%가 표시됩니다 (②).

다음 동질 집단별 사용자 유지 그래프를 살펴봅시다.

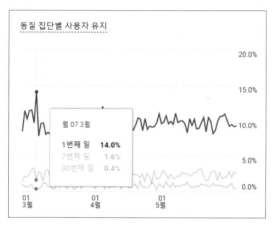

그림 7-90 | 2022년 3월 7일 동질 집단별 사용자 유지 보고서 그래프

예를 들어 3월 7일을 기준으로 살펴보면 1번째 일은 14.0%, 전일 방문했던 새 사용자가 재방문했습니다. 7번째 일은 새 사용자가 1.6% 재방문했습니다. 30번째 일은 새 사용자가 0.4% 재방문했습니다. 시간이 갈수록 재방문 수치는 떨어지게 되는데, 재방문 수치를 높이는 것도 분석가의 목표가 될 수 있습니다.

동질 집단별 사용자 참여(User engagement by cohort)와 사용자 유지(User retention) 그래프를 살펴보겠습니다.

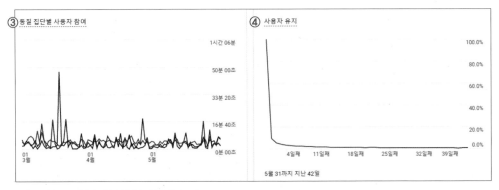

그림 7-91 | 동질 집단별 사용자 참여와 사용자 유지 그래프

동질 집단별 사용자 참여 그래프에는 1번째 일, 7번째 일, 30번째 일에 웹 사이트 또는 앱으로 재방문한 새 사용자의 '평균 참여 시간(average engagement time)'이 표시됩니다. '평균 참여 시간' 계산에는 새 사용자가 재방문한 경우, 즉 재사용자만 대상에 해당합니다(③).

사용자 유지 그래프를 보면 매일 재방문하는 새 사용자의 비율이 표시됩니다. 방문 첫날인 0번째 일에는 100%의 사용자 유지율로 시작해서 사용자가 이탈하는 다음날부터 유지율은 점차 감소하게 됩니다(④).

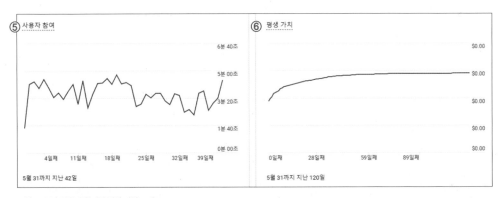

그림 7-92 | 사용자 참여와 평생 가치 그래프

사용자 참여(User engagement) 그래프에는 첫 42일간 재방문한 사용자의 '평균 참여 시간'이 표시됩니다(⑤). 평생 가치(Lifetime value, LTV) 그래프는 개별 새 사용자에 대해 첫 120일간의 평균 수익을 계산해서 보여 줍니다. 이 그래프를 통해 새 사용자의 가치를 판단할 수

있습니다. 예를 들어 어떤 새 사용자가 셔츠를 구매한 후 다음 주에 바지를 구매한 경우, '평생 가치'에는 두 번의 구매가 포함되므로 한 번만 구매한 경우보다 고객 가치가 높아집니다. '평생 가치' 수치는 계산 대상 사용자 전체의 평균입니다(⑥).

6 인구통계 보고서

고객의 수명 주기 관점에서 분석하는 것도 중요하지만, 고객이 어떤 특성을 갖고 있는 고객인지 분석하는 것도 중요합니다. **사용자 보고서**는 사용자의 특성을 분석하는 보고서입니다. 크게 **인구통계(Demographics) 보고서**와 **기술(Tech) 보고서**로 분류할 수 있습니다. 인구통계 보고서부터 알아보겠습니다.

■ 인구통계 > 인구통계 개요 보고서

계정	속성 및 앱		보기	
Demo Account	GA4 – Google Flood – it!		–	
메뉴 경로	보고서 > 인구통계 > 인구통계 개요 (Reports > Demographics > Demographics overview)		**날짜**	2022/03/01 ~ 2022/05/31

인구통계(Demographics) 보고서에는 인구통계 개요(Demographics Overview) 보고서와 인구통계 세부정보(Demographics Detail) 보고서가 있는데, 인구통계 세부정보 보고서는 앞서 살펴보았던 획득, 참여도, 수익 창출 보고서와 마찬가지로 상단 그래프, 하단 결과표로 구성되어 있으며, 분석하는 방법도 동일합니다. 인구통계 개요 보고서를 살펴보겠습니다.

인구통계 개요 보고서는 우리 서비스에 접속한 사용자들의 인구통계학적 정보를 확인할 수 있는 보고서입니다. 이 보고서를 통해 우리 서비스에 접속한 사용자의 국가, 도시, 성별, 흥미도, 나이, 언어 등을 확인할 수 있습니다.

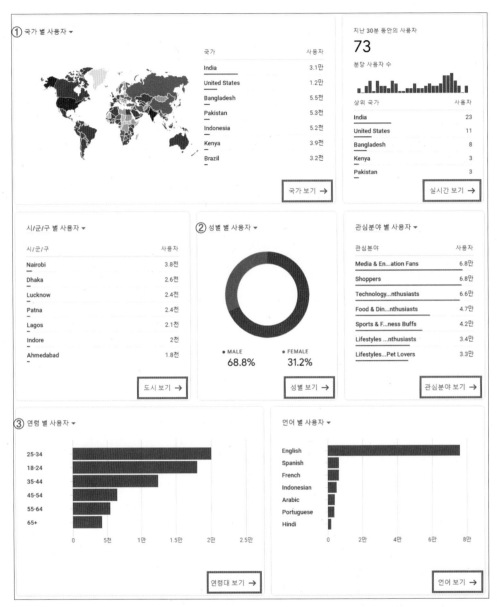

그림 7-93 | 인구통계 개요 보고서

이 보고서를 보면 플러드잇 앱에 가장 많이 접속한 사용자들의 국가는 인도이며 그다음이 미국, 방글라데시순인 것을 확인할 수 있습니다(①). 성별은 남자가 68.8%이며(②), 나이는 25-34세가 가장 많은 것으로 확인됩니다(③).

각 그래프의 하단의 '보기 기준'을 클릭하면(상자 표시) 해당 측정기준에 따른 **인구통계 세부정보 보고서**가 나타납니다. 다음은 [국가 보기(국가 보기 →)]를 클릭했을 때의 인구통계 세부정보 보고서입니다.

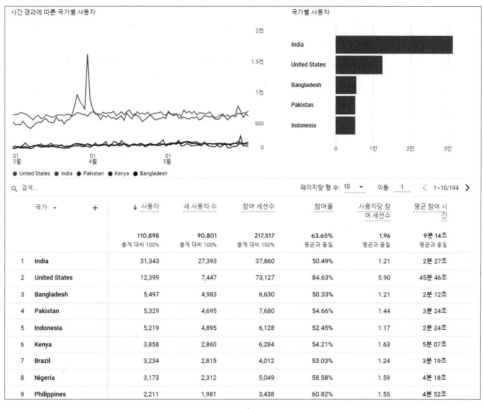

그림 7-94 | 국가 측정기준 인구통계 세부정보 보고서

국가 측정기준을 기준으로 상세 분석 현황이 나타나는 것을 확인할 수 있습니다.

7 기술 보고서

기술(Tech) 보고서는 인구통계 보고서와 마찬가지로 우리 서비스에 접속한 사용자의 플랫폼, 운영 체계, 기기 카테고리, 브라우저 등을 확인할 수 있는 보고서입니다. 사용법은 인구통계 보고서와 동일합니다. **기술 개요(Tech overview) 보고서**를 확인해 보겠습니다.

■ 기술 〉 기술 개요 보고서

계정	속성 및 앱	보기
Demo Account	GA4 – Google Flood – it!	–
메뉴 경로	보고서 〉 기술 〉 기술 개요 (Reports 〉 Tech 〉 Tech overview)	**날짜** 2022/03/01 ~ 2022/05/31

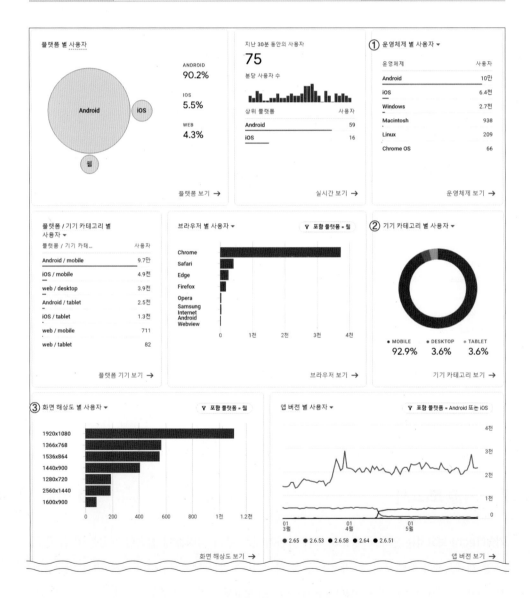

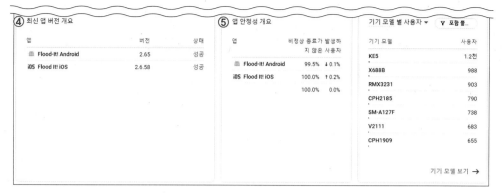

그림 7-95 | 기술 개요 보고서

사용자가 가장 많이 사용하는 '운영체제'는 Android(10만)인 것으로 확인됩니다(①). '기기 카테고리'는 Mobile이 92.9%(②), '화면 해상도'는 1920x1080이 가장 높은 수치를 보이고 있습니다(③). 특이한 것으로 '최신 앱 버전 개요'(④)와 '앱 안정성 개요'(⑤)가 있는데, GA4를 통해 앱에 대한 관리 정보도 확인할 수 있습니다.

잠깐만요

라이브러리: 분석가 마음대로 구성하는 맞춤 설정 보고서

GA4는 분석가 마음대로 기본 보고서의 구성을 바꿀 수 있는 라이브러리 기능을 제공합니다. GA4의 기본 보고서를 활용하기 어렵다면, 기본 보고서를 맞춤 설정할 수 있는 라이브러리 기능을 사용하는 것이 좋습니다. 라이브러리는 GA4 메뉴 영역 하단에 위치하며, GA4 편집 권한이 있는 경우에만 접근할 수 있습니다.[22]

그림 7-96 | 라이브러리

↻ 계속

---

22 우리가 실습하고 있는 구글 머천다이즈 스토어에서는 접근 권한이 없어 라이브러리 기능이 동작하지 않습니다. 다만 여러분이 열람 가능한 GA4에 편집 권한이 있다면 라이브러리 접근이 가능합니다.

라이브러리 기능을 사용하면 GA4의 메뉴 영역 화면에 분석가만의 보고서 주제 영역(컬렉션이라 부릅니다)을 만들거나(①), 새로운 보고서를 만들거나(②), GA4에서 기본 제공하는 보고서의 구성을 입맛에 맞게 바꿔서 저장할 수 있습니다(③).

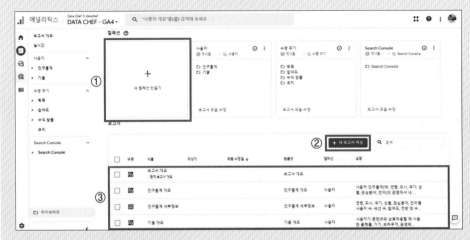

그림 7-97 | 라이브러리 처음 화면

예를 들어 다음 그림은 [보고서 > 보고서 개요]를 클릭하면 나오는 화면 구성입니다. 오른쪽의 '보고서 맞춤 설정' 기능을 통해 '카드'(항목)을 빼거나 추가해서 '보고서 개요'의 구성을 바꿔서 다시 저장할 수 있습니다.

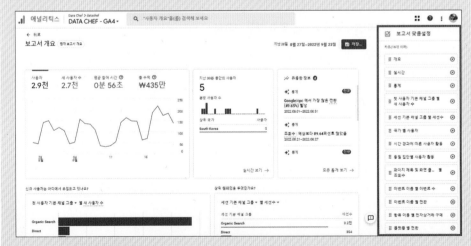

그림 7-98 | 보고서 개요 화면 구성 바꾸기

7.6   GA4 주요 개념과 기능 알아보기

GA4는 UA의 개념과 기능의 많은 부분을 이어받았으며, 한편으로는 이벤트 중심 구조에 맞춰 주요 개념과 기능이 변화되었습니다. 이번 장에서는 GA4의 주요 개념과 기능에 대해 알아보겠습니다.

1   잠재고객: 우리 서비스의 고객 분류해서 수집하기

애널리틱스 계정	속성 및 앱	보기	
Demo Account	GA4 – Google Merchandise Store	–	
메뉴 경로	관리 〉 속성 〉 잠재고객 (Admin 〉 Property 〉 Audiences)	날짜	2022/03/01 ~ 2022/05/31

GA4에는 세그먼트와 유사한 개념의 잠재고객(Audience)을 생성할 수 있습니다. 잠재고객이란 분석가가 정한 기준에 따라 사용자를 분류해서 수집한 것을 말하며, 목표를 달성하는 데 도움이 될 수 있는 사용자 트래픽입니다.

잠재고객은 원래 뜻인 오디언스, 즉 '우리 서비스를 구독하는 청중'이라는 의미로 해석하면 더 이해하기 쉽습니다. 그러면 세그먼트[23]와 잠재고객의 차이는 무엇일까요? 세그먼트와 잠재고객의 가장 중요한 차이는 데이터를 소급해서 수집하느냐 설정하는 시점부터 수집하느냐, 즉 과거 데이터에 대해서까지 적용 가능한지 여부입니다. 즉, 세그먼트는 과거 데이터를 모두 포함할 수 있는 반면, 잠재고객은 분석가가 설정한 시점 이후의 데이터만을 분류해서 수집합니다.

---

23 GA4의 세그먼트는 탐색(Explore) 분석에서 주로 생성합니다.

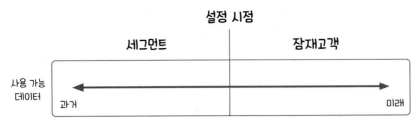

그림 7-99 | 잠재고객과 세그먼트

잠재고객은 구글 제품군과 연계해서 디지털 마케팅 활동에 사용될 수 있습니다. 또한, 잠재고객은 세그먼트, 리마케팅, 보고서 측정기준으로 사용할 수도 있습니다.

GA4에서는 모든 사용자 또는 구매자를 기본 잠재고객으로 만듭니다. 잠재고객은 속성별로 100개까지 만들 수 있으며, 만약 100개 이상의 잠재고객을 만들어야 한다면 사용 빈도가 떨어지는 잠재고객은 보관 처리한 뒤(48시간 후에 삭제됨) 새로 만들면 됩니다.

먼저 구글 머천다이즈 스토어를 기준으로 잠재고객에 대해 알아보겠습니다. 잠재고객을 확인하려면 왼쪽 메뉴의 [관리]를 선택한 후 [속성 〉 잠재고객]을 클릭합니다.

그림 7-100 | [잠재고객] 메뉴 선택

그러면 다음과 같이 분석가가 설정한 잠재고객 목록을 확인할 수 있습니다. 페이지당 행 수를 25행으로 늘리고 스크롤을 내립니다.

Likely 7-day purchasers	Users who are likely to make a purchase in the next 7 days.	19,595	↑ 5.5%	2021. 8. 25.
Likely 7-day churning users	Active users who are likely to not visit your property in the next...	2,769	↓ 20.8%	2021. 8. 20.
Android Viewers	Those that have viewed Android products	4,487	↓ 3.2%	2020. 11. 5.
Campus Collection Category Viewers	Those that have viewed the campus collection category page	3,497	↑ 26.6%	2020. 11. 5.
Engaged Users	Users that have viewed > 5 pages	54,841	↑ 8.5%	2020. 10. 6.

	Likely 7-day purchasers	Users who are likely to make a purchase in the next 7 days.	19,595	↑ 5.5%	2021. 8. 25.	
	Likely 7-day churning users	Active users who are likely to not visit your property in the next...	2,769	↓ 20.8%	2021. 8. 20.	
	Android Viewers	Those that have viewed Android products	4,487	↓ 3.2%	2020. 11. 5.	
①	Campus Collection Category Viewers	Those that have viewed the campus collection category page	3,497	↑ 26.6%	2020. 11. 5.	③ ⋮
	Engaged Users	Users that have viewed > 5 pages	54,841	↑ 8.5%	2020. 10. 6.	
	Added to cart & no purchase	Added an item to the cart but did not purchase	22,218	↑ 45.0%	2020. 9. 18.	
②	Purchasers	Users that have made a purchase	5,266	↓ 6.3%	2020. 9. 18.	

그림 7-101 | 설정된 잠재고객 목록

이 중에서 Campus Collection Category Viewers라는 이름의 '잠재고객'을 살펴보면 Campus Collectin Category 제품을 확인한(viewed) 사용자라고 되어 있습니다(①). 즉, 이 잠재고객은 특정 카테고리 제품에 대해 관심을 보인 고객입니다. 따라서 분석가의 의도에 따라 향후 연관 카테고리 할인 등의 프로모션 대상으로 삼을 수 있습니다. 또 Purchasers라는 잠재고객을 살펴보면 제품을 구입한 사용자라고 되어 있습니다(②). 이 잠재고객은 제품을 구입했으므로 향후 교차 판매 대상으로 하거나 충성 고객군으로 분류하여 관리할 수도 있습니다. '잠재고객' 항목을 클릭하면 예를 들어 Campus Collection Category Viewers 항목의 경우 다음과 같이 해당 잠재고객의 '사용자', '참여 세션 수', '전환' 등의 상세한 정보를 확인할 수 있습니다.

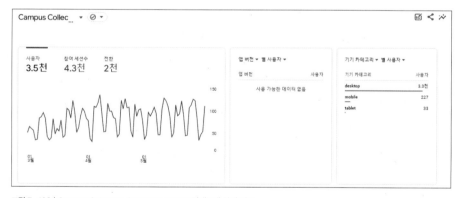

그림 7-102 | Campus Collection Category Viewers 잠재고객 상세 정보

Campus Collection Category Viewers 잠재고객에 대한 설정을 상세하게 살펴보려면 그림 7-101처럼 항목 오른쪽에 설정 아이콘(⋮)을 클릭한 뒤(③), [보기(👁 보기)]를 클릭합니다. 그러면 다음과 같은 상세 설정 화면이 나타납니다.

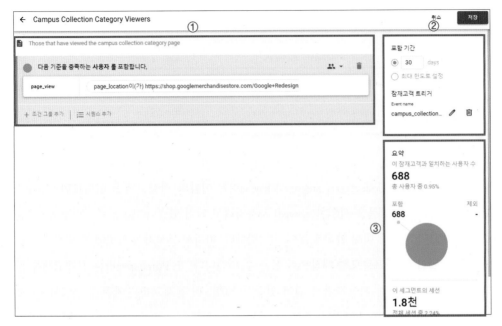

그림 7-103 | Campus Collection Category Viewers 설정 화면

① **잠재고객 설정:** 잠재고객을 분류하는 기준을 설정하는 영역입니다. Campus Collection Category Viewers 잠재고객 항목은 page_view에 page_location 조건이 https://shop. googlemerchandisestore.com/Google+Redesign/Campus+Collection에 해당하는 경우에 수집하도록 설정되어 있습니다.

② **포함 기간:** 잠재고객으로 분류하여 수집하는 기간을 설정하는 영역입니다. Campus Collection Category Viewers 잠재고객 항목은 설정 일자 이후로 30일 내 사용자를 수집하고 campus_collection_user 이벤트 발동 시 수집하도록 설정되어 있습니다.

③ **잠재고객 요약:** 분류된 잠재고객의 수와 전체 세션 중에 몇 %가 잠재고객으로 분류되어 수집될 수 있는지를 확인할 수 있습니다. 유의할 점은 잠재고객 요약에서 보여 주는 수치는 과거 데이터를 기반으로 하는 최종 수집 예측치라는 것입니다.

이처럼 잠재고객을 설정해 두면 다양한 형태의 디지털 마케팅과 CRM(Customer Relationship Management) 캠페인을 위한 원천 데이터로 활용할 수 있습니다. 다만, 구글 머천다이즈 스토어의 잠재고객은 데모용이기 때문에 독자들이 설정을 직접 수정할 수 없는데, 잠재고객 생성은 캠페인 실습과 함께 8장에서 진행하겠습니다.

2 전자상거래: 전자상거래 이벤트 수집하기

GA4는 이커머스, 즉 전자상거래 분석을 목적으로 하는 분석 도구입니다. GA4는 전자상거래 현황을 종합적으로 분석할 수 있는 보고서와 지표를 제공합니다. GA4의 보고서와 지표는 웹 사이트나 앱에서 전자상거래 데이터를 전달받아서 표현합니다. 전자상거래 데이터는 GA4가 미리 정해 놓은 이벤트 형태로 수집되는데, 미리 정해 놓은 발동 조건의 수집 코드를 미리 웹 사이트나 앱에 적용해야 합니다. 이렇게 전자상거래 이벤트는 GA4가 미리 정해 놓은 이벤트 형식에 의해 발동되므로 '추천 이벤트'에 해당합니다. 전자상거래 이벤트는 앞서 살펴본 UA와도 동일한 방식으로 작동합니다. 다만 데이터 수집 세부 항목이 다소 바뀌었습니다.

다음 그림은 전자상거래 구매 단계에 따른 데이터 수집 예입니다. 웹이나 앱에 수집 코드가 적용되면 단계에 맞는 이벤트 발동 조건에 의해 데이터가 수집됩니다.

그림 7-104 | 전자상거래 구매 단계에 따른 데이터 수집

예를 들어 사용자가 상세 제품을 보면 view_item 이벤트가 발동하고, 장바구니에 담으면 add_to_cart 이벤트가 발동하고, 결제가 시작되면 begin_checkout 이벤트가 발동하고, 결제가 완료될 때는 purchase 이벤트가 발동하는 식입니다. GA4는 이런 이벤트들을 수집하고 저장해서 분석가에게 보여 줍니다.

GA4에 정의된 대표적인 전자상거래 이벤트는 다음과 같습니다. 4.3.2절에서 살펴봤던 UA 전자상거래 유형과도 비교해 보겠습니다.

표 7-13 | GA4 전자상거래 이벤트 유형

GA4 이벤트 유형	대응하는 UA 유형	설명
view_promotion	promoView	프로모션을 보았을 때 수집
select_promotion	promoClick	프로모션이 클릭되었을 때 수집
view_item_list	impressions	제품 리스트 페이지(PLP)에 접속했을 때 노출된 제품 데이터 수집
select_item	click	제품 리스트 페이지(PLP)에서 클릭한 제품 데이터 수집
view_item	detail	제품 상세 페이지를 보았을 때 제품 데이터 수집
add_to_cart	add	제품을 장바구니에 추가했을 때 데이터 수집
add_to_wishlist	N/A	찜하기에 추가했을 때 수집
remove_from_cart	remove	제품을 장바구니에서 제거했을 때 데이터 수집
view_cart	N/A	장바구니를 조회할 때 수집
begin_checkout	checkout	결제 프로세스가 시작될 때 수집
add_shipping_info	checkout_option	배송 정보를 제출할 때 수집
add_payment_info	checkout_option	결제 정보를 제출할 때 수집
purchase	purchase	제품을 결제했을 때 데이터를 수집
refund	refund	제품을 환불했을 때 데이터를 수집

view_item(제품 보기) 이벤트를 예로 전자상거래 데이터 수집 원리를 알아보겠습니다.

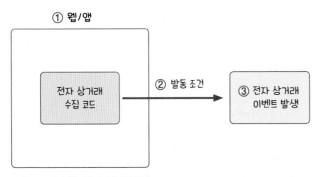

그림 7-105 | 전자상거래 데이터 수집 원리

① 사용자가 제품 상세 페이지를 보았을 때 제품 보기 이벤트가 수집되려면, 제품이 보이는 화면에 다음과 같은 수집 코드가 웹이나 앱에 삽입되어 있어야 합니다. 이벤트별 수집 코드에는 item_name, item_id, price 등 수집할 수 있는 항목인 매개변수들이 미리 정해져 있습니다. 다음은 제품 보기를 했을 때 발동하는 view_item 이벤트의 전자상거래 수집 코드 예입니다.

```
window.dataLayer = window.dataLayer || [];
window.dataLayer.push({
  event: 'view_item',    ─ 이벤트 이름
  ecommerce: {
    items: [{
      item_name: 'Finnish magical parka',    ─ 전자상거래 매개변수와 값들
      item_id: 'mp1122',
      price: '31.10',
      item_brand: 'PARKA4LIFE',
      item_category: 'Apparel',
      item_category2: 'Coats',
      item_category3: 'Parkas',
      item_category4: 'Unisex',
      item_variant: 'Navy blue',
      quantity: '1'
    }]
  }
});
```

② 수집 코드는 사용자가 제품 상세 보기를 한다는 조건일 때 작동합니다. 수집 코드에 담겨 있는 변수 내용대로(item_name은 'Finnish magical parka'라는 식으로) view_item이라는 이벤트 이름과 함께 관련된 정보들이 GA4로 전송됩니다.

③ GA4는 ②의 전자상거래 정보를 받아서 GA4 속성에 이벤트 형태로 저장됩니다. 이 말은 전자상거래 이벤트 개수가 사용자에 의한 전자상거래 행동의 개수라는 의미이기도 합니다. 즉, view_item 이벤트 개수는 '상품 조회 수'가 됩니다.

항목 이름 ▼ +	상품 조회 이벤트 ↓	장바구니에 추가
	371,759 총계 대비 100%	76,499 총계 대비 100%
1 Chrome Dino Collectible Figurines	17,482	1,516
2 Chrome Dino Dark Mode Collectible	12,448	1,662
3 For Everyone Google Tee	10,180	1,717
4	8,978	0
5 Google Eco Tee Black	5,387	1,486
6 Google Campus Bike	5,349	445
7 Google Classic White Organic F/C Tee	4,979	931
8 Google Incognito Techpack V2	4,648	427
9 Chrome Dino Marine Layer Tee	3,737	737

그림 7-106 | 상품 상세 보기 이벤트 집계(상품 조회 이벤트)

이렇게 적재된 데이터를 분석가는 GA4를 사용해 분석합니다. ①이나 ②의 단계는 개발 요소이기 때문에 개발자의 도움이 필요할 수 있습니다.

나머지 전자상거래 이벤트도 모두 같은 원리입니다. 모든 전자상거래 유형의 데이터를 수집할 필요는 없습니다. 서비스에 따라 구매 단계가 다소 다를 수 있으므로 자신의 서비스에 필요한 구매 단계의 수집 코드를 적용하면 됩니다.[24]

3 사용자 속성: 사용자 수준의 정보

사용자 속성이란 사용자 수준의 데이터 범위를 말합니다. 즉, '사용자 속성'에는 구글이 수집하는 각종 인구통계 데이터, 관심사 정보, 지역 정보, 마케팅 동의 여부 등의 사용자 수준의 정보가 포함됩니다. '사용자 속성'은 앞서 우리가 3장에서 배운 계정 - '속성'과는 다른 개념입니다. 앞서 살펴보았던 GA4의 구조를 다시 살펴봅시다.

---

24 구매 행위에 따른 GA4 전자상거래 수집 코드에 대해 자세히 알고 싶다면 구글에서 'GA4 ecommerce'로 검색하거나 https://developers.google.com/analytics/devguides/collection/ga4/set-up-ecommerce 페이지를 참조합니다.

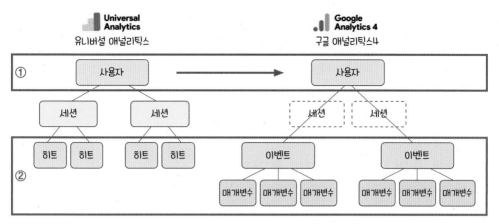

그림 7-107 | GA4 구조

'사용자 속성'은 사용자에 대응하는 수준의 측정기준 범위입니다. 예를 들어 사용자의 연령, 성별, 언어, 국가, 관심사, 회원 등급 등 사용자를 대표하는 정보가 사용자 속성입니다(①).

이벤트 속성[25]은 사용자 속성보다 하위의 (사용자가 발생시킨) 이벤트 수준에 해당하는 측정기준 범위를 말합니다. 예를 들어 페이지 뷰, 스크롤, 비디오 시작 등이 이벤트 속성입니다(②).

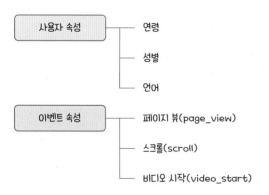

그림 7-108 | 측정기준 범위

사용자 속성은 UA의 사용자 범위(user scope)에 대응하며, 이벤트 속성은 UA의 이벤트 히트 범위(hit scope)에 대응합니다. 범위(scope)는 앞에서도 이야기했듯이 측정기준이 담는 정보의 수준을 말합니다. 따라서 '사용자 속성'에서 속성이라는 단어를 '범위 수준'이라고 말을 바꾸면 이해하기 쉽습니다.

---

25 이벤트 속성이라는 용어는 구글 문서에 공식적으로는 없는 용어이지만 사용자 속성과 구분해서 설명하기 위해 제가 임의로 명명했습니다.

이런 범위의 구분이 중요한 이유는 보고서를 제작할 때 사용자인지 이벤트인지 어떤 범위인지에 따라 조합할 수 있는 측정기준과 측정항목이 다르고, 또 어떤 조합이냐에 따라 수치가 달라질 수 있기 때문입니다. 다음에 배울 맞춤 측정기준을 설정할 때에도 범위를 필수로 설정하게 됩니다.

 4 맞춤 측정기준: 분석가의 측정기준

애널리틱스 계정	속성 및 앱		보기	
datachef	DATA CHEF – GA4[26]		–	
메뉴 경로	관리 〉 속성 〉 맞춤 정의 (Admin 〉 Property 〉 Custom definitions)		**날짜**	2022/03/01 ~ 2022/05/31

GA4는 이벤트 중심으로 동작합니다. 따라서 UA에서는 별도 기능으로 구분되어 설정했던 **맞춤 측정기준**도, GA4에서는 이벤트의 매개변수에 대해 맞춤 측정기준으로 설정해서 분석하게 바뀌었습니다.

맞춤 측정기준은 **커스텀 디멘션(custom dimension)**이라고도 불리는데, GA가 사전 정의해서 제공하는 기본 측정기준이 아닌 분석가가 자율적으로 제작한 측정기준을 말합니다. 분석가가 맞춤 측정기준을 설정하면 분석가의 의도에 따라 추가적인 분석을 할 수 있게 됩니다.

우리는 앞서 7.3.5절에서 맞춤 이벤트 Click – All Button을 만들면서 click_button 매개변수를 설정했습니다. 예를 들어 분석가는 Click – All Button 이벤트에 대한 보조 측정기준으로 click_button의 이벤트 수를 확인하고 싶을 수 있습니다. 하지만 현재 기준에서 이벤트 보고서 등에서 보조 측정기준 추가 아이콘을 눌러(⊞) 보조 측정기준을 추가해도 click_button이 나타나지 않아 선택할 수 없습니다.

---

26 이 절의 내용은 권한이 있는 본인 계정이나 앞서 실습으로 만든 [모두의GA 〉 모두의GA_속성 – GA4]에서 진행해야 합니다. 저는 제 계정인 [datachef 〉 DATA CHEF – GA4]를 기준으로 설명합니다.

그림 7-109 | 참여도 〉 이벤트 보고서에서 보조 측정기준으로 나타나지 않는 click_button 매개변수

이것은 Click - All Button 이벤트와 click_button 매개변수는 맞춤 이벤트와 맞춤 매개변수이며, GA4에 사전 정의된 자동 수집 이벤트와의 매개변수가 아니기 때문에, 보조 측정기준으로 나타나지 않는 것입니다. 한마디로 GA4가 인식하지 못하는 측정기준이라는 의미입니다.

따라서 맞춤 이벤트 Click - All Button의 click_button 맞춤 매개변수를 보조 측정기준으로 사용하고 싶다면 GA4의 맞춤 측정기준으로 등록해야 합니다.

매개변수를 맞춤 측정기준으로 등록하려면 메뉴 영역의 [관리 〉 속성 〉 맞춤 정의]를 클릭합니다.

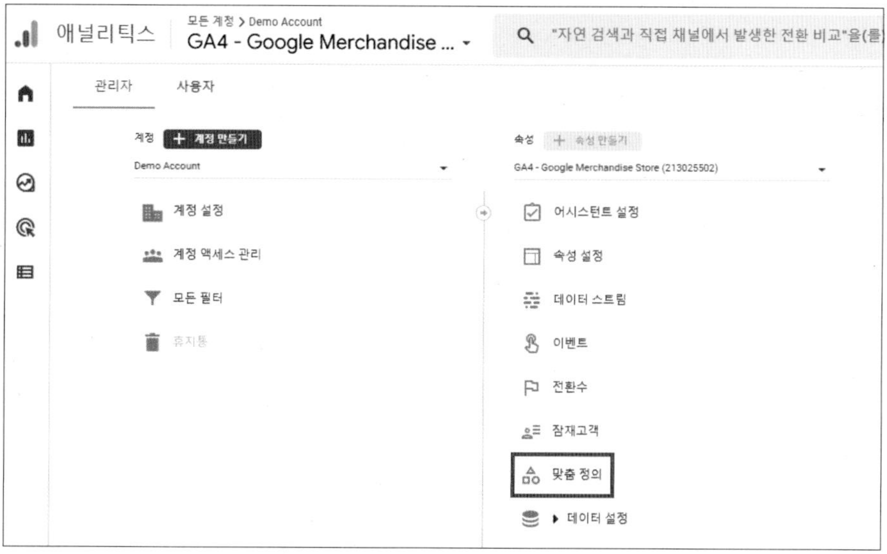

그림 7-110 | [맞춤 정의] 클릭

그러면 맞춤 정의 화면이 나타납니다. 이 화면에서 맞춤 측정기준과 맞춤 측정항목을 등록할 수 있습니다. 우리는 맞춤 측정기준을 등록할 것이므로 오른쪽의 [맞춤 측정기준 만들기] 버튼을 클릭합니다.[27]

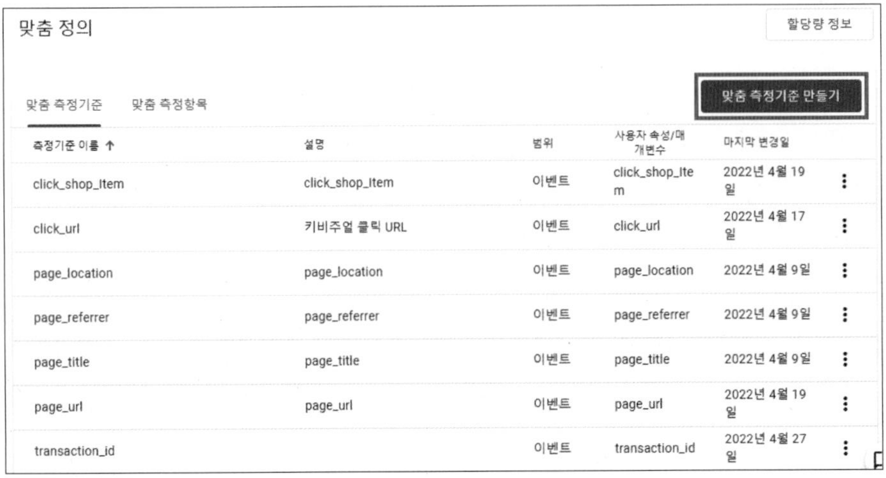

그림 7-111 | 맞춤 측정기준 만들기 클릭

그러면 새 맞춤 측정기준 화면이 열립니다.

그림 7-112 | 새 맞춤 측정기준 화면

---

27 사용자 측정항목인 맞춤 측정항목 등록도 이 절의 과정과 유사하게 진행하면 됩니다.

다음과 같이 입력합니다.

① **측정기준 이름:** 표현될 측정기준 이름입니다. 'click_button'이라고 입력합니다.

② **범위:** 범위에는 '사용자'와 '이벤트'가 있는데, 만들려는 맞춤 측정기준은 클릭, 즉 이 벤트 수준이므로 '이벤트'를 선택합니다. '사용자'는 앞서 배운 '사용자 속성'을 말합니다. '이벤트'는 '이벤트 속성'을 말합니다.

③ **설명:** 맞춤 측정기준에 대한 설명입니다. 'Click – All button의 click_button'이라고 입력해 누구나 알아볼 수 있게 설명을 입력합니다.

④ **이벤트 매개변수:** 사용하겠다고 지정할 매개변수를 말합니다. 'click_button'을 입력합니다

정확하게 입력하고 저장하면 다음 그림처럼 새로운 맞춤 측정기준인 click_button이 나타납니다.

그림 7-113 | 맞춤 측정기준 click_button 등록 완료

이렇게 등록했다고 해서 바로 맞춤 측정기준을 사용할 수 있는 것은 아닙니다. GA4에 등록되기까지는 최대 48시간 정도가 걸립니다. 48시간이 지났다면 [보고서 〉 참여도 〉 이벤트] 보고서에서 하단 분석 영역의 이벤트 검색창에 'Click – All button'을 입력한 뒤 엔터키를 누릅니다.

그림 7-114 | 검색창에서 Click – All button 이벤트 검색

그러면 Click – All button 이벤트만 출력됩니다.

Q Click - All button ⊗				페이지당 행 수: 10 ▼ 1~1/1
이벤트 이름 +	↓ 이벤트 수	총 사용자	사용자당 이벤트 수	총 수익
	547	148	3.70	₩0
	총계 대비 0.79%	총계 대비 1.79%	평균 대비 -55.58%	
1 Click - All Button	547	148	3.70	₩0

그림 7-115 | Click – All button 이벤트만 출력

이 상태에서 보조 측정기준을 추가해 보겠습니다

보조 측정기준 추가 아이콘(⊞이벤트 이름)을 클릭해서 click_button 맞춤 측정기준을 입력하면
앞에서는 나타나지 않던 click_button 맞춤 측정기준이 나타납니다. click_button 맞춤 측정
기준을 클릭합니다.

그림 7-116 | click_button 맞춤 측정기준 입력

click_button이 보조 측정기준으로 설정되면서, 다음 그림처럼 click_button 기준의 '이벤트
수'를 집계할 수 있게 됩니다.

	이벤트 이름	click_button ▾ ×	↓ 이벤트 수	총 사용자	사용자당 이벤트 수	총속
			547 총계 대비 0.79%	148 총계 대비 1.79%	3.70 평균 대비 -55.58%	
1	Click - All Button	(not set)	190	71	2.68	
2	Click - All Button	장바구니	75	11	6.82	
3	Click - All Button	목록	59	49	1.20	
4	Click - All Button	결제하기	43	13	3.31	
5	Click - All Button	관리	38	11	3.45	
6	Click - All Button	주문하기	31	10	3.10	
7	Click - All Button	구매하기	22	12	1.83	
8	Click - All Button	홈으로	21	8	2.63	
9	Click - All Button	네이버로 시작하기	13	13	1.00	
10	Click - All Button	가입하기	9	8	1.13	

검색창: Click - All button | 페이지당 행 수: 10 | 이동: 1 | < 1~10/31 >

그림 7-117 | 보조 측정기준 추가로 추가된 click_button 매개변수

보고서를 보면, 맞춤 측정기준으로 설정한 click_button 중에서 'not set(데이터 정의 없음)'을 제외하고 사용자들이 '장바구니' 버튼을 가장 많이 누른 것을 확인할 수 있습니다. 이렇게 분석가는 맞춤 측정기준을 설정해서 추가적인 분석을 할 수 있습니다. 맞춤 측정기준은 GA4 스탠다드 버전에서 '사용자 범위'로 최대 25개, '이벤트 범위'로 최대 50개까지 설정할 수 있습니다.

5 전환 이벤트: 목표 설정하기

애널리틱스 계정	속성 및 앱	보기	
Demo Account	GA4 - Google Merchandise Store	–	
메뉴 경로	관리 〉 속성 〉 이벤트 (Admin 〉 Property 〉 Events)	날짜	2022/03/01 ~ 2022/05/31

GA4는 데이터의 측정이 이벤트를 통해서 이루어지기 때문에 전환도 이벤트를 기준으로 설정합니다. **전환(컨버전, conversion)**은 분석가가 정한 목표를 얼마나 달성했는지를 나타냅니다. **전환 이벤트**는 전환 목표로 지정한 이벤트를 말합니다. 예를 들어 새로운 사용자들이 많

이 방문하는 것이 목표라고 하면 first_visit 이벤트를 전환 이벤트로 설정할 수 있고, 사용자들의 결제가 목표라고 하면 purchase 이벤트를 전환 이벤트로 설정할 수 있습니다. 이벤트를 전환 이벤트로 설정하면 전환수를 한눈에 볼 수 있을 뿐만 아니라, 연관된 다양한 보고서에서 전환에 대한 정보를 함께 확인할 수 있습니다.

전환 이벤트를 설정하려면 GA4 메뉴 영역 왼쪽 하단의 [관리]를 클릭한 뒤(①) [속성 〉 이벤트]를 클릭합니다(②).

그림 7-118 | [이벤트] 메뉴 선택

그러면 다음과 같이 이벤트 목록이 나타납니다. 목록에서 전환 이벤트로 설정하고자 하는 이벤트를 확인한 뒤 [전환으로 표시]를 클릭하면 전환 이벤트로 설정됩니다. 전환 이벤트는 GA4에 반영되는 데 최대 48시간 정도 걸릴 수 있습니다.

기존 이벤트						
이벤트 이름 ↑	수	변동률(%)	사용자	변동률(%)	전환으로 표시 ⑦	
add_payment_info	16,754	↑ 7.1%	7,319	↑ 9.2%		
add_shipping_info	22,476	↑ 10.3%	9,654	↑ 11.4%		
add_to_cart	76,499	↑ 36.1%	21,942	↑ 46.5%		
android_lovers	4,824	↑ 5.4%	4,495	↑ 1.1%		
begin_checkout	19,824	↑ 1.0%	8,850	↑ 4.8%		①
campus_collection_user	3,895	↑ 44.8%	3,547	↑ 32.5%		
click	10,843	↑221.9%	5,467	↑171.7%		
data_import_success	65	-	61	-		
discount_value	4,638	↑ 28.4%	3,901	↑ 39.4%		
errors	17,142	↓ 12.9%	5,776	↓ 5.3%		
experiment_impression	417,765	↑ 38.7%	93,097	↑ 25.0%		
first_visit	262,004	↑ 21.6%	259,235	↑ 19.7%		②

그림 7-119 | 구글 머천다이즈 스토어의 이벤트 목록

구글 머천다이즈 스토어의 전환 이벤트는 begin_checkout(①), first_visit(②) 등인 것을 확인할 수 있습니다. 다만, 구글 머천다이즈 스토어는 데모 계정이므로 [전환으로 표시] 버튼 설정을 바꿀 수 없게 되어 있는데, 일반적인 GA4에서는 다음과 같이 버튼을 클릭해서 설정을 변경할 수 있습니다. 다음은 데이터 셰프의 레시피 웹 사이트와 연결된 GA4에서 유튜브 재생 이벤트를 전환 이벤트로 설정한 화면입니다.

기존 이벤트					
이벤트 이름 ↓	수	변동률(%)	사용자	변동률(%)	전환으로 표시 ⑦
Youtube	41	↓ 33.9%	4	↓ 63.6%	⬤

그림 7-120 | 유튜브 재생 이벤트의 전환 이벤트 설정

이렇게 설정된 전환 이벤트는 한 화면에 모아서 보며 확인할 수 있습니다. 전환 이벤트를 확인하려면 GA4 메뉴 영역 왼쪽 하단의 [관리]를 클릭한 뒤(①) [속성 〉 전환수]를 클릭합니다 (②).

그림 7-121 | [전환수] 메뉴 선택

그러면 설정된 전환 이벤트 목록이 나타나고 전환 이벤트 '수'와 '변동률' 등이 나타납니다.

전환 이름 ↑	수	변동률(%)	값	변동률(%)	전환으로 표시 ⑦
begin_checkout	19,824	↑ 1.0%	-		
first_visit	262,004	↑ 21.6%	-		
purchase	6,123	↓ 9.9%	$750,529.21	↑ 13.9%	
Test_GD_1	0	0%	0	0%	

그림 7-122 | 전환수 화면

전환 이벤트 '수'를 확인해 보면 구글 머천다이즈 스토어에 대해 설정한 전환 이벤트 중에 first_visit 이벤트의 수가 가장 높은 것을 확인할 수 있습니다.

전환 이벤트로 설정하면 관련 보고서에서도 현황을 확인할 수 있습니다. 예를 들어 [보고서 〉 참여도 〉 페이지 및 화면] 보고서를 살펴보겠습니다. 보고서 결과표의 가장 오른쪽으로 스크롤을 해 보면 '전환' 항목이 있습니다. '전환' 항목은 앞서 우리가 설정한 전환 이벤트들이 얼마나 발생했는지를 나타내는 항목입니다. 전환 이벤트 수라고 생각해도 됩니다. 다음 화면에서는 전체 287,951건의 전환 이벤트 수가 확인됩니다.

페이지 제목 및 화면 클래스 ▾	＋	평균 참여 시간	순 사용자 스크롤	이벤트 수 모든 이벤트 ▾	전환 모든 이벤트 ▾	
총계		1분 50초 평균과 동일	179,728 총계 대비 100%	10,165,130 총계 대비 100%	287,951.00 총계 대비 100%	$7 총계
1 Home		0분 33초	46,674	3,598,308	92,837.00	
2 Shopping Cart		1분 08초	18,885	467,657	777.00	
3 Google Online Store		0분 08초	72,173	498,637	77,629.00	
4 Men's / Unisex	Apparel	Google Merchandise Store		1분 11초	23,709	417,039	2,884.00	
5 Sale	Google Merchandise Store		1분 21초	21,398	415,604	579.00	
6 New	Google Merchandise Store		1분 20초	15,158	288,692	897.00	
7 Apparel	Google Merchandise Store		0분 41초	11,520	209,229	9,057.00	

그림 7-123 | 페이지 및 화면 보고서 – 전환 항목

'전환' 항목의 [모든 이벤트]를 클릭하면 특정 전환 이벤트를 선택할 수도 있습니다. first_visit 이벤트를 선택해 보겠습니다.

그림 7-124 | 특정 전환 이벤트 선택

다음과 같이 262,004건의 first_visit 전환 이벤트 수가 확인됩니다.

페이지 제목 및 화면 클래스 ▾	평균 참여 시간	순 사용자 스크롤	이벤트 수 모든 이벤트 ▾	전환 first_visit ▾
총계	1분 50초 평균과 동일	179,728 총계 대비 100%	10,165,130 총계 대비 100%	262,004.00 총계 대비 90.99%
1 Home	0분 33초	46,674	3,598,308	92,833.00
2 Shopping Cart	1분 08초	18,885	467,657	777.00
3 Google Online Store	0분 08초	72,173	498,637	77,629.00
4 Men's / Unisex	Apparel	Google Merchandise Store	1분 11초	23,709	417,039	2,884.00
5 Sale	Google Merchandise Store	1분 21초	21,398	415,604	579.00
6 New	Google Merchandise Store	1분 20초	15,158	288,692	897.00
7 Apparel	Google Merchandise Store	0분 41초	11,520	209,229	9,057.00

검색... 페이지당 행 수: 10 이동: 1 1~10/3011

그림 7-125 | first_visit 전환 이벤트 수 확인

전환 이벤트 설정은 우리 서비스의 목표를 측정하는 방법이므로, 측정된 전환 수와 전환률을 통해 우리 서비스의 목표 달성도를 확인하거나 참고하여 서비스를 개선하는 지표로 활용하게 됩니다.

잠깐만요

맞춤 측정기준과 전환 이벤트

UA가 맞춤 측정기준이나 전환을 완전히 분리된 별도의 방법으로 설정했던 것에 반해, GA4는 이벤트를 기반으로 분석가가 원하는 형태로 맞춤 측정기준이나 전환 이벤트로 설정해서 사용합니다. GA4 맞춤 측정기준과 전환 이벤트 개념을 정리하면 다음 그림과 같습니다.

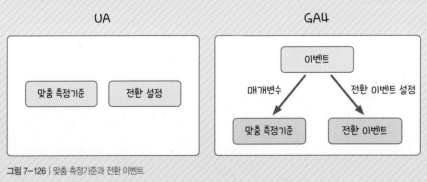

그림 7-126 | 맞춤 측정기준과 전환 이벤트

6 광고: 광고 실적과 기여도 확인하기

애널리틱스 계정	속성 및 앱	보기	
Demo Account	GA4 – Google Merchandise Store	–	
메뉴 경로	광고 〉 기여 분석 〉 전환 경로 (Advertising 〉 Attribution 〉 Conversion paths)	**날짜**	2022/03/01 ~ 2022/05/31

GA4 광고는 구글 애즈 등 구글 마케팅 플랫폼 실적과 GA4가 제공하는 전환 '기여 분석 모델'의 전환 기여도를 확인할 수 있는 메뉴입니다. **기여 분석 모델**이란 어떤 채널이 얼마만큼 전환에 기여했는지 즉, 어떤 채널이 얼마나 도움이 되었는지를 분석하는 모델입니다. 예를 들어 사용자가 여러 차례 '자연 검색'해서 우리 서비스에 접속한 한 뒤, 마지막에는 광고를 클릭해서 제품을 구매했을 수 있습니다. 그렇다면 분석가는 '자연 검색' 채널이 전환에 기여했다고 판단해야 할까요, 광고 채널이 전환에 기여했다고 판단해야 할까요? 이런 기여에 대해 기준을 정의해 놓은 것이 바로 '기여 분석 모델'입니다. '기여 분석 모델'의 종류를 표로 정리하면 다음과 같습니다.

표 7-14 | 기여 분석 모델

기여 분석 모델	설명	예
데이터 기반	머신 러닝 알고리즘을 사용하여 기여도 부여	머신 러닝에 의해 자동 결정
마지막 클릭	마지막 채널에 100% 기여 부여	① 디스플레이 〉 ② 구글 애즈 〉 ③ 자연 검색 → 자연 검색 100%
첫 번째 클릭	첫 번째 채널에 100% 기여 부여	① 디스플레이 〉 ② 구글 애즈 〉 ③ 자연 검색 → 디스플레이 100%

● 계속

기여 분석 모델	설명	예
선형	모든 채널에 100% 기여 부여	① 디스플레이 〉② 구글 애즈 〉③ 자연 검색 → 각각 1/3
위치(시점)	첫 번째와 마지막에 40%, 나머지에 기여 20% 부여	① 디스플레이 〉② 구글 애즈 〉③ 자연 검색 → 디스플레이, 자연 검색 40%, 구글 애즈 20%
시간 가치 하락	전환까지 마지막 채널로 갈수록 더 많은 기여 부여	① 디스플레이 〉② 구글 애즈 〉③ 자연 검색 → 기여도: 디스플레이 〈 구글 애즈 〈 자연 검색
구글 애즈 우선	마지막 발생한 구글 애즈 채널에 기여 100%를 부여	① 디스플레이 〉② 구글 애즈 〉③ 자연 검색 → 구글 애즈 100%

현업 실무에서는 '마지막 클릭' 모델이 주로 쓰입니다.

광고 실적과 전환 기여도를 확인하려면 [광고 〉 기여 분석 〉 전환 경로]를 클릭합니다.

그림 7-127 | [전환 경로] 메뉴 선택

분석가는 이를 통해 가장 많은 전환이 발생한 채널을 확인할 수 있습니다. 전화 경로를 선택하면 상단에는 '터치 포인트'별 기여도가 있고 하단에는 '기본 채널 그룹'별 기여도 화면이 나옵니다.

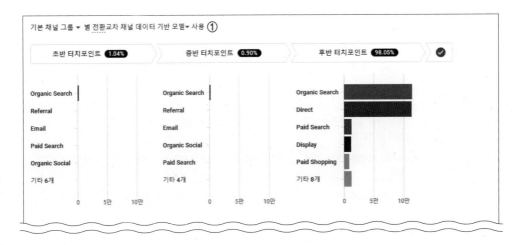

기본 채널 그룹 ▾	↓ 전환	구매 수익	전환까지의 소요 일수	전환까지의 터치포인트 수
②	278,913.00 총계 대비 100%	$724,766.70 총계 대비 100%	0.89 평균과 동일	1.20 평균과 동일
1 Direct 100%	113,684.00	$339,849.38	0.00	1.00
2 Organic Search 100%	110,324.76	$51,106.09	0.63	1.00
3 Paid Search 100%	12,179.84	$9,443.32	0.86	1.08
4 Display 100%	11,524.00	$63.00	0.26	1.00
5 Paid Shopping 100%	8,744.13	$5,852.12	0.93	1.02
6 Referral 100%	4,240.99	$18,550.00	1.21	1.00
7 Organic Search × 2 100%	2,421.82	$62,094.52	4.96	2.05
8 Organic Video 100%	1,939.00	$0.00	0.43	1.00
9 Organic Social 100%	1,676.00	$862.60	0.36	1.00
10 Organic Search × 3 100%	1,553.15	$30,806.63	7.34	3.05

그림 7-128 | 전환 경로 화면

① **상단 그래프 영역:** 터치 포인트란 사용자의 상호 작용이 일어난 기준 지점을 말합니다. 사용자 유입 기준으로 '초반 터치 포인트'는 전환까지 사용자 경로의 처음 25%를 터치포인트로 삼고, '중반 터치 포인트'는 사용자 경로의 중간 50%를 터치포인트로 삼으며, '후반 터치 포인트'는 사용자 경로의 마지막 25%를 터치 포인트로 삼는다는 의미입니다. 즉, 사용자 경로를 비율로 구분한 것으로 모두 합치면 터치 포인트는 100%가 됩니다.

표 7-15 | 터치 포인트

초반 터치 포인트	중반 터치 포인트	후반 터치 포인트
25%	50%	25%

마우스를 그래프에 올려놓으면 상세 기여도를 확인할 수 있습니다.

② **하단 결과표 영역:** 사용자의 구매 전까지의 다양한 터치 포인트 패턴을 보여 줍니다. 결과는 '전환수'가 가장 높은 경로를 기준으로 정렬됩니다. 즉, 터치 포인트 순서(시간 순서)에 따른 기여도와 관련된 측정항목의 수치가 표현됩니다. 이 중에서 '전환까지의 터치 포인트 수' 항목은 사용자가 전환하기까지 상호 작용이 필요했던 터치 포인트의 수를 말합니다. 터치 포인트 그래프는 전환 바로 직전부터 앞으로 가면서 후반, 중반, 초반

터치 포인트 순서로 나타납니다. 즉, 현재 그림처럼 '터치 포인트가 단지 하나만 있다'라고 한다면 가장 마지막인 '후반 터치 포인트'만 나타납니다.

상단 그래프 영역의 [기본 채널 그룹별 전환 교차 채널 데이터 기반 모델]에서 [마지막 클릭] 모델을 선택합니다.

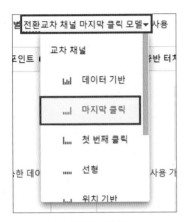

그림 7-129 | 마지막 클릭 모델 선택

그러면 모델 선택에 맞춰 상단 그래프 영역과 하단 결과표 영역도 내용이 변합니다. 상단 그래프 영역을 살펴보면 마지막 클릭 모델은 마지막 채널에 기여도를 100% 부여하는 모델이므로 다음 그림과 같이 '후반 터치 포인트'가 100%로 표현됩니다. 그중에서 'Organic Search(자연 검색)'가 가장 높은 기여를 하고 있습니다.

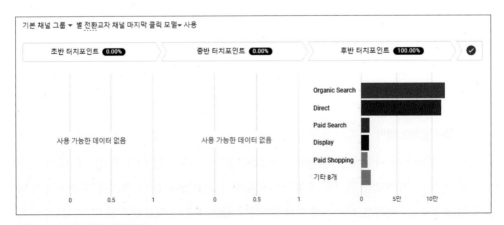

그림 7-130 | 마지막 클릭 모델의 기여도

하단 결과표 영역을 살펴보겠습니다. 페이지 당 행 수를 100행으로 바꿉니다(페이지당 행 수: 100 ▼).

	기본 채널 그룹 ▼	↓ 전환	구매 수익	전환까지의 소요 일수	전환까지의 터치포 인트 수
32	Organic Search × 7 (0%) ⟩ Paid Search × 2 (0%) ⟩ Organic Search × 16 (100%)	57.00	$3,591.80	0.30	25.00
33	Organic Search × 17 (100%)	54.00	$604.30	2.78	17.11
34	Organic Search × 14 (100%)	52.00	$550.55	3.12	14.00
35	Email × 3 (100%)	51.00	$888.46	2.16	3.00
36	Organic Search × 16 (100%)	47.00	$1,606.72	0.68	16.00
37	Organic Search × 50 (100%)	47.00	$2,036.60	0.02	50.00
38	Referral (0%) ⟩ Organic Search × 2 (100%)	46.00	$1,241.40	9.35	3.00
39	Organic Search × 7 (0%) ⟩ Paid Search × 2 (0%) ⟩ Organic Search × 18 (100%)	44.00	$2,441.60	2.00	27.00

그림 7-131 | 마지막 클릭 모델 기여도 결과표

32행을 확인해 보면 '자연 검색(Organic Search×7, 0%), 유료 검색(Paid Search×2, 0%), 자연 검색(Organic Search×16, 100%)'이라고 되어 있습니다. 이것은 '초반 터치 포인트'인 '자연 검색' 채널 상호 작용이 7번, '중반 터치 포인트 유료 검색' 채널 상호 작용이 2번, '후반 터치 포인트 자연 검색' 상호 작용이 16번인 패턴을 말합니다(총 25번) 그리고 마지막 클릭 모델이기 때문에 '후반 터치 포인트' 채널, 즉 자연 검색에 대해 100% 기여도를 부여했습니다. 이런 패턴을 보인 전환이 총 57개라고 이해하면 됩니다.

7.7 탐색 분석

애널리틱스 계정	속성 및 앱	보기	
Demo Account	GA4 - Google Merchandise Store	–	
메뉴 경로	탐색 (Explore)	날짜	2022/03/01 ~ 2022/05/31

GA4에서는 보고서가 UA 대비 간소화된 대신 **탐색**(Explore) 메뉴를 제공합니다. **GA4 탐색**은 **탐색 분석**이라고도 하는데, UA의 몇 가지 보고서와 맞춤 보고서의 기능이 합쳐져서 발전한 것으로, GA 360에서만 제공되던 탐색 기능이 GA4의 기본 기능이 되었습니다. 탐색 분석은 기본 GA 보고서보다 훨씬 유연한 형태로, 분석가의 의도대로 분석할 수 있는 기능을 제공하

기 때문에 분석과 리포팅을 위한 GA4의 핵심 기능이라고 할 수 있습니다. 즉, GA4의 부족한 보고서 기능은 탐색 분석 기능으로 보강할 수 있습니다.[28]

탐색 분석은 미리 준비된 다양한 형태의 분석 기법을 바탕으로 세그먼트, 측정기준, 측정항목, 필터 등에 대해 조건을 적용하고 조합해서 분석가가 원하는 형태로 데이터 분석을 할 수 있도록 돕습니다.

탐색 분석 메뉴로 진입하려면 왼쪽 영역에서 [탐색]을 클릭합니다.

그림 7-132 | [탐색] 메뉴 선택

그러면 다음과 같은 화면이 열립니다.

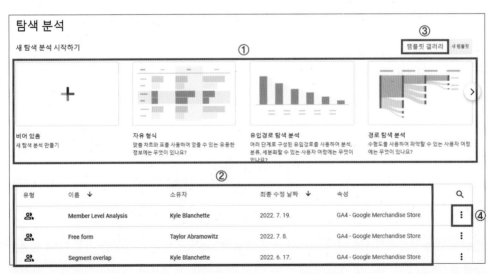

그림 7-133 | 탐색 분석 첫 화면

---

28 최근 구글에서 GA4 스탠다드 버전에 대해서 데이터 조회 가능한 기간을 두 달 이내로 제한했습니다. 다만 구글 머천다이즈 스토어 데모 계정은 조회 기간에 제약이 없습니다.

① **분석 기법:** 상단 영역은 분석 기법을 선택하는 영역입니다. 기법 중에 한 가지를 선택해서 분석을 진행합니다. 분석 기법은 GA4가 미리 준비해 놓은 분석 템플릿입니다.

② **보고서 목록:** 분석가가 만든 탐색 분석들이 나타납니다. 이름을 지정하면 수정하면서 사용할 수 있습니다.

③ **템플릿 갤러리:** 분석 양식을 모아 놓은 갤러리입니다.

④ **보고서 관리:** 보고서를 관리하는 메뉴입니다. 보고서를 새 탭에서 열거나 공유/복제/이름 변경/삭제할 수 있습니다. 특히 보고서를 공유하면 모든 분석가가 내 보고서를 읽기 권한으로 접근할 수 있게 됩니다.

그림 7-134 | 보고서 관리 메뉴

GA4에서 제공하는 일부 분석 기법들 내의 항목들은 데모용으로만 제공되고, 수정할 수 없는 경우도 있습니다. 탐색 분석을 시작하려면 보통은 템플릿이 아무것도 정해지지 않은 '비어 있음'을 선택하는 경우가 많습니다. 우리도 [비어 있음]을 선택해서 탐색 분석의 화면 구성을 알아보고 간단한 분석을 진행해 보겠습니다.

1 자유 형식

템플릿이 비어 있는 상태로 분석을 진행하려면 다음과 같이 **분석 기법 영역**의 [비어 있음]을 클릭합니다(이하 모든 탐색 분석 기법들은 분석 기법 영역에서 시작합니다[29]). 템플릿이 비어 있는 양식은 분석 템플릿 중 [자유 형식]과도 같은 양식입니다.

---

29 그림 7-136의 [탭 설정] 영역의 [기법]에서 '자유 형식'을 선택해도 됩니다.

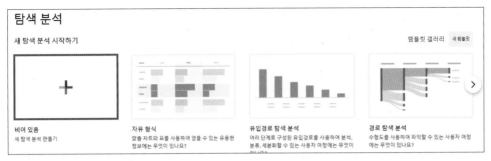

그림 7-135 | [비어 있음] 클릭

탐색 분석의 메인 화면이 나타납니다. 각 영역에 대해 알아보면 다음과 같습니다.

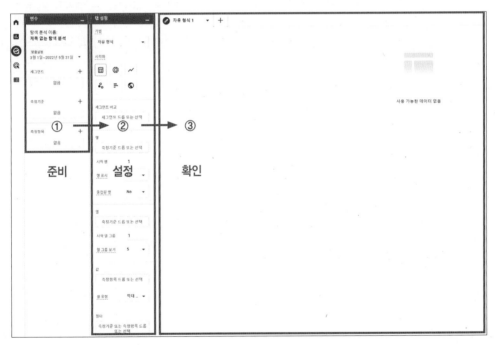

그림 7-136 | 탐색 분석 화면

① **변수 영역:** 탐색 보고서 이름을 정하고, 분석 기간을 정하고, 세그먼트와 측정기준, 측정항목을 선택하는 영역입니다. 변수(variable)는 원래 '변할 수 있는 값'을 의미하지만, 여기서는 '분석을 위한 항목들'이라고 이해하면 쉽습니다. 즉, 분석 항목을 준비하는 영역입니다.

② **탭 설정 영역:** '기법(템플릿)', '시각화', '행', '열', '값' 등을 표현할 방법을 설정합니다.

[변수] 영역에서 선택한 항목들을 [탭 설정] 영역으로 끌어와서 설정할 수 있습니다. 즉, 분석을 위해 조건을 설정하는 영역입니다.

③ **결과 출력 영역:** 앞서 [변수] 영역과 [탭 설정] 영역에서 설정한 데이터가 출력되는 영역입니다. 즉, 결과를 확인하는 영역입니다.

기본적으로 모든 탐색 분석은 ① 준비 → ② 설정 → ③ 확인 순서로 설정하며 진행한다고 생각하면 됩니다.

■ **변수 영역**

분석 준비를 하는 [변수] 영역부터 자세히 살펴보겠습니다.

그림 7-137 | 변수 영역

[변수] 영역에는 다음과 같은 주요한 항목들이 있습니다. 창 내리기 아이콘(▬)을 클릭하면 [변수] 영역 화면이 작아집니다.

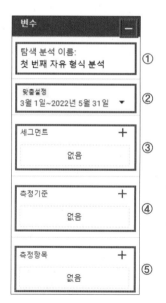

그림 7-138 | 변수 영역 항목

① 탐색 분석 이름

탐색 분석 보고서의 이름을 정합니다. 이름을 입력하면 자동으로 저장되며, 나중에 불러와서 수정할 수도 있습니다. 우리는 '첫 번째 자유 형식 분석'이라고 입력하겠습니다.

② 탐색 분석 캘린더

분석할 기간을 정합니다. 캘린더에서 클릭한 뒤 '맞춤 설정' 방법으로 분석 기간을 2022/03/01 ~ 2022/05/31로 설정합니다. 캘린더는 맞춤 설정 외에도 '이번 주', '지난주', '지난 30일' 등 다양한 기간을 설정할 수 있습니다. 7.7절에서 진행하는 모든 분석은 모두 동일한 기간으로 분석을 진행합니다.

그림 7-139 | 기간 맞춤 설정

③ 세그먼트

분석할 데이터를 분류합니다. 추가 아이콘(⊞)을 클릭하면 세그먼트를 추가할 수 있습니다. 추가 아이콘을 클릭하면 다음과 같이 맞춤 세그먼트 만들기 화면이 열립니다. 여러 가지 방법으로 세그먼트를 만들 수 있는데, [사용자 세그먼트]는 사용자 범위의 세그먼트를, [세션 세그먼트]는 세션 범위의 세그먼트를, [이벤트 세그먼트]는 이벤트 범위의 세그먼트를 만들겠다는 의미입니다.[30] 상품 조회(view_item)를 한 사용자를 세그먼트로 만들어 보겠습니다. 맞춤 세그먼트 만들기 화면에서 [사용자 세그먼트]를 클릭합니다.

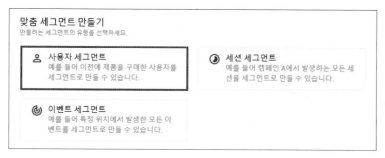

그림 7-140 | 맞춤 세그먼트 만들기

그러면 사용자 세그먼트 만들기 화면이 열립니다. 이 세그먼트 화면을 이용해 복잡하거나 다양한 조건을 적용한 세그먼트를 만들 수 있습니다.

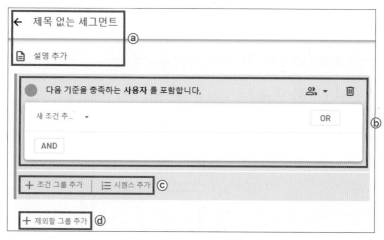

그림 7-141 | 사용자 세그먼트 만들기

ⓐ 세그먼트 제목을 정하고 설명을 추가하는 영역입니다. '상품 보기 사용자 세그먼트' 라고 입력합니다.

ⓑ 조건 추가 영역입니다. AND(그리고)나 OR(또는) 조건을 붙여 나갈 수 있습니다. 또 조건 범위를 지정할 수도 있습니다. [새 조건 추가(새 조건 추... ▾)]를 클릭한 뒤 [이벤트 >

---

30 범위(scope)에 대해서는 7.3절에서 설명했습니다.

view_item]을 선택합니다. 항목 검색창에 'view_item'이라고 바로 입력해도 됩니다.

그림 7-142 | [이벤트 > view_item] 선택

ⓒ 조건 그룹을 추가할 수 있으며, 조건의 순서도 정할 수 있습니다. 복잡한 조건이 필
요할 때 사용합니다. 지금은 그대로 둡니다.

ⓓ 제외할 조건 그룹을 추가할 수 있습니다. 역시 그대로 둡니다.

정확하게 입력했다면 다음과 같이 오른쪽 패널에 저장 전 세그먼트 요약 화면이 출력됩니다.

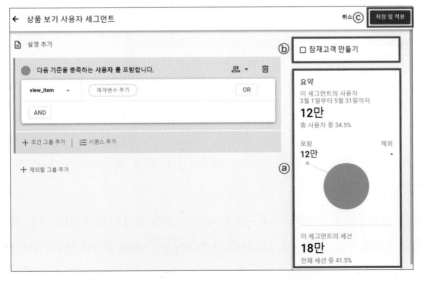

그림 7-143 | 저장 전 세그먼트 요약 화면

세그먼트로 분류한 기간은 2022년 3월 1일부터 5월 31일까지이며, 이 세그먼트의 사용자는 12만 명(전체 사용자 중 34.5%)이고 세션 수는 18만 세션(전체 세션 중에 41.5%)이라는 정보가 출력되었습니다(ⓐ). 세그먼트는 '잠재고객 만들기' 체크 박스를 체크하면 잠재고객으로 만들 수도 있습니다(ⓑ). [저장 및 적용] 버튼을 클릭해서 적용합니다(ⓒ). 그러면 다음과 같이 탐색 분석에 세그먼트가 저장되어 적용됩니다.

그림 7-144 | 추가된 세그먼트

[변수] 영역에 추가된 세그먼트에 마우스를 올려 놓으면 설정 아이콘(⋮)이 나타나는데 해당 아이콘을 클릭하면 추가한 세그먼트를 적용, 수정, 삭제할 수 있습니다.

④ 측정기준

분석에 사용할 측정기준을 선택합니다. 추가 아이콘(➕)을 클릭해 측정기준 선택 화면을 엽니다.

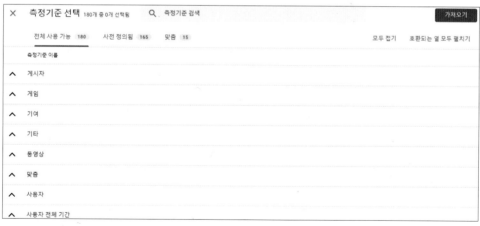

그림 7-145 | 측정기준 선택 화면

측정기준을 검색해서 가져오겠습니다.

그림 7-146 | 측정기준 선택하기

측정기준 검색 화면에서 '이벤트 이름'으로 검색합니다(ⓐ). 하단에 '이벤트 이름'이라는 측정
기준이 나타나면 체크 버튼(☑)을 클릭해서 선택한 뒤(ⓑ), [가져오기] 버튼을 클릭해서 [변
수] 영역에 측정항목을 가져옵니다(ⓒ).

정확히 선택했다면 다음 그림과 같이 '이벤트 이름' 항목이 [변수] 영역에 추가됩니다. 추가
된 측정항목에 마우스를 올려놓으면 오른쪽에 삭제 아이콘(☒)이 나타납니다. 측정기준을
삭제하고 싶다면 삭제 아이콘을 클릭해서 측정기준을 삭제할 수 있습니다. 뒤에 배울 [변수]
영역의 측정항목도 마찬가지입니다.

그림 7-147 | 추가된 측정기준

⑤ 측정항목

분석에 사용할 측정항목을 선택합니다. 방법은 측정기준을 선택할 때와 같습니다. 추가 아
이콘(➕)을 클릭해 측정항목 선택 화면을 열고, '이벤트 수', '총 사용자', '사용자당 이벤트
수'를 선택해서 [변수] 영역으로 항목을 가져옵니다. 개별 항목에
대해 1개씩 [가져오기] 버튼을 클릭해서 가져와도 되지만, 측정
항목 선택 화면에서 여러 항목을 검색한 뒤, 체크 버튼으로 모두
선택하여 [가져오기] 버튼을 클릭합니다. 이렇게 하면 측정항목
을 한 번에 가져올 수 있습니다.

그림 7-148 | 추가된 측정항목

정확히 선택했다면 최종적으로 [변수] 영역은 최종적으로 다음과 같은 모습이 됩니다.

변수   —

탐색 분석 이름:
첫번째 자유 형식 분석

맞춤설정
3월 1일~2022년 5월 31일   ▼

세그먼트   +

⋮⋮ 상품 보기 사용자 세...

측정기준   +

⋮⋮ 이벤트 이름

측정항목   +

⋮⋮ 이벤트 수

⋮⋮ 총 사용자

⋮⋮ 사용자당 이벤트 수

그림 7-149 | 설정된 변수 영역

■ 탭 설정 영역

이번에는 [탭 설정] 영역에서 분석 조건을 설정할 차례입니다.

그림 7-150 | 탭 설정 영역

다음 그림처럼 [기법]은 '자유 형식', [시각화]는 '테이블'로 자동 설정되어 있습니다. 말 그대로 자유 형식 기법의 템블릿으로 테이블 형태로 분석이 진행된다는 의미입니다(자유 형식의 결과는 테이블, 즉 결과표를 기본으로 합니다). 분석가는 [기법]이나 [시각화] 설정을 변경할 수 있는데, [시각화] 설정을 바꾸면 분석 결과는 그대로 두고 결과를 표현하는 차트를 바꿀 수 있습니다. 시각화 차트에는 기본적으로 테이블이 있고, 분석 기법에 따라 도넛 차트, 선 차트, 분산형 차트, 막대 그래프, 지역 지도 등이 있

그림 7-151 | 기법, 시각화, 세그먼트

습니다. 한 번씩 적용해 보기 바랍니다.

탐색 분석에서 데이터 분석을 진행하기 위해서는 [탭 설정] 영역에서 분석 기준을 설정해야 합니다. 탐색 분석 기준을 알기 쉽게 정리하면 다음 표와 같습니다. 탐색 분석 기준으로 적용되는 항목에 따라 분석 결과표가 달라집니다.

표 7-16 | GA4 탐색 분석 기준

조건 적용 항목	필수 여부	구성	설명	비고
세그먼트 비교	선택	복합 조건	원천 데이터에 조건을 적용한 트래픽 분류 기준	
행	단독/필수	측정기준	결과 출력에 행으로 표현될 기준	열이 없는 경우 필수
열	단독/필수	측정기준	결과 출력에 열로 표현될 기준	행이 없는 경우 필수
값	필수	측정항목	결과 출력에 값으로 표현될 기준	필수
필터	선택	복합 조건	결과 출력에 조건을 적용한 트래픽 분류	

탐색 분석은 앞서 살펴본 표 '탐색 분석 기준'의 항목들을 조합해서 분석을 진행합니다. 분석 조건은 모두 [탭 설정] 영역에서 설정합니다. 먼저 [세그먼트 비교]부터 설정해 보겠습니다. 다른 부분은 그대로 두고 앞서 만든 '상품 보기 사용자 세그먼트'를 [세그먼트 비교]에 끌어와 놓습니다. 또는 더블 클릭해도 됩니다.

그림 7-152 | 세그먼트를 끌어다 놓기

다음으로는 탐색 분석에서 가장 중요한 [행], [열], [값]을 설정할 차례입니다. 기준 행과 열 설정은 측정기준 항목들이 사용되며, 값 설정에는 측정항목의 항목들이 사용됩니다. 분석 기준에 대해 출력 결과를 꾸며 줄 수도 있는데, 다음 그림에서 빨간 상자로 표시한 영역의 아래 부분이 해당됩니다. 예를 들어 결과 표현을 위한 행의 개수나, 중첩 계층으로 표현 여부, 시작 열의 순서와 열 개수, 막대 차트, 텍스트 등 테이블에 표현될 셀 유형 등을 설정할 수 있습니다.

그림 7-153 | 행, 열, 값 설정

이 책에서는 [행]과 [값]만 설정하는 것을 예로 분석 기준을 설정해 보겠습니다. [행]에 '이벤트 이름' 측정기준을 사용하겠습니다. [행]에 '이벤트 이름'을 끌어와 놓습니다.

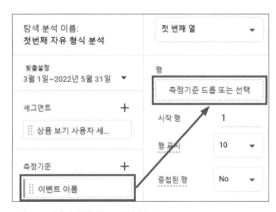

그림 7-154 | 측정기준을 행으로 끌어다 놓기

그리고 [값] 영역에는 '이벤트 수', '총 사용자', '사용자당 이벤트 수' 측정항목을 끌어와 놓습니다. 한 항목씩 끌어와 놓으면 됩니다.

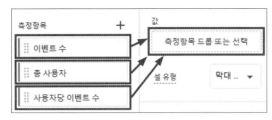

그림 7-155 | 측정항목을 값으로 끌어다 놓기

이렇게 하면 결과 출력 영역에 테이블 형태로 분석 결과가 출력됩니다.

이번에는 [필터]를 설정해 보겠습니다. 필터는 데이터에서 특정 값들만 선택해서 분석하고자 할 때 사용됩니다. '사용자당 이벤트 수'가 10이 넘는 이벤트 이름만 출력해 보겠습니다. 측정항목 '사용자당 이벤트 수'를 [필터]로 끌어다 놓습니다.

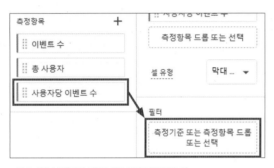

그림 7-156 | 사용자당 이벤트 수를 필터로 끌어다 놓기

조건 화면이 열리면 '검색 유형 선택' 조건은 '>=(이상)'을 선택하고(ⓐ), '정규식 입력' 조건에는 '10'이라고 입력한 뒤(ⓑ) [적용] 버튼을 클릭합니다(ⓒ). '사용자당 이벤트 수'가 10 이상인 것만 선택해서 출력하겠다는 의미입니다.

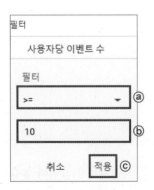

그림 7-157 | 필터 조건 입력

- **결과 출력 영역**

결과 출력 영역은 분석 결과가 출력되는 영역입니다. 우리는 템플릿을 자유 형식으로 진행하고 있기 때문에 '자유 형식 1'이라는 이름이 자동으로 나타납니다.

그림 7-158 | 결과 출력 영역

지금까지의 모든 조건이 정확하게 입력되었다면 결과 출력 영역에 다음과 같은 결과가 출력됩니다.

그림 7-159 | 최종 분석 결과

정리하면, 우리는 상품을 조회한 view_item 이벤트를 발동시킨 사용자에 대해 세그먼트를 제작해 적용했습니다. 그리고 측정기준으로 '이벤트 이름'을, 측정항목으로 '이벤트 수', '총 사용자 수', '사용자당 이벤트 수'를 설정했습니다. 그리고 '사용자당 이벤트 수'가 10 이상인 경우만 출력하는 조건의 필터를 적용했습니다. 이에 대한 결과가 출력된 것입니다.

출력 결과를 해석해 보면 view_item 이벤트를 발동시킨 사용자에 대해 분석했을 때 '사용자당 이벤트 수'가 10 이상인 이벤트의 종류는 총 6개이고, 그중에서 view_item_list 이벤트가 가장 많이 발동되었습니다. view_item을 발동시킨 사용자를 분석 대상으로 했기 때문에 view_item 이벤트와 view_item_list는 특별한 연관 관계가 있는 것으로 생각됩니다(view_item_list는 상품 조회 상위의 상품 목록 이벤트입니다).

결과에 마우스 포인터를 올려 놓고 마우스 오른쪽 버튼을 누르면 선택 항목만 포함해서 결과를 확인할 수 있습니다. 또 해당 조건의 세그먼트를 만들 수 있으며, 어떤 사용자들인지 (GA가 자동으로 만드는 '앱 인스턴스 ID' 기준)를 확인할 수도 있습니다.[31]

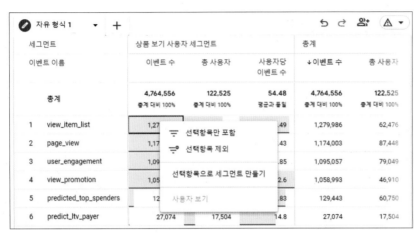

그림 7-160 | 상세 분석하기

데이터 분석이 마무리되면 후속 작업을 진행할 수도 있습니다.

그림 7-161 | 결과 출력 영역 상단 아이콘

예를 들어 실행 결과에 대해 상단의 공유 아이콘(⊞)을 클릭해서 결과를 공유할 수 있고, 실행 취소 아이콘(↶)이나 재실행 아이콘(↷)을 클릭하면 앞서 실행했던 결과를 취소하거나 다시 실행할 수 있습니다. 새 탭 열기 아이콘(⊞)을 클릭하면 기존 분석 결과는 그대로 둔 채 새로운 분석을 진행할 수도 있습니다. 샘플링 여부는 샘플링 아이콘(⊘▾)을 클릭하면 알 수 있습니다. 이를 통해 분석가는 추가 가공이나 비교, 또는 결과를 공유하면서 추가적인 분석을 진행할 수 있습니다.

---

31 구글 머천다이즈 스토어는 데모 계정이므로 '사용자 보기'는 안 됩니다.

② 유입경로 탐색 분석

유입경로 탐색 분석(Funnel exploration)은 우리 서비스 사용자들의 행동 과정을 분석하는 기법입니다. 우리 서비스의 최종 목표가 상품 구입이라고 했을 때 사용자의 행동 패턴은 다채로울 수 있습니다. 예를 들어 같은 상품 구입한 사용자들이라고 하더라도 어떤 사용자는 서비스에 접속하자마자 상품을 바로 구매하는 경우도 있고, 어떤 사용자는 다양한 상품을 보고 장바구니에 담았다가 마지막에 상품을 구매할 수도 있습니다. 이처럼 사용자의 행동 패턴은 다양해서 기준을 정해 놓지 않으면 분석가는 사용자의 구매 과정의 정확한 내용을 알기 어려울 수 있습니다. 이럴 때 사용자에 대해 분석가가 미리 정해 놓은 경로를 분석하는 기법이 유입경로 탐색 분석입니다.

유입경로 탐색 분석을 하려면 '탐색 분석' 화면에서 [유입경로 탐색 분석]을 선택합니다.

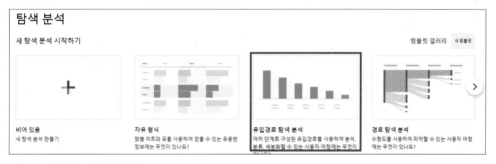

그림 7-162 | [유입경로 탐색 분석] 선택

유입경로 탐색 분석 화면이 열리면 GA4에서 미리 제공하는 템플릿으로 데이터가 출력됩니다. [변수] 영역에는 [세그먼트]와 [측정기준], [측정항목]이 설정되어 있고, [탭 설정] 영역의 [기법]은 '유입경로 탐색 분석', [시각화]에는 '표준 유입경로'가 설정되어 있는 것을 확인할 수 있습니다. 이것은 GA4가 분석 가이드로서 미리 설정해 놓은 것으로, 분석가는 자신의 의도에 맞게 수정해서 사용하면 됩니다. [변수] 영역의 '맞춤 설정'을 클릭해서 캘린더에서 2022/03/01 ~2022/05/31 기간을 지정합니다.

유입경로 탐색 분석은 사용자가 어떤 단계로 유입되어 최종 단계까지 이르렀는지를 확인하는 분석 기법이기 때문에 유입 [단계]가 중요합니다. [탭 설정]의 [단계] 항목 옆에 수정 아이콘(✏)을 클릭합니다(①). 템플릿에 미리 [세분화] 조건으로 '기기 카테고리'를 설정한 것을 기억해 둡니다(②).

그림 7-163 | 유입경로 탐색 분석 단계 수정하기

그러면 다음과 같이 유입경로 단계를 수정할 수 있는 화면이 열립니다. 각 단계가 어떤 의미인지 알아보겠습니다.

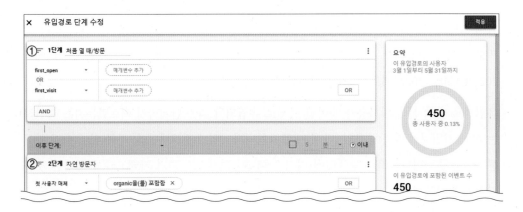

그림 7-164 | 유입경로 단계 수정

여기서 각 단계는 사용자가 구매하기까지의 단계를 말합니다. 앞 단계의 사용자를 포함하는 조건(AND 조건)이기 때문에 뒤 단계로 갈수록 집계 수치는 줄어듭니다.

① 1단계: '처음 열 때/방문'이라는 제목으로 설정되어 있습니다. 조건은 이벤트가 first_open 또는 first_visit일 때 집계하도록 되어 있습니다. 즉, 앱을 처음 여는 경우나 웹 사이트에 처음 방문했을 때 집계한다는 의미입니다.

② 2단계: '자연 방문자'라는 제목으로 설정되어 있습니다. '첫 사용자 매체'가 '자연 검색 (organic)'을 포함할 때 집계한다는 의미입니다.

③ 3단계: '세션 시작'이라는 제목으로 설정되어 있습니다. session_start 이벤트가 발생하면 집계합니다. 즉 세션이 시작될 때 집계됩니다.

④ 4단계: '화면/페이지 조회'라는 제목으로 설정되어 있습니다. screen_view 또는 page_view 이벤트가 발동하면 집계합니다. 즉, 앱이나 웹에서 화면과 페이지를 조회하면 집계

됩니다.

⑤ **5단계:** '구매'라는 제목으로 설정되어 있습니다. purchase 또는 in_app_purchase 이벤트가 발동하면 집계합니다. 즉, 웹이나 앱에서 구매가 이루어지면 집계됩니다.

각 단계의 설정에 의해 결과 출력 영역에 다음 그림과 같은 결과가 출력됩니다.

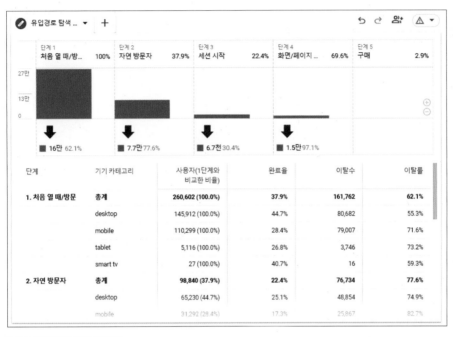

그림 7-165 | 유입경로 단계별 정리

1단계 '처음 열 때/방문'에 해당하는 사용자는 약 26만 명인 것을 확인할 수 있습니다. 마우스 포인터를 1단계 그래프 영역에 올려 두어도 팝업 메시지를 통해 활성 사용자 수를 확인할 수 있습니다.

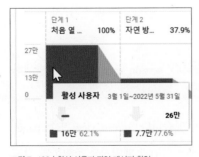

그림 7-166 | 활성 사용자 팝업 메시지 확인

그중에 약 16만 명(62.1%)이 2단계로 가지 못하고 이탈합니다. 2단계 '자연 방문자'는 약 9.9만 명입니다. 앞 단계 26만 명의 37.9%에 해당합니다. 그중에 약 7.7만 명(77.6%)이 다음 단계로 가지 못하고 이탈합니다. 이렇게 쭉 이어지다가 마지막 5단계 '구매' 사용자는 450명으로 바로 앞 단계 1.5만 명의 2.9%에 해당합니다. 5단계 그래프가 너무 작아 잘 보이지 않으면 그래프 영역에 마우스 포인터를 놓고 휠을 굴리면 막대가 확대됩니다. [탭 설정] 영역의 [세분화] 조건으로 '기기 카테고리'를 설정했기 때문에 각 단계에 대해 '기기 카테고리'로 구분해서 상세 사용자 수를 보여 줍니다.

원한다면 막대 그래프 영역에 마우스 포인터를 가져다 놓고 오른쪽 마우스를 눌러 각 단계의 사용자를 [사용자로 세그먼트 만들기] 기능을 통해 세그먼트로 만들어서 마케팅 용도로 사용할 수 있습니다. 또한 [사용자 보기]를 사용해 개별 사용자를 확인할 수도 있습니다.

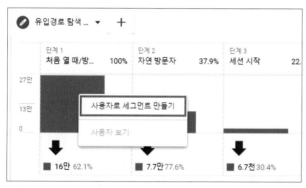

그림 7-167 | 사용자로 세그먼트 만들기

구글 머천다이즈 스토어는 최초 1단계 26만 명에서 최종 5단계 450명, 즉 0.1%만 구매한 것으로 분석됩니다. 특히 4단계 '화면/페이지 조회' 단계에서 앞 단계의 97%가 이탈하는 것으로 나타나므로 콘텐츠에 대한 매력도를 높이는 것이 시급하다고 생각됩니다.

이렇게 유입경로 탐색 분석을 통해 분석가는 사용자의 유입 단계를 설정할 수 있으며, 이에 대한 유입 패턴과 수치를 분석해서 서비스를 개선하거나 마케팅 용도로 활용할 수 있습니다. 예를 들어 어느 단계에서 사용자 이탈률이 높다면 분석가는 원인을 찾아내서 해당 단계의 문제점을 개선할 수 있습니다.

퍼널 분석

퍼널 분석에서 퍼널(funnel)이란 우리말로 '깔때기'라는 의미입니다. 우리 서비스의 사용자가 어떻게 유입되어 어떻게 전환되고 있는지를 시각화해서 확인하기 위한 분석 방법을 말합니다. 대표적인 분석 방법으로는 AARRR이 있습니다.

Acquisition(획득)
신규 고객이 생기는 것

Activation(활성화)
고객이 처음으로 서비스의 주요 기능을 사용

Revenue(매출)
고객이 우리 서비스에 금액을 지불함

Retention(유지)
지속적으로 고객이 서비스를 이용하거나 제품을 재구매함

Referral(추천)
서비스를 이용한 고객이 만족하여 주변에 추천함

그림 7-168 | AARRR

이런 유입에서 전환 과정이 그림 7-168의 깔때기처럼 좁아져서 퍼널이라 부릅니다. 유입경로 탐색 분석은 사용자의 서비스 내 경로 관점에서 퍼널 분석을 응용한 분석 기법입니다.

③ 경로 탐색 분석

앞서 살펴본 유입경로 탐색 분석은 분석가가 특정 경로를 설정하고, 해당 경로를 따라 사용자가 얼마나 어떻게 유입하고 이탈했는지를 분석하는 기법입니다. 유입경로 탐색 분석은 특정 경로에 대해 상세한 분석을 하기에는 유용하지만, 사용자의 자연스러운 이동 경로를 분석하기에는 어려움이 있습니다. 예를 들어 사용자는 홈페이지 메인으로 유입했다가 상품을 보기도 하기도 하고, 다시 상품 리스트로 이동했다가 장바구니를 보기도 하는 등 다양한 행동 패턴을 보이기 때문입니다. 따라서 사용자의 실제에 가까운 자연스러운 행동 순서를 분석하고 싶다면 **경로 탐색 분석(Path exploration)**을 사용해야 합니다. 경로 탐색 분석을 하려면 '탐색 분석' 화면에서 [경로 탐색 분석]을 선택합니다.

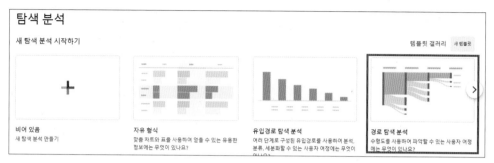

그림 7-169 | 경로 탐색 분석 선택

그러면 다음과 같은 사용자의 단계별 흐름(flow) 그래프 화면이 나타납니다. 이번에도 [변수] 영역에서 '맞춤 설정'을 클릭해 2022/03/01 ~ 2022/05/31 기간을 지정합니다.

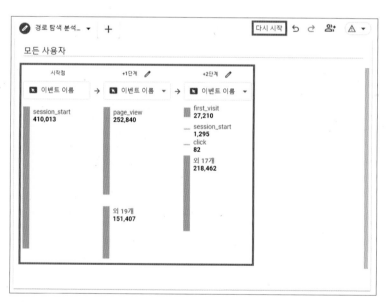

그림 7-170 | 경로 탐색 분석 화면

미리 설정된 흐름 그래프를 통해 session_start 이벤트로 시작한 사용자는 410,013명이며, 해당 사용자 중에 +1단계(다음 단계)로 page_view 이벤트를 가장 많이 일으킨 것을 확인할 수 있습니다. 또 +1단계의 page_view 이벤트를 발생시킨 사용자가 +2단계에서는 first_visit 이벤트를 가장 많이 발생시킨 흐름을 갖는 것을 확인할 수 있습니다. 분석 기준은 [탭 설정] 영역의 [노드 유형]에 따릅니다. [노드 유형]이란 각 흐름 단계의 분석 기준이라고 생각하면 됩니다. [노드 유형]은 다음과 같습니다.

그림 7-171 | 경로 탐색 분석 분석 기준[32]

'이벤트 이름' 말고 페이지 기준으로 분석해 보겠습니다. 페이지 기준으로 분석하려면 오른쪽 상단의 [다시 시작(다시 시작)]을 클릭합니다. 그러면 다음과 같이 '시작점'과 '종료점', 그리고 노드를 선택할 수 있는 화면이 열립니다. 시작점은 사용자의 경로 시작을 기준으로 분석하겠다는 의미이며, 종료점은 사용자의 경로 종료를 기준으로 분석하겠다는 의미입니다.

경로 탐색 분석... ▼	+			↺ ↻ 👥 ⊘ ▼

시작점   **종료점**

노드 드롭 또는 선택   또는   노드 드롭 또는 선택

노드 유형을 선택하거나 설정 패널에서 두 단계 중 하나로 드래그 앤 드롭하세요.

그림 7-172 | [다시 시작] 클릭 시 나타나는 화면

우리는 종료점을 기준으로 그리고 '페이지 제목 및 화면 이름'을 기준으로 분석하겠습니다. 그렇게 하려면 왼쪽 [탭 설정] 영역의 [노드 유형]에서 두 번째 항목인 '페이지 제목 및 화면 이름'을 '종료점'으로 끌어옵니다. 또는 '종료점'을 클릭하면 나타나는 리스트에서 '페이지 제목 및 화면 이름'을 선택해도 됩니다.

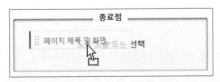

그림 7-173 | 종료점으로 페이지 제목 및 화면 이름 끌어오기

---

32 노드의 이름이 잘려서 잘 안 보이는데, 두 번째 노드는 '페이지 제목 및 화면 이름'이며 세 번째 노드는 '페이지 제목 및 화면 클래스'입니다. 또한 최근에 '페이지 경로 및 화면 클래스' 노드 유형이 추가로 생겼습니다.

그러면 다음과 같이 '종료점'을 선택하는 화면이 열립니다. 다음 그림에는 '시작점 선택'이라고 되어 있지만 구글의 번역 오류이며 종료점 선택입니다. 'Shopping Cart'를 선택해 보겠습니다.

× 시작점 선택	Q
Home	
(not set)	
Google Online Store	
Shopping Cart	
Men's / Unisex	Apparel	Google Merchandise Store	
Sale	Google Merchandise Store	
New	Google Merchandise Store	
Apparel	Google Merchandise Store	
Google	Shop by Brand	Google Merchandise Store	

그림 7-174 | 종료점 선택

그럼 다음 그림처럼 Shopping Cart, 즉 장바구니를 기준으로 바로 전 단계에 유입된 웹 페이지 제목이나 화면 이름이 경로 그래프로 나타납니다. 종료점을 기준으로 경로 단계를 표현하기 때문에 전 단계라는 의미로 [-1단계]라고 표현됩니다(①). [Home]을 클릭해 보겠습니다(②).

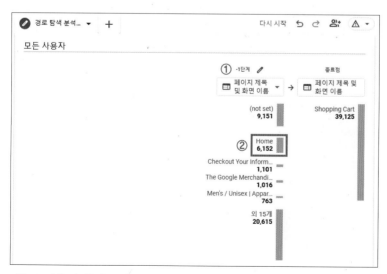

그림 7-175 | 종료점 기준 경로 그래프

'The Google Merchandise Store – Log In', 'Shopping Cart' 등 Home 단계의 전 단계인 [−2 단계]가 나타납니다.

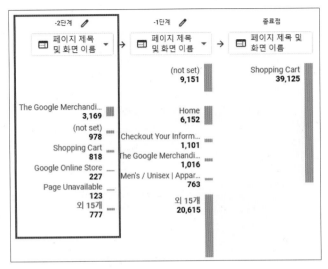

마우스 포인터를 그래프에 올려 놓으면 팝업 메시지에서 상세한 정보를 확인할 수 있습니다. 다음 그림에서 'The Google Merchandise Store – Log In' 그래프 항목을 보면 3,169개의 이벤트가 발생한 것을 알 수 있습니다(그래프를 다시 클릭하면 [−3단계]가 또 열립니다).

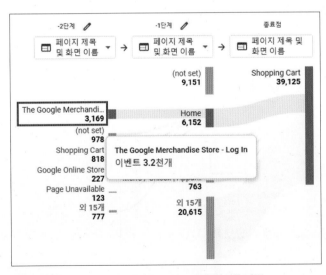

경로 탐색 분석을 통해 오른쪽에서 왼쪽 방향, 즉 종료점을 기준으로 역추적해 보면, 장바구니로 유입한 고객은 다양한 경로가 있으며, 그중에서도 Home 웹 페이지에서 유입한 사용자가 제일 많았습니다(-1단계). 바로 전 단계(-2단계)에서는 The Google Merchandise Store - Log In 이벤트, 즉 로그인을 통해 Home 웹 페이지로 유입한 고객이 많았습니다. 로그인을 했다가 홈 화면으로 이동한 다음에 장바구니에 상품을 담은 경우가 다수라는 의미로 해석할 수 있습니다. 이런 경우 홈 화면에 제품을 판촉할 수 있는 다양한 프로모션을 진행하거나, 고객의 눈에 직관적으로 상품이 보이는 형태로 웹 사이트나 앱을 개선하면 매출에 도움이 될 것입니다.

이렇게 경로 탐색 분석을 통해 시작점과 종료점을 기준으로, 사용자의 자연스러운 행동 흐름에 대해 경로를 분석할 수 있습니다. 경로 탐색 단계는 단계 그래프를 클릭해서 최대 5단계까지 확장할 수 있습니다.

4 세그먼트 중복 분석

세그먼트 중복 분석(Segment overlap)은 세그먼트끼리 얼마나 중복되어 있는지를 확인할 수 있는 분석 기법입니다. 예를 들어 모바일 기기를 사용하면서 데스크톱 기기를 사용하여 우리 서비스에 접속하는 고객이 얼마나 알아보려 할 때 유용한 분석입니다. 앞서 분석 기법들과 마찬가지로 세그먼트 중복 분석을 진행하려면 '탐색 분석' 화면에서 [세그먼트 중복 분석]을 선택하면 됩니다.

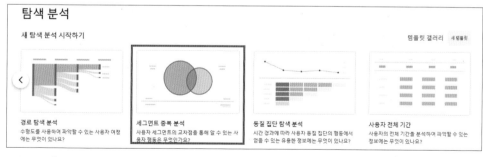

그림 7-178 | [세그먼트 중복 분석] 선택

그러면 다음과 같은 화면이 나타납니다. [변수] 영역에서 '맞춤 설정'을 클릭해 2022/03/01 ~ 2022/05/31 기간을 지정합니다.

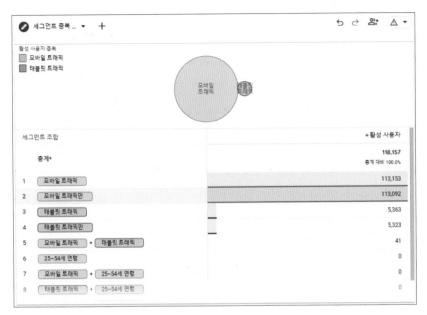

그림 7-179 | 세그먼트 중복 분석 화면

상단에는 세그먼트 트래픽의 양이 크기로 나타나고, 얼마나 중복되는지는 세그먼트가 겹치는 정도가 그림으로 표현됩니다. 하단에는 세그먼트의 다양한 조합이 나타납니다. 다음 그림과 같은 [탭 설정] 영역의 [분류]와 [값]은 데이터가 표현될 기준을 말하는 것으로, [분류]에 의해 데이터 데이터가 구분되고, [값]을 기준으로 데이터가 출력됩니다.

그림 7-180 | [탭 설정 〉 분류]와 값

세그먼트 중복 분석에서 구글 머천다이즈 스토어의 기본 [값]은 '활성 사용자'이기 때문에 '활성 사용자'를 기준으로 수치가 표현되고 있습니다.

세그먼트 중복 분석의 목적은 기준 세그먼트 각각에 대해서 얼마나 트래픽이 중복되는지, 또 세그먼트끼리 얼마나 트래픽이 중복되는지 분석하는 것이기 때문에 기준 세그먼트를 설정하는 것이 중요합니다. 기준 세그먼트는 [탭 설정] 영역의 [세그먼트 비교]에서 설정합니다. 다음 그림은 '모바일 트래픽', '태블릿 트래픽', '25~54세 연령'을 비교 트래픽 세그먼트로 설정한 그림입니다. 이런 세그먼트들은 분석가가 미리 제작해 둔 상태여야 합니다.

그림 7-181 | 세그먼트 비교

세그먼트 중복 분석은 [탭 설정] 영역의 기준에 따라 진행되며, 세그먼트 단독으로 중복 조합할 수 있는 여러 가지 경우에 대해 다음 그림과 같이 세그먼트 조합 분석 결과가 출력됩니다.

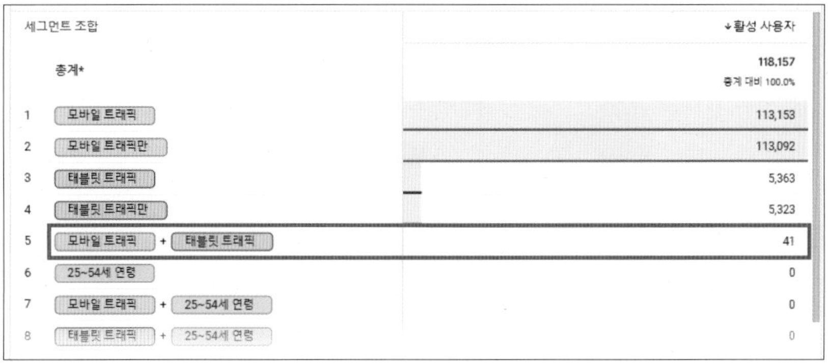

그림 7-182 | 세그먼트 조합 분석 결과

여러 가지 세그먼트 조합에 의해 '활성 사용자'가 얼마나 되는지 결과가 출력되었습니다.

구글 머천다이즈 스토어의 세그먼트 중복 분석을 진행해 본 결과 '모바일 트래픽'과 '태블릿 트래픽'이 중복되는 경우는 거의 없는 것으로 확인됩니다. 분석 결과에 따르면 모바일과 태블릿 기기의 경우 마케팅 캠페인을 따로 실행하는 것이 유리할 것으로 생각됩니다. 다만 구글 머천다이즈 스토어 계정은 데모 계정이기 때문에 실제와는 다를 수 있음에 유의합니다.

5 동질 집단 탐색 분석

우리는 7.5절에서 획득 날짜가 동일한 사용자는 같은 동질 집단이라고 배웠습니다. **동질 집단 탐색 분석(Cohort exploration)**은 이런 동질 집단이 시간의 경과에 따라 어떻게 변화하고 있는지를 상세하게 분석할 수 있는 기법입니다. 이런 분석을 코호트(cohort) 분석 기법이라고도 부릅니다. 동질 집단 탐색 분석이 유용한 이유는 집단에 대한 우리 서비스의 관심도를 파악할 수 있기 때문입니다. 예를 들어 분석가가 동질 집단 분석을 진행하면 월 첫째 주에 대대적인 할인 이벤트를 진행할 경우 해당 이벤트에 참여한 사용자들이 그 뒤로도 얼마나 유지되었는지 알 수 있습니다. 또 우리 회사에 부정적 이슈가 있었다고 했을 때, 이슈 기간에 방문한 사용자들이 얼마나 되며 이후에 얼마나 다시 방문했는지도 분석할 수 있습니다.

동질 집단 탐색 분석을 진행하려면 '탐색 분석' 화면에서 [동질 집단 탐색 분석]을 클릭합니다.

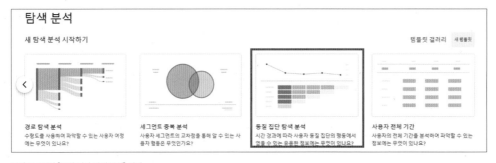

그림 7-183 | [동질 집단 탐색 분석] 선택

[변수] 영역에서 '맞춤 설정'을 클릭해 2022/03/01 ~ 2022/05/31 기간을 지정합니다. 그러면 다음과 같은 화면이 나타납니다.

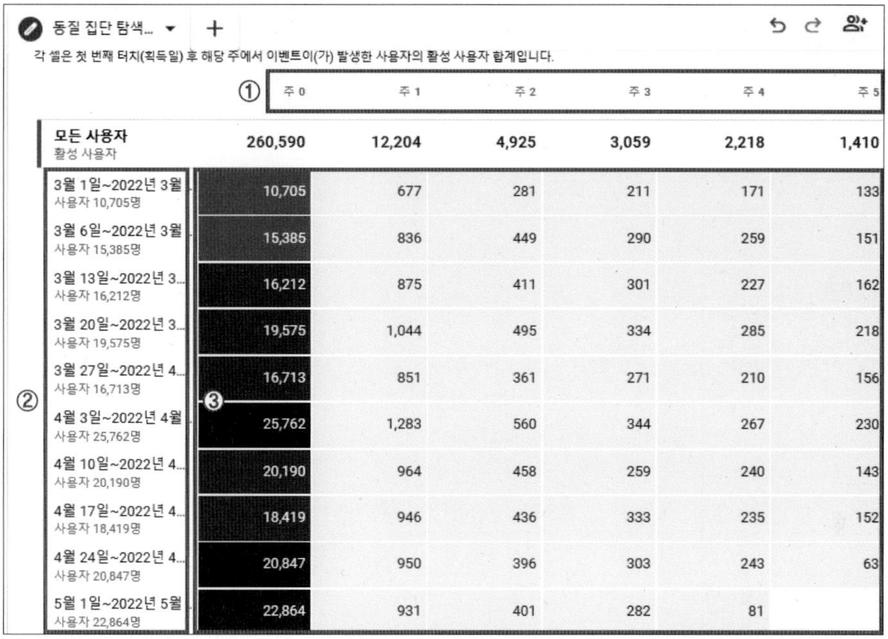

각 셀은 첫 번째 터치(획득일) 후 해당 주에서 이벤트이(가) 발생한 사용자의 활성 사용자 합계입니다.

	① 주 0	주 1	주 2	주 3	주 4	주 5
모든 사용자 활성 사용자	260,590	12,204	4,925	3,059	2,218	1,410
3월 1일~2022년 3월 사용자 10,705명	10,705	677	281	211	171	133
3월 6일~2022년 3월 사용자 15,385명	15,385	836	449	290	259	151
3월 13일~2022년 3 사용자 16,212명	16,212	875	411	301	227	162
3월 20일~2022년 3 사용자 19,575명	19,575	1,044	495	334	285	218
3월 27일~2022년 4 사용자 16,713명	16,713	851	361	271	210	156
4월 3일~2022년 4월 사용자 25,762명	25,762	1,283	560	344	267	230
4월 10일~2022년 4 사용자 20,190명	20,190	964	458	259	240	143
4월 17일~2022년 4 사용자 18,419명	18,419	946	436	333	235	152
4월 24일~2022년 4 사용자 20,847명	20,847	950	396	303	243	63
5월 1일~2022년 5월 사용자 22,864명	22,864	931	401	282	81	

(② 표기는 동질 집단 열, ③ 표기는 현황 셀 영역)

그림 7-184 | 동질 집단 탐색 분석 화면

① **시간 경과:** 시간의 경과를 나타냅니다 주 0은 동질 집단이 집계, 즉 획득된 주간입니다. 그 뒤로 경과된 시간은 주 1(+1주) 시점, 주 2(+2주)…로 표현됩니다.

② **동질 집단:** 특정 기간에 유입된 사용자 집단을 말합니다. 예를 들어 3월 1일~3월 5일은 3월 1일부터 3월 5일 사이에 획득된 사용자가 동질 집단이 됩니다. 3월 6일~3월12일은 해당 기간에 획득된 또 다른 동질 집단입니다.

③ **현황:** 사각형을 셀(cell)이라고도 부릅니다. 시간 경과에 따른 사용자의 수를 나타냅니다. 즉, 각 셀은 첫 번째 주 0(획득일)부터 그 이후까지 이벤트가 발생한 사용자의 현황을 말합니다. 최초 획득된 사용자의 재방문을 기준으로 하므로 시간이 경과할수록 숫자는 점차로 줄어드는 경향이 있습니다. 또한, 다른 동질 집단 대비 사용자가 많이 획득된 경우에는 짙은 색을 띠고, 적게 획득된 경우에는 옅은 색을 띱니다.

동질 집단 탐색 분석에 대한 분석 기준은 [탭 설정] 영역에서 다음 그림과 같이 할 수 있습니다.

그림 7-185 | 동질 집단 탐색 분석 기준

① **동질 집단 포함:** '획득일', '이벤트', '거래', '전환' 등 동질 집단의 기준을 정합니다. 예를 들어 '거래'로 설정하면 분석 기간에 '거래'가 있는 사용자가 동질 집단이 됩니다.

② **재방문 기준:** '이벤트', '거래', '전환' 등 시간 경과에 대해 재방문 기준을 정합니다. 예를 들어 '거래'로 설정하면 '거래'가 있는 사용자가 재방문하는지를 살펴봅니다.

③ **동질 집단 세분화:** '일별', '주별', '월별'로 시간 범위를 정합니다.

④ **계산:** 분석 셀에 대한 계산 방식을 결정합니다. '일반', '최근', '누적'이 있습니다.

⑤ **세분화:** 세분화 측정기준을 추가할 수 있습니다. 예를 들어 '플랫폼' 측정기준을 설정하면 플랫폼별로 구분되어 분석합니다.

다음 그림은 구글 머천다이즈 스토어의 3월 1일~5월 31일 사이에 획득된 동질 집단입니다. 기본으로 설정된 조건으로 동질 집단 탐색 분석을 진행해 보겠습니다.

	주 0	주 1	주 2	주 3	주 4	주 5	
모든 사용자 활성 사용자	260,590	12,204	4,925	3,059	2,218	1,410	③
3월 1일~2022년 3월 … 사용자 10,705명	10,705	677	281	211	171	133	①
3월 6일~2022년 3월 … 사용자 15,385명	15,385	836	449	290	259	151	
3월 13일~2022년 3… 사용자 16,212명	16,212	875	411	301	227	162	
3월 20일~2022년 3… 사용자 19,575명	19,575	1,044	495	334	285	218	
3월 27일~2022년 4… 사용자 16,713명	16,713	851	361	271	210	156	
4월 3일~2022년 4월 … 사용자 25,762명	25,762	1,283	560	344	267	230	②

그림 7-186 | 동질 집단 탐색 분석

① 3월 1일~3월 5일 동질 집단의 경우 주 0에는 10,705명의 사용자가 유입되었습니다. 한 주가 흐른 주 1에는 677명의 사용자가 남습니다. 시간이 계속 경과하여 주 5에는 단지 133명의 사용자만 남습니다. 이 시점에서 133/10,705=1.24%가 남았습니다.

② 4월 3일~4월 9일 동질 집단의 경우는 주 0에 25,762명의 사용자가 유입되었습니다. 다른 동질 집단에 비해 많은 유입이 있었으며 그래서 셀 색상도 가장 짙습니다. 하지만 주 5에는 단지 230명의 사용자만 남습니다. 이 시점에는 230/25,762=0.89%로 오히려 앞의 동질 집단보다 사용자가 유지되지 못했습니다.

③ **모든 사용자:** 모든 사용자의 추이를 주 5 시점에서 보면 1,410/260,590=0.5%만 남았습니다. 전체 평균에 해당하는 이 수치는 ①, ② 동질 집단의 남은 사용자 수보다 높은 수치입니다. ② 동질 집단의 남은 사용자 유지율이 낮은 것이 아니라 ① 동질 집단 사용자의 유지율이 상대적으로 높습니다. 해당 기간에 어떤 일이 있었는지 파악해 볼 필요가 있습니다.

6 사용자 전체 기간 분석

우리 서비스가 당장의 수익을 얻는 것도 중요하지만, 지속적인 서비스를 유지하기 위해 고객의 가치를 측정하고 고객 관리 활동(CRM)을 강화하는 일도 매우 중요할 것입니다. **사용자 전체 기간(User lifetime) 분석**은 기업 관점에서의 사용자의 평생 가치, 즉 LTV(Lifetime Value)

관점에서 분석할 수 있는 기법입니다. LTV란 간단하게 말해서 고객이 평생 동안 우리 회사에 얼마만큼의 수익을 가져다줄 수 있는지 계산하는 것입니다.

사용자 전체 기간 분석을 진행하려면 '탐색 분석' 화면에서 [사용자 전체 기간]을 클릭합니다.

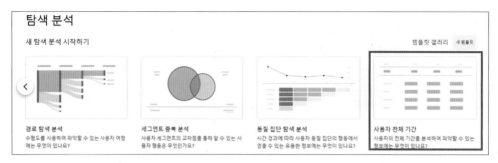

그림 7-187 | [사용자 전체 기간] 분석 선택

사용자 전체 기간 분석은 앞서 배운 자유 양식 분석과 크게 다르지 않습니다. 단지 [탭 설정] 영역의 [값]에 LTV에 관련된 측정항목들이 미리 설정되어 있을 뿐입니다.

바로 사용자 전체 기간 분석을 진행해 보겠습니다. 분석 기간은 앞서와 같이 2022/03/01 ~ 2022/05/31입니다.

첫 사용자 매체	↓총 사용자	평생 가치(LTV): 평균	전체 기간 참여 시간: 평균	전체 기간 거래: 평균
총계	430,780 총계 대비 100.0%	$1.33 총계 대비 100.0%	1분 24초 총계 대비 100.0%	0.01 총계 대비 100.0%
1 (none)	209,500	$1.98	1분 28초	0.02
① organic	143,083	$0.81	1분 32초	<0.01
3 cpc	50,369	$0.27	0분 50초	<0.01
4 referral	23,783	$1.07	1분 17초	<0.01
5 (not set)	1,258	$0.00	0분 15초	0
6 affiliate	1,174	$0.00	0분 45초	0
② email	806	$2.93	2분 38초	0.04
8 (data deleted)	19	$8.69	5분 01초	0.11
9 cpm	11	$0.00	0분 51초	0
10 OrganiC	1	$0.00	0분 12초	0

그림 7-188 | 사용자 전체 기간 분석

'첫 사용자 매체'가 분석 기준 행으로 설정된 사용자 전체 기간 분석 결과입니다.

① organic(자연 검색) 매체의 '총 사용자'는 143,083명이며, 사용자당 '평생 가치(LTV): 평균'은 $0.81입니다. 즉, 한 사람당 평생 가치는 평균 $0.81를 기대할 수 있습니다.

② email(이메일)의 '총 사용자'는 806명이지만, '평생 가치(LTV): 평균'은 $2.93로 '자연 검색'에 비해 평생 가치가 훨씬 높습니다. 또한 '전체 기간 참여 시간'이나 '전체 기간 거래' 수치도 높습니다.[33]

'자연 검색'은 사용자가 스스로 검색을 통해 능동적으로 우리 서비스를 방문해서 이용하는 경우이며, '이메일'은 기업이 정보를 전달하면 고객이 흥미를 갖고 서비스를 이용하는 경우로 이해할 수 있습니다. 이런 매체의 특성과 사용자 전체 기간 분석만을 두고 보면, 자연 검색에 비해 이메일이 고객과 상호 작용하는 데 좋은 매체가 될 수 있다는 것을 방증한다고 생각할 수도 있습니다.

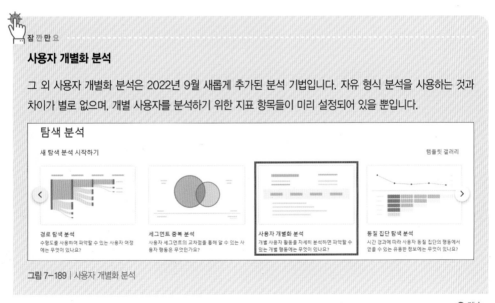

잠깐만요

사용자 개별화 분석

그 외 사용자 개별화 분석은 2022년 9월 새롭게 추가된 분석 기법입니다. 자유 형식 분석을 사용하는 것과 차이가 별로 없으며, 개별 사용자를 분석하기 위한 지표 항목들이 미리 설정되어 있을 뿐입니다.

그림 7-189 | 사용자 개별화 분석

◆ 계속

---

33 매체 중에 '(data deleted)' 매체가 있는데 이는 구글에서 어떤 이유로 GA4 데이터를 삭제한 것으로, 일반적인 상황의 매체는 아니라고 생각하면 됩니다.

다음 그림은 2022/08/22 ~ 2022/09/25 기간의 '데이터 세프의 레시피' 사용자 개별화 분석 화면입니다. '앱 인스턴스 ID', 즉 GA의 사용자 식별 ID를 기준으로 데이터를 확인할 수 있습니다.

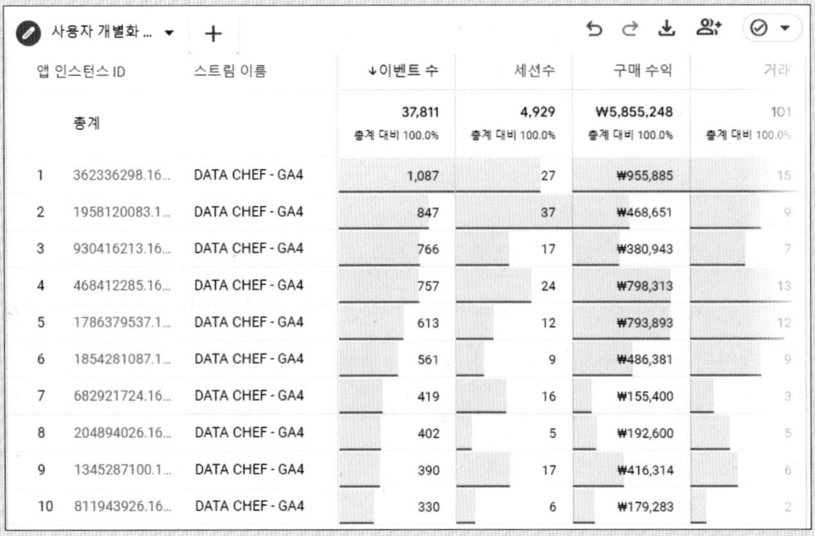

	앱 인스턴스 ID	스트림 이름	↓이벤트 수	세션수	구매 수익	거라
	총계		37,811 총계 대비 100.0%	4,929 총계 대비 100.0%	₩5,855,248 총계 대비 100.0%	101 총계 대비 100.0%
1	362336298.16...	DATA CHEF - GA4	1,087	27	₩955,885	15
2	1958120083.1...	DATA CHEF - GA4	847	37	₩468,651	9
3	930416213.16...	DATA CHEF - GA4	766	17	₩380,943	7
4	468412285.16...	DATA CHEF - GA4	757	24	₩798,313	13
5	1786379537.1...	DATA CHEF - GA4	613	12	₩793,893	12
6	1854281087.1...	DATA CHEF - GA4	561	9	₩486,381	9
7	682921724.16...	DATA CHEF - GA4	419	16	₩155,400	3
8	204894026.16...	DATA CHEF - GA4	402	5	₩192,600	5
9	1345287100.1...	DATA CHEF - GA4	390	17	₩416,314	6
10	811943926.16...	DATA CHEF - GA4	330	6	₩179,283	2

그림 7-190 | 사용자 개별화 분석 화면

8장

디지털 마케팅 캠페인을 실행하고 GA4로 분석해 보기

지금까지 수집, 저장, 분석 관점으로 GA를 익혔습니다.
이번 장에서는 지금까지 익힌 GA4 지식을 바탕으로
실제 웹 서비스와 디지털 마케팅 캠페인을 분석해 보겠습니다.
8장의 일부 내용은 이 책의 학습을 위해 각색되었습니다.

데이터 셰프의 레시피 분석 권한 부여받기

8장의 모든 실습은 '데이터 셰프의 레시피(www.datachef.co.kr)' 웹 사이트에서 진행합니다. 실습을 하기 위해서는 데이터 셰프의 레시피 웹 사이트의 분석 권한을 부여받아야 합니다. 다음과 같이 데이터 셰프의 레시피 웹 사이트를 방문해서 [ANALYTICS 〉 구글 애널리틱스 권한 신청] 메뉴를 클릭합니다.

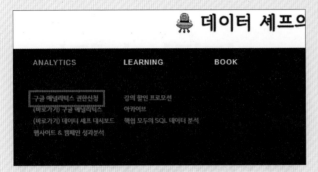

그림 8-1 | 구글 애널리틱스 권한 신청 메뉴

구글 애널리틱스 권한 신청 화면이 나오면 [Data Chef. 구글 애널리틱스 분석 권한 신청 바로가기]를 클릭한 뒤 자신의 지메일 계정을 정보를 입력하고, [Submit] 버튼을 클릭해 정보를 전송합니다. 계정은 반드시 지메일 계정을 사용해야 합니다. 지메일 계정이 없다면 계정을 만든 후에 진행합니다.

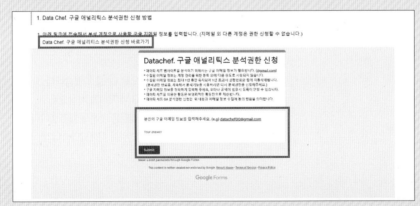

그림 8-2 | 데이터 셰프의 레시피 구글 애널리틱스 분석 권한 신청 바로가기

정보가 성공적으로 전송되었다면, 권한 부여 완료는 빠르면 며칠에서 최대 일주일 정도 걸릴 수 있습니다. 권한 부여가 완료되면 권한을 신청할 때 입력한 이메일 주소로 완료 이메일이 전달됩니다.

○ 계속

분석 권한이 정상적으로 부여되었다면 여러분의 GA4 계정 선택기에 다음과 같이 [datachef] 계정이 나타 납니다. 속성 및 앱에서 [DATA CHEF – GA4]를 선택합니다.[1] 즐겨찾기 아이콘(☆)을 클릭해 추가해 두면 이후 [즐겨찾기] 탭에서 쉽게 선택할 수 있습니다.

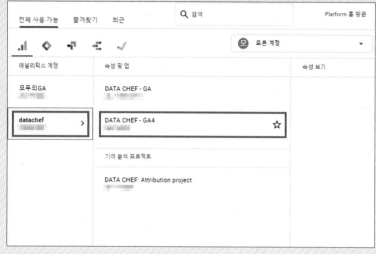

그림 8-3 | [DATA CHEF – GA4] 속성 및 앱 선택

지금까지 우리는 UA와 GA4의 많은 내용을 알아봤습니다. 이번 장에서는 지금까지 익힌 GA4를 이용하여 디지털 마케팅 실무 데이터를 분석해 보겠습니다. 현장감이 전해지도록 온 라인 사업부에서 근무하는 가상의 인물 김지아 대리의 입장에서 디지털 마케팅을 실행하고 GA4로 분석합니다. 여러분도 주인공인 김지아가 되어 어떻게 디지털 마케팅을 실행하고 GA4 분석을 진행할지 고민해 보세요.

시퀄 주식회사는 외식 프랜차이즈를 주력 사업으로 하는 전통적인 오프라인 회사였습니다. 코로나 바이러스가 전 세계를 강타하기 불과 얼마 전, 시퀄 주식회사의 최분석 과장은 데이 터 분석을 통해 온라인 비즈니스로의 변화가 중요함을 강조했고, 멤버십을 계획하기도 했습 니다.[2] 시퀄 주식회사는 그의 분석 근거와 주장을 받아들여 기존 사업 영역을 온라인 기반

---

1 구글이 스탠다드 버전 GA4 사용자 화면에서 데이터를 확인할 수 있는 기간을 14개월만이라고 예고했기 때문에 현재 실습하고 있는 데이터는 일정 기간이 지나면 조회되지 않을 수 있습니다. 만약 앞서 언급한 이유로 데이터가 나타나지 않는다면, **2023/06/01~2023/07/31**처럼 분 석 연도만 바꿔서 이 책의 집필이 완료된 2022년 시점과 데이터가 어떻게 달라졌는지 비교하며 실습해 봅니다.

2 〈모두의 SQL〉(길벗, 2018), 〈모두의 R 데이터 분석〉(길벗, 2020)에 실린 실습 시나리오 내용입니다.

으로 변화시켰습니다. 그로 인해 시퀄 주식회사는 힘든 시기에도 안정적으로 사업을 지속할 수 있었습니다. 더 나아가 온라인 비즈니스의 가능성에 눈뜬 시퀄 주식회사는 여러 가지 상품 및 콘텐츠를 온라인으로 판매할 온라인 사업부를 신설했습니다. 온라인 사업부는 시장 파악을 위한 테스트 웹 사이트 '데이터 셰프의 레시피'를 제작했으며, 웹 사이트에는 데이터 분석을 위한 도구로 GA4를 적용했습니다.

온라인 사업부는 시퀄 주식회사의 기대를 한 몸에 받는 부서가 되었으며, 탁월한 안목을 인정받은 최분석 과장이 온라인 사업부의 팀장이 되었습니다. 이제 본격적으로 온라인 시장에 진출을 앞두고 있는 온라인 사업부는 서비스 현황 분석과 테스트를 통해 온라인 사업부의 신사업 아이템의 발굴과 사업 방향성을 결정해야 할 시기입니다.

[시퀄 주식회사의 소회의실]

온라인 사업부의 최분석 팀장과 김지아 대리가 한창 회의 중입니다.

최분석 팀장이 말했습니다.

분석 "김지아 대리님도 알다시피 우리 시퀄 회사는 발 빠르게 온라인 커머스로 전환해서 코로나 시기도 무사히 극복할 수 있었습니다. 이제 우리 회사의 주력 사업을 온라인 분야로 확장할 생각입니다. 전통적인 사업을 하던 우리 회사가 온라인 분야라는 새로운 사업을 시작하려고 하니 어려운 면이 있습니다. 게다가 아직 온라인에서 진행할 사업 아이템도 결정하지 못한 상태입니다. 제 생각에는 무작정 새로운 사업으로 진출하는 것보다는 깊이 있는 분석과 테스트를 통해 인사이트를 도출한 뒤, 그것을 근거로 사업 아이템을 선정해서 진행하는 것이 좋을 것 같습니다."

지아 "맞습니다. 분석 팀장님, 그렇기에 우리는 이미 테스트 웹 사이트를 제작해서 미리 준비한 것이지요. 특히 우리 웹 서비스에 GA4를 미리 적용했기 때문에 충분히 가능성을 분석해 볼 수 있다고 생각합니다."

분석 "네, 이미 수개월 동안 데이터를 축적해 놓았으니 GA4로 충분히 신사업 아이템 가능성에 대한 가설 검증과 분석이 가능할 것입니다. 하지만 가설 검증과 분석조차도 실행 방법이 막막한 건 사실입니다. 지아 대리님, 혹시 좋은 실행 방안이 있을까요?"

지아 "분석 팀장님, 사업 성장 가능성이 있는 아이템을 가늠해 보기 위한 테스트 디지털 마케팅을 실행해 보고 효과를 검증해 보는 것은 어떨까요?"

분석 "좋은 생각입니다. 우리는 이미 웹 사이트 개설 초기부터, 가장 유력해 보이는 상품 아이템과 게시물

들을 올려 놓았고, 사용자들의 자연스러운 유입을 유도하고 있습니다. 우리 서비스의 특성과 강점은 무엇인지를 분석해서 앞으로 우리 서비스의 방향성을 정하면 좋겠다는 생각입니다. 본격적인 서비스 플랫폼 개발에 앞서 테스트 디지털 마케팅 캠페인을 진행해서 효과를 검증해 보는 것도 좋겠군요. 김지아 대리님이 테스트 디지털 마케팅을 기획한 후 실행과 분석을 진행하실 수 있을까요?"

지아 "물론입니다."

분석 "그렇다면 어떻게 디지털 마케팅을 실행하고 분석하는 것이 좋을까요?"

8.1 우리 서비스 현황 분석하기

지아 "가장 먼저 우리 서비스의 사용자들은 어떤 사람들이며, 또 어떤 패턴과 주기로 우리 웹 사이트에 방문하는지 알아보는 것이 중요할 것 같습니다."

분석 "그렇군요. 모든 일을 시작할 때는 현황 파악이 먼저이지요. 지아 대리님이 말한 대로 우리 서비스의 사용자들은 어떤 사용자들이며 또 어떤 패턴으로 우리 서비스를 이용하는지 확인해 보시죠."

지아 "네, 알겠습니다. 분석해 본 뒤 결과를 공유해 드리겠습니다."

 인구통계 개요 보고서 분석

애널리틱스 계정	속성 및 앱	보기	
datachef	DATA CHEF – GA4	–	
메뉴 경로	보고서 〉 인구통계 〉 인구통계 개요 (Reports 〉 Demographics 〉 Demographics overview)	날짜	2022/06/01 ~ 2022/07/31

지아 '일단 기본 GA4 보고서부터 살펴보자. 가장 먼저 사용자의 인구통계 정보부터 확인해 보는 게 좋겠어. 인구통계 정보는 인구통계 개요 보고서로 한눈에 알 수 있잖아? 두 달 정도 기간(2022/06/01 ~ 2022/07/31)을 분석 기간으로 설정해 확인해 보자.'

김지아 대리는 인구통계 개요 보고서를 확인해 봤습니다.

그림 8-4 | 데이터 셰프의 레시피, 인구통계 개요 보고서

지아 '두 달 동안 약 6.2천 명의 사용자가 우리 웹 사이트를 방문했구나(①). 30분 동안 5명의 사용자가 접속했고(②). 대한민국 서울에서 가장 많은 사용자가 웹 사이트를 방문했어(③). 성별 비율은 거의 비슷하지만 남자가 약간 더 많은 편이구나(④). 우리 웹 사이트의 특성상 방문한 사용자가 Technology/Technophiles에 관심이 많은 건 이해하겠는데, Shoppers/Value Shoppers에 관심이 많다는 건 무슨 의미일까(⑤)? 관심 있는 상품 구입에 적극적이라는 의미일까? 우리 웹 사이트에 많이 방문한 사용자 대다수는 18세에서 44세까지로 비교적 젊은 세대야(⑥). 아마도 이런 세대의 특징도 반영된 것 같군. 우리 서비스를 개선하거나 마케팅을 할 때 좋은 정보가 되겠는걸?'

2 기술 개요 보고서 분석

| 메뉴 경로 | 보고서 〉 기술 〉 기술 개요
(Reports 〉 Tech 〉 Tech overview) | 날짜 | 2022/06/01 ~
2022/07/31 |

지아 '추가로 기술 개요 보고서도 살펴보자.'

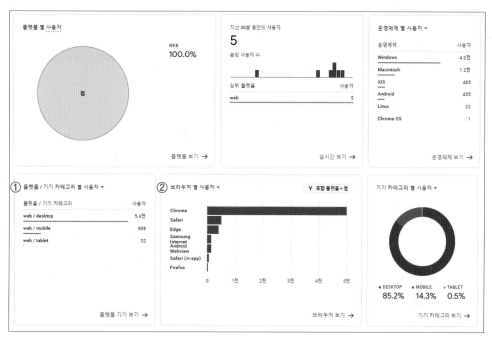

그림 8-5 | 데이터 셰프의 레시피, 기술 개요 보고서

'우리 서비스가 반응형 웹으로 제작되어 있기 때문에 사용자들의 플랫폼은 당연히 모두 웹이지. 사용자들의 데스크톱과 모바일의 사용 비율은 각각 85.5%와 14.3% 정도네(①). 서비스가 반응형 웹이기 때문에 당연한 상황으로 보여. 브라우저는 크롬(Chrome)이 대다수인 것도 확인되는구나(②). 우리가 캠페인을 하게 된다면 주로 웹 사용자 또는 웹/앱 두 플랫폼을 가리지 않는 광고 매체를 사용하는 것이 좋겠어.'

'자, 이제 고객들이 어떻게 유입되었는지 확인해 볼까? 사용자 유입을 확인하려면 획득 보고서, 그중에서도 사용자 획득 보고서를 확인해 보면 되겠어.'

메뉴 경로	보고서 〉 획득 〉 사용자 획득 (Reports 〉 Acquisition 〉 User acquisition)	날짜	2022/06/01 ~ 2022/07/31

지아 '우리 서비스의 사용자 현황은 어떨까? **사용자 획득 보고서**를 확인해 보자.'

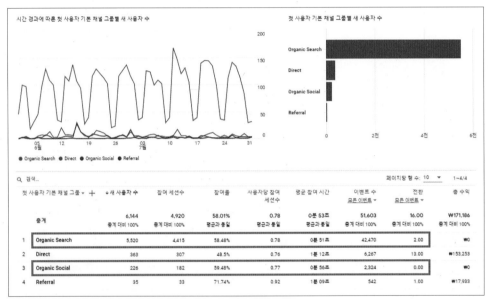

그림 8-6 | 데이터 셰프의 레시피, 사용자 획득 보고서

'총 두 달간 6,144명의 '새 사용자'가 유입되었군나. 60일이라고 치면 하루에 100명이 조금 넘는 새 사용자를 획득했다고 볼 수 있어. '평균 참여 시간'은 53초로 짧은 편이야. 보고 싶은 콘텐츠만 보고 떠났다고 생각할 수 있겠지. 참여 시간을 높일 수 있는 전략이 필요해.'

'가장 많이 유입된 채널 그룹은 '자연 검색(Organic Search)'이야. 검색 엔진을 통해 우리 서비스에 방문한다는 의미이지. '소셜 검색(Organic Social)'이 세 번째로 많이 유입된 채널이란 것은 흥미로운걸? 소셜미디어를 사용하는 사용자들이 많다는 의미일까? 기억해 둬야겠어.'

'그럼 '자연 검색'을 통해 우리 서비스에 유입된 사용자들이 가장 많이 검색했던 키워드는 무엇일까?'

'모든 검색 엔진의 자연 검색어를 확인할 수 있다면 좋겠지만, 먼저 구글 자연 검색어를 확인할 수 있는 '서치 콘솔'을 통해 검색 키워드를 확인해 보자. '서치 콘솔'은 [보고서 > Search Console > 쿼리]를 클릭하면 돼.'[3]

 ## 4 서치 콘솔

메뉴 경로	보고서 > Search Console > 쿼리 (Reports > Search Console > Queries)	날짜	2022/06/01 ~ 2022/07/31

지아 '그럼 서치 콘솔로 구글 검색 엔진을 통해 서비스에 방문한 사용자의 '자연 검색어'를 확인해 보자.'

자연 Google 검색어 ▾	+자연 Google 검색결과 클릭수	자연 Google 검색결과 노출수	자연 Google 검색결과 클릭률	자연 Google 검색 평균 게재순위
총계	377 총계 대비 100%	9,985 총계 대비 100%	3.78% 총계 대비 100%	10.08 총계 대비 100%
1 오라클 sql	15	134	11.19%	2.34
2 타입폼	13	811	1.6%	3.24
3 data studio	11	194	5.67%	3.41
4 google data studio	10	300	3.33%	3.94
5 구글 데이터 스튜디오	10	578	1.73%	5.83
6 rfp	9	1,633	0.55%	8.92
7 gtag gtm 차이	7	9	77.78%	1.00
8 서비스 정책	7	16	43.75%	1.00
9 포인트 제도 기획	7	18	38.89%	1.00
10 pandas란	6	56	10.71%	2.89

그림 8-7 | 데이터 셰프의 레시피, 서치 콘솔

''오라클 sql'에 대한 검색 결과가 가장 높구나. 그리고 '타입폼', 'data studio' 순서야. 역시 우리 웹 사이트에서는 데이터 분석에 관심이 많은 사용자들이 접속하고 있어. 데이터 분석과 SQL을 주제로 서비스를 개선하는 것도 고려해 볼 수 있겠어.'

'지금까지 사용자 획득에 대해 분석해 봤으니, 이젠 획득된 사용자들이 웹 사이트 내에서 어떤 활동 패턴을 보이는지 확인해 봐야겠어.'

---

3 GA4 기본 메뉴에서는 유입된 자연 검색어를 확인할 수 없습니다. 다만 구글 '서치 콘솔'을 연결하면 GA4에서 구글 검색 엔진에 대해서는 유입 자연 검색어를 확인할 수 있습니다. 데이터 셰프의 레시피는 미리 서치 콘솔을 연결해 두었습니다. 서치 콘솔 연결 방법을 알고 싶다면 데이터 셰프의 레시피 GA4 게시판을 확인해 보세요.

이벤트 보고서 분석

메뉴 경로	보고서 〉 참여도 〉 이벤트 (Reports 〉 Engagement 〉 Events)	날짜	2022/06/01 ~ 2022/07/31

지아 '사용자들의 참여도를 확인해서 우리 서비스에서 많이 발생하는 이벤트가 무엇인지 확인해 보자. 이 벤트를 확인하려면 [참여도 〉 이벤트] 보고서를 확인하면 되겠지.'

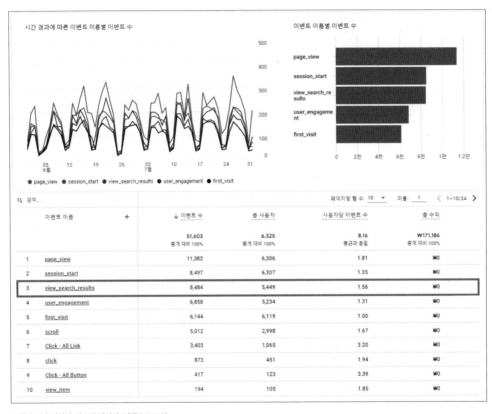

그림 8-8 | 데이터 셰프의 레시피, 이벤트 보고서

'page_view나 session_start 이벤트는 서비스에 접속하면 당연히 발동하는 이벤트이기 때문에 특이 사항은 없어. 실제로 가장 많이 발생한 이벤트는 view_search_results 이벤트네. view_search_ results는 사이트 내 검색 이벤트잖아? 이 말은 사용자들이 웹 사이트에서 무언가 다시 검색해 보았단 얘기인데… 흥미로운걸? 사용자들이 어떤 것들을 검색했을까? view_search_results 이벤트만 남겨 두 고, 사이트 내 검색 키워드 매개변수인 search_term을 보조 측정기준으로 추가해 자세히 살펴보자.'

'이런 경우를 대비해서 사이트 내 검색 키워드는 미리 설정해 두었지.'

잠깐만요

사이트 내 검색 키워드 설정하기

데이터 셰프의 레시피는 사이트 내 검색 키워드(search_term) 즉, '검색어 쿼리 매개변수'를 측정기준으로 확인할 수 있습니다.[4] 검색어 쿼리 매개변수는 search_term 매개변수로 표현됩니다. 이것은 사이트 내 검색 키워드가 GA4에 적재되게 설정했기 때문입니다. 즉, [관리 > 속성 > 데이터 스트림 > 이벤트]에서 [향상된 측정](⚙) 아이콘을 클릭한 뒤 나타나는 '사이트 검색'의 검색어 쿼리 매개변수를 keyword로 설정했기 때문입니다.

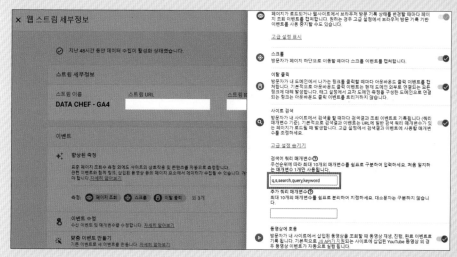

그림 8-9 | 사이트 검색 내 검색어 쿼리 매개변수 설정

이렇게 하면 사용자가 사이트 내부에서 검색할 때 keyword에 검색어가 담기고, 해당 데이터가 GA4에 저장됩니다.

🔒 datachef.imweb.me/search?type=&keyword=모두의+SQL

그림 8-10 | keyword에 담기는 검색어(주소 검색 화면)

다만 이렇게 설정한다 해도 사이트 내 검색어를 GA4에서 바로 확인할 수는 없는데, 사이트 내 검색어를 확인하고 싶다면 다음처럼 [관리 > 속성 > 맞춤 정의]에서 [맞춤 측정기준 만들기]를 통해 'search_term 매개변수'를 '맞춤 측정기준'으로 등록해야 합니다.

● 계속

---

4 데이터 셰프의 레시피에서는 검색어(search_term) 매개변수를 맞춤 측정기준으로 미리 설정해 놓았습니다.

그림 8-11 | search_term 맞춤 측정기준 등록 및 수정

지아 '자, 그럼 search_term 매개변수를 보조 측정기준으로 추가해 볼까?'

6 search_term 보조 측정기준 추가하기

① 검색 날짜(데이터 분석 날짜)를 2022/08/01 ~ 2022/08/15로 바꿉니다.[5]

② 검색창에 'view_search_results'를 입력한 뒤 엔터키를 눌러 해당 이벤트만 남겨 둡니다.

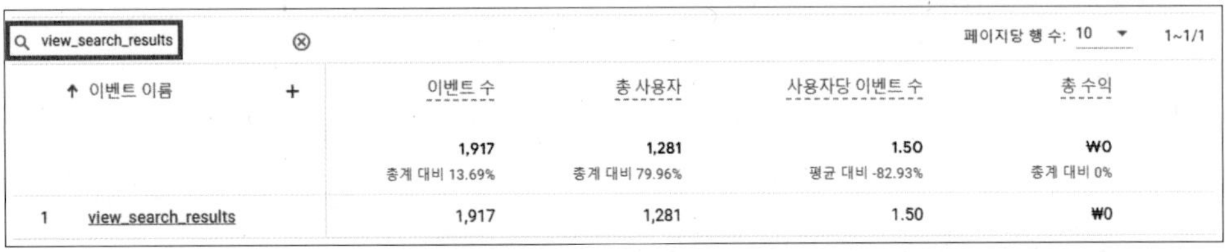

↑ 이벤트 이름	이벤트 수	총 사용자	사용자당 이벤트 수	총 수익
	1,917 총계 대비 13.69%	1,281 총계 대비 79.96%	1.50 평균 대비 -82.93%	₩0 총계 대비 0%
1 view_search_results	1,917	1,281	1.50	₩0

그림 8-12 | view_search_results 검색

③ 보조 측정기준 추가 아이콘(이벤트 이름 +)을 클릭해서 search_term 매개변수를 추가
합니다.

---

5 다음 노트에서 소개하는 매개변수를 등록한 기간입니다. 이번만 검색 기간을 이렇게 바꿉니다.

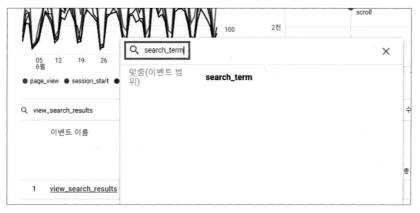

그림 8-13 | 보조 측정기준 search_term 매개변수 추가

그러면 다음과 같이 사이트 내 검색 결과가 출력됩니다.

	이벤트 이름	search_term ▼		↓ 이벤트 수
				1,860 총계 대비 14.46%
1	view_search_results	(not set)		1,817
2	view_search_results	YToxOntzOjEyOiJrZXl3b3JkX3R5cGUiO3M6MzoiYWxsjjt9		20
3	view_search_results	온라인 교육		8
4	view_search_results	YToyOntzOjEyOiJrZXl3b3JkX3R5cGUiO3M6MzoiYWxsljtzOjQ6InBhZ2UiO2k6MTt9		4
5	view_search_results	YToyOntzOjEyOiJrZXl3b3JkX3R5cGUiO3M6MzoiYWxsljtzOjQ6InBhZ2UiO2k6Mjt9		4
6	view_search_results	YToyOntzOjEyOiJrZXl3b3JkX3R5cGUiO3M6MzoiYWxsljtzOjQ6InBhZ2UiO2k6NDt9		3
7	view_search_results	YToyOntzOjEyOiJrZXl3b3JkX3R5cGUiO3M6MzoiYWxsljtzOjQ6InBhZ2UiO2k6Mzt9		1
8	view_search_results	YToyOntzOjQ6InBhZ2UiO2k6MTtzOjEyOiJrZXl3b3JkX3R5cGUiO3M6MzoiYWxsljt9		1
9	view_search_results	it 온라인 강의		1
10	view_search_results	모두의 SQL		1

그림 8-14 | 데이터 셰프의 레시피의 사이트 내 검색 결과

분석 결과를 확인했다면 search_term 항목 옆의 삭제 버튼(✖)을 눌러 보조 측정기준을 삭제합니다.

지아 ''온라인 교육', 'IT 온라인 강의', '모두의 SQL'이 사용자들이 검색한 키워드이구나. 앞서 분석해 본 대로 역시 사용자들은 데이터 분석과 교육에 관심 있는 사람들이야.'

메뉴 경로	보고서 〉 참여도 〉 페이지 및 화면 (Reports 〉 Engagement 〉 Pages and screens)	날짜	2022/06/01 ~ 2022/07/31

지아 '우리 서비스에서 가장 많이 조회한 페이지를 확인해 보자. 역시 데이터 분석과 관련된 페이지의 조회 수가 높지 않을까?'

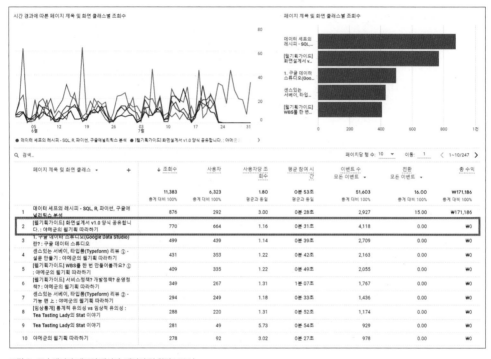

그림 8-15 | 데이터 셰프의 레시피, 페이지 및 화면 보고서

'앗, 약간 의외의 결과인걸? 당연히 데이터 분석에 관련된 페이지일 줄 알았는데 예상치 못한 분석 결과야. 가장 많이 조회한 '데이터 셰프의 레시피 - SQL, R, 파이썬, 구글 애널리틱스 분석' 페이지는 메인(home) 웹 페이지이기 때문에 특이 사항이 없고, 두 번째로 많이 조회한 것은 '[웹기획가이드] 화면설계서 v1.0 양식 공유' 페이지야. '사용자' 항목만 봐도 가장 높은 수치를 보이고 있어. 사용자들이 관심을 많이 보였던걸? 해당 페이지는 웹 화면 설계에 대한 절차와 템플릿을 담은 파일을 제공하고 있지. 그래, 양질의 콘텐츠를 사용자들이 많이 조회한 것이구나! 콘텐츠의 품질이 중요하다는 것이 입증되었다고 할 수 있어.'

메뉴 경로	보고서 〉 수익 창출 〉 전자상거래 구매 (Reports 〉 Monetization 〉 Ecommerce purchases)	날짜	2022/06/01 ~ 2022/07/31

> **지아** '그럼 매출 현황을 살펴보자. 우리 서비스는 테스트 서비스이므로 많은 매출을 기대하긴 어렵겠지. 하지만 GA4 전자상거래 기능이 잘 작동되는지 여부만 확인해도 좋을 듯해.'

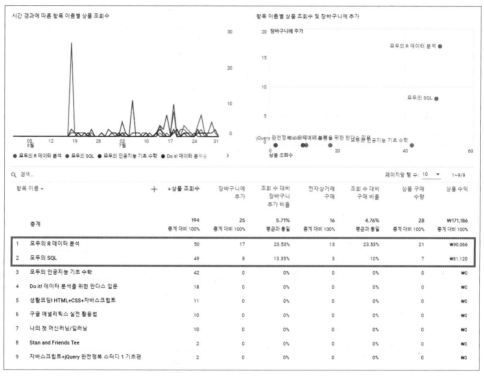

그림 8-16 | 데이터 셰프의 레시피, 전자상거래 구매 보고서

'전자상거래 분석 기능이 잘 작동하고 있구나. 전자상거래 데이터 수집 코드가 정상적으로 적용되었다는 의미겠지. 매출은 역시 높지 않네. 그래도 조금 더 확인해 볼까? '모두의 R 데이터 분석' 상품이 가장 높은 조회 수를 차지하고 있고, 그다음은 '모두의 SQL' 상품이야. 매출 역시 이 두 상품에서 발생했어. '모두의 R 데이터 분석' 상품의 '조회 수 대비 구매 비율'은 23.53%로 꽤나 높구나.'

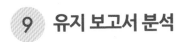

9 유지 보고서 분석

메뉴 경로	보고서 〉 유지 (Reports 〉 Retention)	날짜	2022/06/01 ~ 2022/07/31

> **지아** '자, 그럼 마지막으로 유지 보고서를 확인해 보자.'

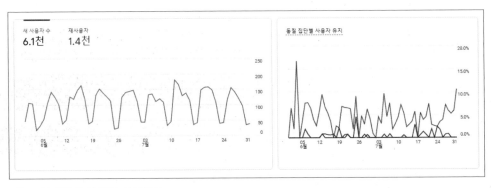

그림 8-17 | 데이터 셰프의 레시피, 유지 보고서

'두 달간 우리 서비스의 새 사용자 수는 6.1천 명이야. '**재사용자**' 수는 1.4천 명이구나. '**새 사용자**' 수 대비 약 22%(재사용자 수/새 사용자 수) 비율로 재방문 사용자가 존재한다고 분석되네. 웹 페이지에 머문 시간이 짧았던 것에 비하면 생각보다는 높은 수치야. 5명 중에 1명은 그래도 우리 웹 사이트에 다시 방문한다는 얘기 잖아? 우리 서비스에 방문했던 사용자들을 조금 더 자주 방문하게 할 수 있다면, 우리 회사 비즈니스에도 충분 히 긍정적인 영향을 줄 수 있을 것 같아!'

'자, 이렇게 사용자 획득 보고서를 비롯해 참여도, 수익 창출 보고서까지 GA4가 제공하는 주요 보고서를 확인했 어. 최분석 팀장님에게 결과를 보고하자.'

8.2 첫 번째 캠페인 준비하기: 디지털 마케팅 상식 알기/잠재고객 만들기

지아 "최분석 팀장님, 우리 서비스 현황 분석 결과를 공유 드리겠습니다."

김지아 대리는 앞서 확인한 서비스 현황 분석 내용을 자세히 설명했습니다. 최분석 팀장은 김지아 대리가 보고하는 내용에 대해 흥미롭다는 표정으로 경청했습니다.

분석 "… 그렇군요. GA4의 기본 보고서만으로도 이 정도까지 분석이 가능하군요. 좋은 내용이 많았습니다. 지아 대리님, 그렇다면 이렇게 알게 된 내용을 바탕으로 디지털 마케팅 캠페인은 어떻게 진행하는 것이 좋을까요?"

지아 "앞서 우리 서비스에서 사용자들 5명 중에 1명은 우리 웹 사이트를 재방문하는 것으로 분석되었습니다. 어떤 사용자에게는 우리 서비스가 재방문할 가치가 있는 것으로 생각됩니다. 그렇다면 우리 서비스가 좀 더 발전할 만한 잠재력을 가지고 있다는 의미로 생각되네요. 지금까지 분석된 내용을 가지고, 우리의 분석이 정확했는지 확인할 만한 캠페인을 진행해 보는 것이 좋을 것 같습니다. 먼저 우리 웹 사이트에 방문했던 사용자를 타깃 삼아 캠페인을 진행해 보는 게 어떨까요? 즉, 우리의 분석 가설을 캠페인으로 검증해 보는 겁니다."

분석 "흠, 우리 웹 사이트를 방문한 사용자를 대상으로 캠페인을 진행한다? 그런 것이 가능한가요?"

지아 "네, GA4라면 가능합니다. GA4에 '**잠재고객**' 생성 기능이 있기 때문입니다."

분석 "잠재고객이라…… 잠재고객이란 게 디지털 마케팅 대상을 설정하는 기능인가요?"

지아 "네, 맞습니다. GA4로 대상이 될 조건을 설정한 잠재고객에 대해서 구글 애즈를 사용해서 캠페인을 실행할 수 있습니다."[6]

분석 "그 말은 GA4로 잠재고객을 만들고, 구글 애즈로 캠페인을 실행하자는 얘기인가요?"

지아 "네, 맞습니다."

---

6 GA4와 구글 애즈는 같은 GMP 제품으로, 상호 연결성이 좋고 GA 생태계 관점의 다양한 정보를 얻을 수 있으며, GA4의 잠재 고객을 캠페인에 활용할 수 있습니다.

분석 "그렇군요. 좋습니다. 그렇다면 구글 애즈를 통해 캠페인을 실행해 봅시다."

지아 "캠페인 가설은 '우리 웹 사이트를 방문한 사용자는 데이터 분석 관련 콘텐츠에 관심이 많을 것이다.' 로 하려 합니다."

분석 "좋습니다. 테스트 차원이니까 이미 확보된 잠재고객을 대상으로 우리의 가설을 검증하면서 가볍게 디지털 마케팅 캠페인을 진행해 봅시다."

지아 "네, 그럼 우리 웹 사이트를 방문한 사용자를 잠재고객으로 생성해 보겠습니다. 잠재고객 생성에는 시간이 조금 필요합니다."

① 잠재고객 생성하기

테스트 캠페인을 위한 '잠재고객'을 생성하려면 다음과 같이 진행합니다.

❶ GA4 화면에서 [관리 〉 속성 〉 잠재고객]을 선택한 뒤 [새 잠재고객] 버튼을 클릭해 잠재 고객을 생성하겠습니다.[7] 그런 뒤 [추천 잠재고객] 메뉴 중에 '비구매자'를 선택하겠습니다. 비구매자 잠재고객 조건은 구매가 없는 사용자를 수집하는 조건이 미리 설정되어 있는 조건 입니다. 비구매자 잠재고객 조건을 다음과 같이 선택합니다.

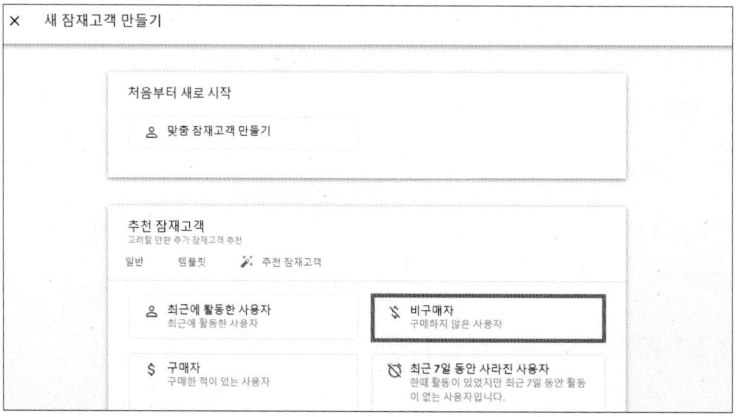

그림 8-18 | 새 잠재고객 만들기

---

7 잠재 고객에 대해서는 7.6.1절에서 자세히 설명했습니다. 여러분은 데이터 셰프의 레시피 편집 권한이 없기 때문에 책의 내용과 똑같이 잠재
   고객을 생성하고 구글 애즈에 연결하는 실습은 할 수 없습니다. 실습해 보려면 '모두의GA 〉 모두의GA_속성 – GA4' 속성 등 다른 계정을 사
   용하세요.

❷ 조건 설정 화면이 열리면 제목과 설명에 '새사용자 and 비구매자'로 입력한 뒤(①) 잠재고객 수집 조건에서 [이벤트 〉 first_visit]를 선택해서(②) 비구매자 잠재고객 조건에 새 사용자 수집 조건을 추가하겠습니다. 나머지 조건은 그대로 두겠습니다.

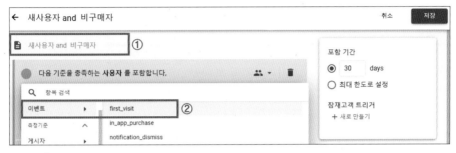

그림 8-19 | 제목/설명 입력 그리고 새 사용자 수집 조건 추가

❸ 총 2,700명의 잠재고객이 대상으로 수집될 것으로 예측됩니다. 즉, 최종 테스트 캠페인 대상은 약 2,700여 명이 될 것으로 예상한다는 의미입니다. 내용을 확인했으면 [저장] 버튼을 클릭해 잠재고객을 생성합니다.

그림 8-20 | 2,700명의 잠재고객 대상 수집 예측

❹ 새로운 '새사용자 and 비구매자' 잠재고객이 잘 생성되었습니다. 이 잠재고객을 구글 애즈 캠페인 실행 시 대상 고객으로 활용하겠습니다.

잠재고객 이름	설명	사용자 ⑦	변동률(%)	생성일 ↓
새사용자 and 비구매자	새사용자 and 비구매자	사용자 10명 미만	-	
TEST 잠재고객		865	↓19.9%	2022. 4. 16.
All Users	All users	2,691	↓15.8%	2021. 3. 16.
Purchasers	Users who have made a purchase	12	↑300.0%	2021. 3. 16.

그림 8-21 | 생성된 '새사용자 and 비구매자' 잠재고객

잠깐만요

디지털 마케팅 성과 측정을 위한 지표와 KPI

디지털 마케팅의 가장 큰 특징은 마케팅을 실행하기 위해 투입한 비용 대비 얼마만큼의 효과가 있었는지를 측정할 수 있다는 것입니다. 다음은 실무에서 주로 쓰이는 디지털 마케팅 성과 측정 지표와 주요 KPI(Key Performance Indicator), 즉 핵심 성과 지표입니다. 성과 측정 지표는 효과를 측정하기 위한 도구이고 핵심 성과 지표는 마케팅의 최종 목표라고 생각하면 됩니다.

표 8-1 | 성과 측정 지표

지표	설명	계산식
Impression(노출수)	광고가 노출된 횟수	
PV(Page View) 수	웹 페이지가 열람된 횟수	
CPC(클릭당 비용, Cost Per Click)	1회 클릭당 과금 비용	광고비/클릭 수
CPM(1000회당 비용, Cost Per Millennium)	1000회 노출당 과금 비용	(광고 단가/광고 노출수)*1000
CPP(구매당 비용, Cost Per Purchase)	구매당 비용	광고비/구매 건수
CTR(클릭률, Click-Through Rate)	노출 대비 클릭률	광고 클릭수/노출수
CVR(구매 전환율, Conversion Rate)	방문자 중에서 구매 행위를 얼마나 했는지를 나타내는 비율	구매 전환 수/광고 클릭수(방문수)
CPA(액션당 비용, Cost Per Action)	구매 등 사용자들이 특정 활동을 마쳤을 때 지불 비용	광고비/액션
ROAS(광고 수익률, Return on Ad Spend)	광고비 대비 매출액	

○ 계속

표 8-2 | 핵심 성과 지표

지표	설명	계산식
회원 수	회원으로 가입한 사용자의 수	
구매 회원 수	회원 중에 구매한 사용자의 수	
Organic User	마케팅에 상관없이 방문한 순 사용자	
AU(Active User)	활성 사용자	
DAU(Daily Active User)	1일 활성 사용자	
WAU(Weekly Active User)	주간 활성 사용자	
MAU(Monthly Active User)	월간 활성 사용자	
ARPU(Average Revenue Per User)	사용자당 지불한 평균 매출	매출/사용자
ARPPU(Average Revenue Per Paying User)	구매자당 지불한 평균 매출	매출/구매자
잔존율(Retention Rate)	구매 후에도 서비스에 남아 있는 사용자의 비율	
이탈률(Bounce Rate)	사용자가 서비스에 들어왔다가 즉시 떠나는 비율	
구매율(Purchase Rate)	사용자가 서비스에 방문하거나 상품을 조회한 뒤 상품을 구매한 비율	

[그로부터 30일 후]

지아 '2,700여 명의 캠페인 대상 잠재고객이 잘 생성되었어. 그럼 잠재고객을 대상으로 캠페인을 실행해 보자.'

지아 "분석 팀장님, 그럼 제작된 '새사용자 and 비구매자' 잠재고객을 활용해서 캠페인을 진행해 보겠습니다.[8] 첫 번째 캠페인의 실행 기간은 2022/8/22 ~ 2022/08/28까지 7일로 하려 합니다."

분석 "지아 대리님, 좋습니다. 그럼 잠재고객을 대상으로 첫 번째 캠페인을 실행해 봅시다."

지아 "네, 이제부터 첫 번째 캠페인은 구글 애즈 캠페인이라고 부르겠습니다. 구글 애즈 캠페인 시안은 다음과 같습니다."

---

8 이 책은 GA 책이므로 GA4 잠재 고객을 구글 애즈 캠페인에 사용하는 방법은 설명하지 않습니다.

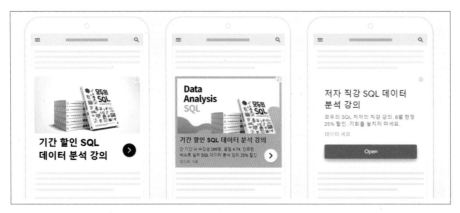

그림 8-22 | 구글 애즈 캠페인 시안(실제 캠페인 화면)

지아 "구글 애즈 실행과 상세 분석 화면은 다음과 같습니다."

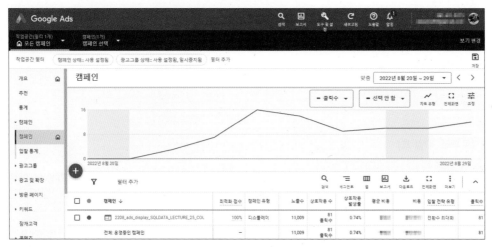

그림 8-23 | 구글 애즈 캠페인 화면

지아 "우리 웹 사이트 방문자들의 사용자들의 데이터 분석/교육 니즈를 확인한 만큼, 콘텐츠는 다음과 같이 데이터 분석 온라인 강의 25% 할인 쿠폰으로 하려 합니다. 즉, 시안은 '핵심만 쉽게 모두의 SQL 데이터 분석 25% 할인 쿠폰'입니다."

그림 8-24 | 데이터 분석 온라인 강의 25% 할인 쿠폰 캠페인 상세 내용

분석 "네, 시안과 캠페인 내용 좋습니다. 계획한 기간이 되면 구글 애즈 캠페인을 실행하죠."

지아 "네, 그럼 일주일 뒤 캠페인이 종료되면 결과를 보고드리겠습니다."

8.3 첫 번째 캠페인 성과 분석: 구글 애즈 캠페인으로부터 인사이트 얻기

애널리틱스 계정	속성 및 앱	보기	
datachef	DATA CHEF – GA4	–	
메뉴 경로	보고서 〉 수익 창출 〉 전자상거래 구매 (Reports 〉 Monetization 〉 Ecommerce purchases)	날짜	2022/08/22~ 2022/08/28

[첫 번째 구글 애즈 캠페인 실행으로부터 일주일 뒤]

지아 "첫 번째 테스트 캠페인, 구글 애즈 캠페인이 종료되었습니다."

분석 "그럼, 캠페인 결과를 확인해 봅시다."

지아 "네, 캠페인을 실행했던 2022/08/22 ~ 2022/08/28 기간에 대해, 쉽게 캠페인 성과를 확인할 수 있는 [수익 창출 > 전자상거래 구매] 보고서로 확인해 보겠습니다. 자, 그럼 결과는……"

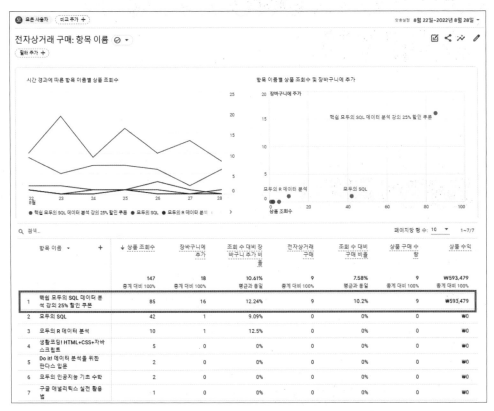

그림 8-25 | 전자상거래 구매 보고서에서 캠페인 결과 확인

지아 "'핵심만 쉽게 모두의 SQL 데이터 분석 25% 할인 쿠폰'의 '상품 조회 이벤트'가 85회이며 **'장바구니에 추가'**는 16회, **'상품 수익'**이 593,479원으로 확인됩니다. **'조회 수 대비 구매 비율'**은 10.2%로 상당히 높습니다. 불과 일주일이라는 짧은 기간에 적은 비용으로 캠페인을 실행했음에도 불구하고, 이 성과라면 역시 우리가 세웠던 가설 '우리 웹 사이트를 방문했던 사용자는 데이터 분석 관련 콘텐츠에 많은 관심을 갖을 것이다.'가 틀리지 않았음이 확인된 듯합니다."

분석 "그렇군요, 가설이 검증되었다고 하니 잘 되었습니다!"

분석 "잠깐만요, 지아 대리님, 우리는 분명 '핵심만 쉽게 모두의 SQL 데이터 분석 25% 할인 쿠폰' 프로모션만을 진행했는데, 다른 상품들의 상품 조회 이벤트나 장바구니에 추가 수치가 보이는군요."

지아 "네, 맞습니다. 비록 구매로 이어지지는 않았지만 다른 상품들을 조회했고, 장바구니에 추가한 내용들이 확인됩니다. '모두의 SQL'과 '모두의 R 데이터 분석'의 상품 조회 이벤트가 각각 42회, 10회이군요. 즉, 캠페인 기간에 사용자들은 우리가 직접 마케팅 캠페인을 실행한 상품뿐만 아니라 다양한 상품을 조회했는데 특히 '모두의 SQL', '모두의 R 데이터 분석' 상품을 많이 조회한 것도 확인할 수 있습니다."

항목 이름 ▾	+	↓ 상품 조회수	장바구니에 추가	조회 수 대비 장 바구니 추가 비율	전자상거래 구매	조회 수 대비 구매 비율	상품 구매 수량	상품 수익
		147 총계 대비 100%	18 총계 대비 100%	10.61% 평균과 동일	9 총계 대비 100%	7.58% 평균과 동일	9 총계 대비 100%	₩593,479 총계 대비 100%
1	핵쉽 모두의 SQL 데이터 분석 강의 25% 할인 쿠폰	85	16	12.24%	9	10.2%	9	₩593,479
2	모두의 SQL	42	1	9.09%	0	0%	0	₩0
3	모두의 R 데이터 분석	10	1	12.5%	0	0%	0	₩0
4	생활코딩! HTML+CSS+자바스크립트	5	0	0%	0	0%	0	₩0
5	Do it! 데이터 분석을 위한 판다스 입문	2	0	0%	0	0%	0	₩0
6	모두의 인공지능 기초 수학	2	0	0%	0	0%	0	₩0
7	구글 애널리틱스 실전 활용법	1	0	0%	0	0%	0	₩0

그림 8-26 | 직접 캠페인 외 성과 확인

분석 "재미있는 결과군요! 해당 상품들은 처음에 우리 서비스의 현황을 분석할 때도 실적 집계되었던 상품으로 알고 있는데요. 캠페인이 직접 수익에 기여하는 것뿐 아니라, 우리 서비스와 상품을 홍보하는 역할도 할 수 있겠어요! 지아 대리님, 그렇다면 이번 캠페인의 내용을 재검증 차원에서 캠페인을 한 번 더 실행해 보는 것은 어떨까요?"

지아 "재검증 차원에서 말이죠?"

8.4 두 번째 캠페인 준비하기: UTM 설정, 전환 이벤트 설정하기

분석 "네, 두 번째 캠페인에는 우리 서비스 현황 분석의 인사이트와 첫 번째로 진행했던 구글 애즈 캠페인의 성과 분석을 통해 얻은 인사이트를 활용해 보는 것은 어떨까요?"

지아 "좋은 생각입니다. 앞서 서비스 현황 분석에서 확인되었듯이, 우리 웹 사이트를 방문한 사용자의 연령대는 주로 18-44세였습니다. 그리고 자연 검색으로 유입했던 사용자가 다수인 것으로 봐서 유입 목적이 뚜렷했고요. 소셜 검색(Organic Social)을 통해 유입된 고객도 많았습니다."

구글 애즈 캠페인에 대한 반응도 좋은 편이었습니다. 캠페인이 간접 홍보 역할도 하는 것으로 예상되었죠. 이런 인사이트를 얻은 것은 좋은데 우리 웹 사이트에 방문한 고객만을 대상으로 캠페인을 했다는 점은 한계점입니다."

지아 "이런 정황을 감안할 때 우리 서비스에 적합한 사용자가 주로 많이 사용할 것이라고 생각되는 페이스북을 광고 매체로 하여 캠페인을 진행해 보면 어떨까요? 페이스북은 사용자들이 앞서의 분석 결과 특성을 만족하는 데다가, 웹/앱을 아우르면서 인스타그램까지 매체를 확장시킬 수 있는 광고 매체입니다."

분석 "우리 서비스에 흥미를 가졌던 사용자들의 반응이 좋았던 것을 확인했으니, 유사한 특성을 갖는 사용자를 보유한 페이스북에서 캠페인을 실행해 보자는 것이군요? 좋습니다."

지아 "두 번째 테스트 캠페인은 페이스북 캠페인이라고 부르겠습니다. 이번 가설은 '소셜 미디어 사용자들은 우리 상품 콘텐츠에 많은 관심을 가질 것이다.'로 하려 합니다. 또 이번 페이스북 캠페인은 UTM을 사용하겠습니다."

분석 "UTM이라면 캠페인을 정확히 구분해서 성과 분석하기 위한 기능을 말하는 것이지요?"

지아 "네, 맞습니다. 구글 애즈의 경우 GA4와 연계 시 자동으로 광고 정보가 설정되어 분석이 용이했지만, 페이스북 캠페인 같이 같은 GMP 제품이 아닌 경우에는 UTM을 수동으로 설정하는 것이 좋습니다."

분석 "네, 지아 대리님 말대로 페이스북 캠페인은 UTM을 설정해서 실행하도록 합시다."

지아 "네, UTM은 다음과 같이 제작하겠습니다."

1 UTM 제작하기

캠페인 성과를 측정하려면 우리 서비스에 어떤 캠페인을 통해 얼마나 유입되었는지를 구분할 수 있어야 합니다. 이런 구분을 위해 GA4는 UTM을 주로 사용합니다. UTM은 Urchin Tracking Module의 약자로 구글이 인수한 어친 애널리틱스 때부터 사용되어온 캠페인 성과를 측정하기 위한 URL 매개변수 체계를 말합니다. 구글에서는 UTM 제작을 위해 캠페인 URL 빌더라는 도구를 제공합니다.

UTM을 제작하려면 캠페인 URL 빌더(https://ga-dev-tools.web.app/campaign-url-builder)를 직접 입력하거나 구글에서 '캠페인 URL 빌더'로 검색해서 앞서의 주소로 접속합니다.

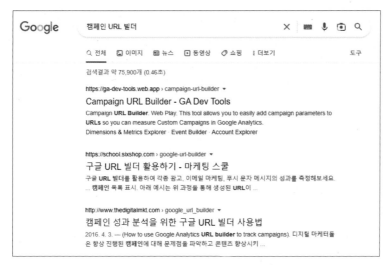

그림 8-27 | 구글에서 '캠페인 URL 빌더' 검색

그러면 다음과 같은 화면이 열립니다. 각 항목에 캠페인에 대한 내용을 입력합니다. 캠페인에 대한 내용은 분석가 또는 마케터가 임의로 정해서 입력할 수 있습니다.

This tool allows you to easily add campaign parameters to URLs so you can measure Custom Campaigns ☑ in Google Analytics.

Enter the website URL and campaign information

Fill out all fields marked with an asterisk (*), and the campaign URL will be generated for you.

① website URL *
https://www.datachef.co.kr/learning_promotion/?idx=3
The full website URL (e.g. https://www.example.com)

② campaign ID
2022091901
The ads campaign id.

③ campaign source *
facebook
The referrer (e.g. google, newsletter)

④ campaign medium *
facebook_feed
Marketing medium (e.g. cpc, banner, email)

⑤ campaign name *
2209_fb_feed_CELE_30_COUPON
Product, promo code, or slogan (e.g. spring_sale) One of campaign name or campaign id are required.

⑥ campaign term
ad
Identify the paid keywords

⑦ campaign content
ad
Use to differentiate ads

그림 8-28 | 캠페인 URL 빌더 화면

페이스북 [campaign name(캠페인 이름)]은 '2209_fb_feed_CELE_30_COUPON'으로(⑤), [campaign source(캠페인 소스)]는 'facebook'으로(③), [campaign medium(캠페인 매체)]은 'facebook_feed'로(④), [campaign content(캠페인 소재)]는 'ad'로 정했습니다(⑦). 책에는 보이지 않지만 [캠페인 소재]는 'ad' 외에 페이스북 게시판 링크 광고를 구분하기 위한 'ref(게시판 링크)'도 입력했습니다.[9]

각 항목에 대한 자세한 설명은 다음과 같습니다. [website URL(웹 사이트 URL)]과(①) [캠페인 소스]는 필수 값입니다.

표 8-3 | 캠페인 URL 빌더 항목 설명

항목(한글)	항목(영문)	설명	예
① 웹 사이트 URL	website URL	이동할(landing) 페이지나 화면	www.ga4.co.kr/ga4
② 캠페인 ID	campaign ID	캠페인 ID, 임의 설정 가능 측정기준: 세션 캠페인 ID	2022093001
③ 캠페인 소스	campaign source	캠페인 출처 측정기준: 소스	google
④ 캠페인 매체	campaign medium	캠페인 광고 방식 측정기준: 매체	cpc
⑤ 캠페인 이름	campaign name	캠페인 이름 측정기준: 세션 캠페인	20220930_campaign
⑥ 캠페인 검색어	campaign term	검색 광고 시 사용되는 검색어 측정기준: 세션 수동 검색어	ga4
⑦ 캠페인 소재	campaign content	캠페인 내용 측정기준: 세션 콘텐츠	ga4_promotion

캠페인 정보를 잘 입력했으면 다음과 같은 캠페인 URL이 생성됩니다.

---

9 [캠페인 소재]를 구분해서 2개의 UTM을 작성했다는 의미입니다. 즉, '직접 캠페인 소재'는 'ad'로, '페이스북 게시판 링크 소재'는 'ref'로 입력해서, 2개의 UTM을 작성해서 캠페인했다고 생각하면 됩니다.

Share the generated campaign URL

Use this URL in any promotional channels you want to be associated with this custom campaign.

generated URL

https://www.datachef.co.kr/learning_promotion/?idx=3&utm_source= facebook&utm_medium=facebook_feed&utm_campaign=2209_fb_fee d_CELE_30_COUPON&utm_id=2022091901&utm_term=ad&utm_cont ent=ad

☐ Set campaign parameters in the fragment portion of the URL (not recommended)

shortened URL

Click shorten link to shorten your generated URL.   SHORTEN LINK

그림 8-29 | 캠페인 URL 생성 및 공유

캠페인 URL이 생성되면 마케터는 생성 캠페인 URL을 캠페인의 콘텐츠에 삽입합니다. 캠페인 URL 구조에서 알 수 있듯이, 캠페인 URL에는 우리가 앞서 입력한 각종 캠페인 정보가 매개변수로 기록되어 있습니다.

UTM의 활용 원리는 다음과 같습니다. 예를 들어 A 사용자가 광고 캠페인 콘텐츠를 클릭하면(여기서는 페이스북 광고), 삽입되어 있는 웹 사이트 URL을 통해 해당 URL로 이동합니다. 동시에 입력된 각종 캠페인 정보(웹 사이트 URL, 캠페인 ID, 캠페인 소스, 캠페인 매체…)가 GA4로 전달됩니다. 그러면 A 사용자에게 캠페인 정보가 꼬리표처럼 붙게 되어서 GA4에 저장됩니다. 분석가나 마케터는 해당 정보를 확인해서 캠페인 성과를 분석합니다.

이처럼 UTM을 사용하면 캠페인에 대한 정보를 체계적으로 관리할 수 있으며, 개별 캠페인의 성과를 측정할 수 있게 됩니다.

다음은 UTM이 적용된 페이스북 캠페인입니다. 해당 콘텐츠를 클릭하게 되면 UTM 정보와 함께 미리 설정한 웹 페이지로 이동합니다.

그림 8-30 | UTM이 적용된 페이스북 캠페인(실제 모습)

"좋습니다. 획득한 인사이트를 조금 더 발전시켜, 페이스북/인스타그램에 캠페인을 진행해 봅시다. 이번에는 할인율을 조금 더 높여서 진행하기로 해요."

"네, 알겠습니다. 페이스북 광고 시안은 다음과 같습니다."

그림 8-31 | 페이스북 캠페인 제작 화면

"그리고 마침 '모두의 SQL' 서적 상품이 1만 권 이상 판매되었다는 소식을 들었습니다. 이 상품과 연계한 내용을 콘텐츠로 담은 캠페인을 실행하면 어떨까요?"

그림 8-32 | 모두의 SQL 1만 권 판매 기념 데이터 분석 강의 할인 캠페인 콘텐츠

분석 "네, 좋은 아이디어입니다! 그럼 페이스북에서 연계 캠페인을 실행해 봅시다."

지아 "아, 최분석 팀장님. 그리고 좋은 소식이 한 가지 더 있습니다. 콘텐츠 운영 관리 업체에서 이번 페이스북 캠페인에 대해, 그들이 제공하는 전용 구매 링크 URL을 통해 접속해서 콘텐츠를 구매하면 커미션을 제공한다는 제안입니다. 우리 회사 입장에서는 이번 제안이 제휴 마케팅의 효과도 테스트해 볼 수 있는 좋은 제안인 것 같은데요. 해당 제안을 받아들여서 제휴 전용 구매 링크 URL을 통해서 사용자가 얼마나 접속하는지 확인해 보면 어떨까요?"

분석 "음… 전자상거래 이벤트 중에 상품 결제 purchase 이벤트가 GA4 '전환 이벤트'로 수집된다는 것은 알고 있습니다. 혹시 전용 구매 링크를 클릭할 때에도 '전환 이벤트'로 수집이 가능한가요?"

지아 "물론입니다. GA4에서 발생하는 이벤트라면 어떤 이벤트도 '전환 이벤트'로 설정할 수 있습니다."

분석 "그럼 전용 구매 링크 버튼 이벤트를 제작해서 '전환 이벤트'로 설정하고, 구매 이벤트인 광고 전환 성과와 함께, 구매 링크 버튼 클릭 이벤트인 제휴 전환 성과가 얼마나 발생했는지도 분석해 볼까요?"

지아 "알겠습니다!"

지아 '구매 링크 버튼 클릭 이벤트를 전환 이벤트로 설정해야겠군.'

2 전환 이벤트 설정하기

구매 링크 버튼 이벤트는 다음과 같이 전환 이벤트로 설정했습니다. 구매 링크 버튼 이벤트는 구매 링크를 누르면 전용 구매 링크 URL로 이동하는 버튼입니다. 전환 이벤트 측정을 위해서는 해당 버튼을 누를 때 'Click – 구매링크 button'이라는 **맞춤 이벤트**가 발동해야 합니다. 맞춤 이벤트는 GTM을 이용해서 제작했습니다.[10]

그림 8-33 | Click – 구매링크 button 이벤트 발동 버튼

---

10 이 책에서 GTM 사용 방법을 다루지 않습니다.

그리고 Click – 구매링크 button 이벤트는 '전환'으로 설정하였습니다.[11] 즉, Click – 구매링크 button 이벤트는 **맞춤 이벤트**이자 **전환 이벤트**입니다.

기존 이벤트					
이벤트 이름 ↑	수	변동률(%)	사용자	변동률(%)	전환으로 표시 ⑦
add_to_cart	51	↑ 24.4%	8	↑ 0.0%	
click	568	↓ 5.5%	219	↓ 13.5%	
Click - All Button	348	↓ 8.2%	65	↓ 9.7%	
Click - All Link	1,649	↓ 18.8%	472	↓ 0.4%	
Click - Book Contents	42	↓ 40.8%	15	↓ 11.8%	
Click - Key Visual Button	0	↓ 100.0%	0	↓ 100.0%	
Click - Share SNS	6	↑ 200.0%	6	↑ 200.0%	
Click - Shop Item	64	↓ 14.7%	30	↓ 31.8%	
Click - 구매링크 Button	2	↓ 75.0%	2	↓ 33.3%	
first_visit	2,545	↓ 6.1%	2,544	↓ 6.0%	
page_view	10,274	↑ 48.7%	2,658	↑ 6.7%	

그림 8-34 | Click – 구매링크 button 이벤트를 전환 이벤트로 설정

8.5 두 번째 캠페인 성과 분석: 페이스북 캠페인 결과 분석하기

1 전자상거래 구매 보고서

애널리틱스 계정	속성 및 앱	보기	
datachef	DATA CHEF – GA4	–	
메뉴 경로	보고서 〉 수익 창출 〉 전자상거래 구매 (Reports 〉 Monetization 〉 Ecommerce purchases)	날짜	2022/09/19 ~ 2022/09/25

---

11 GA4 전환 이벤트 설정 방법은 7.6.5절을 참고하세요.

[두 번째 캠페인 실행으로부터 일주일 뒤]

지아 "자, 그럼 먼저 **전자상거래 구매 보고서**를 통해 페이스북 캠페인의 성과를 확인해 보겠습니다. 전자상거래 구매 보고서는 [수익 창출 > 전자상거래 구매]에서 확인할 수 있습니다."

분석 "네, 앞서 페이스북과 같은 소셜 미디어 광고 매체가 광고 효과가 클 것이라는 가설이 있었지요. 결과가 매우 궁금합니다!"

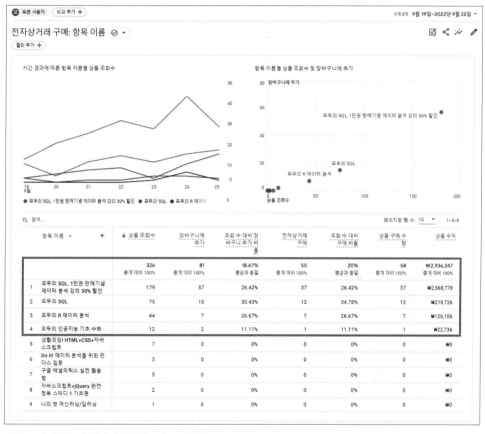

그림 8-35 | 페이스북 캠페인의 전자 상거래 구매 보고서 확인

김지아 대리가 숨을 깊게 들이쉬더니 상기된 표정으로 말했습니다.

지아 "결과를 보고드리겠습니다. '전자상거래 구매 수'는 55건, 총 '상품 수익'은 2,936,347원입니다. 역시 가장 많이 판매된 상품은 2,568,778원의 수익을 낸 '모두의 SQL, 1만 권 판매 기념 데이터 분석 강의 30% 할인'입니다!"

분석 "구글 애즈 캠페인보다 성과가 훨씬 좋군요!"

지아 "네, 그 효과가 같은 기간에 같은 비용을 투입해서 첫 번째로 진행했던 구글 애즈 캠페인에 비해 괄목할 만합니다. 구글 애즈 캠페인은 9건인데 비해 약 4배에 달하는 성과입니다!"

분석 "할인율을 5% 높였다지만, 성과가 너무 좋은걸요? 잠깐만! 자세히 보니 구글 애즈 캠페인 때와 마찬가지로 '모두의 SQL'이나 '모두의 R 데이터 분석' 서적도 많이 판매가 되었네요?"

지아 "그렇습니다. 직접적으로 캠페인을 진행한 상품뿐만 아니라 연관성이 깊은 서적도 같이 판매되었습니다. 직접 판매 대상이 아니었지만, 모두의 SQL 서적 1만 권 판매 기념 콘텐츠 내용이 사용자들에게도 전달된 것 같습니다. 이 말은 고객에게 연관 상품을 노출하면 수익도 증가시킬 수 있다는 의미, 즉 연관 상품 마케팅도 가능하다는 의미 아닐까요?"

분석 "맞습니다. 결과가 그렇게 해석되네요. 직접 광고하지 않은 연관 상품도 약 35만 원의 수익을 올려서 전체의 12%의 매출 비중을 차지하고 있군요. 게다가 상품 '조회 수 대비 장바구니 추가 비율'과 '조회 수 대비 구매 비율'도 상당히 높습니다. 캠페인에 반응한 고객은 해당 상품에 크게 매력을 느꼈던 듯합니다. 페이스북 캠페인에서 우리의 가설이 생각보다도 더 큰 효과가 있는 것으로 증명되었군요. 좋은 인사이트인 것 같습니다!"

2 자유 형식 보고서[12]

애널리틱스 계정	속성 및 앱		보기
datachef	DATA CHEF - GA4		–
메뉴 경로	탐색 〉 자유 형식 (Explore 〉 Free form)	날짜	2022/09/19 ~ 2022/09/25

분석 "지아 대리님, 우리가 이번 페이스북 캠페인을 진행할 때 캠페인을 상세하게 분석하기 위해 UTM을 설정했잖아요? UTM을 통해 이번 캠페인에 대한 상세한 분석도 가능할까요?"

지아 "물론입니다. 상세 분석을 하기 위해서는 GA4 기본 보고서를 활용하는 것도 가능하지만 좀 더 자유롭게 분석하기 위해 [탐색 〉 자유 형식] 보고서를 사용하겠습니다. 먼저 자유 형식 분석을 하기 위해 [변수] 영

---

12 구글에서 GA4 스탠다드 버전의 '탐색 분석' 데이터 조회 기간을 제한하였습니다. 따라서 책에서 예로 든 조회 기간에 데이터는 조회할 수 없기 때문에 이 내용은 참고만 합니다.

역과 [탭 설정] 영역을 설정해야 합니다. 측정기준과 측정항목을 조합해서 보고서를 제작해야 한다는 의미인데요, 다음과 같이 설정했습니다."

지아 "[변수] 영역에서 날짜는 페이스북 캠페인을 진행한 2022년 9월 19일부터 2022년 9월 25일까지 일주일을, [측정기준]에는 '세션 기본 채널 그룹', '세션 캠페인', '세션 수동 광고 콘텐츠'를, [측정항목]에는 '총 수익'과 '세션 수'를 선택했습니다. 그리고 각 항목을 더블 클릭해서 [탭 설정] 영역의 [행]과 [값]으로 설정했습니다."

그림 8-36 | 페이스북 캠페인 자유 형식 분석 제작하기

지아 "이렇게 제작한 자유 형식 보고서의 결과는 다음과 같습니다."

분석 "보고서 항목에 대해 간단하게 설명해 줄 수 있을까요?"

세션 기본 채널 그룹	세션 캠페인	세션 수동 광고 콘텐츠	↓세션수	총 수익
총계			1,279 총계 대비 100.0%	₩2,936,347 총계 대비 100.0%
1 Organic Search	(organic)	(not set)	1,011	₩103,994
2 Direct	(direct)	(not set)	92	₩18,088
3 Organic Social	2209_fb_feed_CELE_30_COUPON	ad	85	₩1,733,539
4 Organic Social	2209_fb_feed_CELE_30_COUPON	ref	47	₩908,789
5 Organic Social	(referral)	(not set)	15	₩0
6 Organic Social	2209_fb_feed_CELE_30_COUPON	ad_2	14	₩0
7 Referral	(referral)	(not set)	12	₩85,968
8 Organic Search	(referral)	(not set)	4	₩0
9 Unassigned	(not set)	(not set)	3	₩85,968

그림 8-37 | 자유 형식 분석 결과

지아 "네, '세션 기본 채널 그룹'은 사용자가 유입한 채널을 말합니다. '세션 캠페인' 항목은 '캠페인 이름' 또는 '매체'가 표현됩니다. 우리가 두 번째로 진행한 페이스북 캠페인은 UTM 제작 시 '캠페인 이름'을 2209_fb_feed_CELE_30_COUPON으로 정했기 때문에 '세션 캠페인' 항목에 2209_fb_feed_CELE_30_COUPON으로 표현됩니다. '캠페인 이름'이 없으면 기본으로 '매체'가 나타납니다. '세션 수동 광고 콘텐츠'는 UTM 제작 시 설정한 '캠페인 콘텐츠'를 의미합니다. 설정이 없다면 (not set)으로 표현됩니다. '세션 수'는 세션 집계를, '총 수익'은 수익의 총합을 말합니다."

분석 "그렇군요. 그럼 보고서 내용을 분석해 주시겠어요?"

지아 "총 수익 2,936,347원 중에 2209_fb_feed_CELE_30_COUPON / ad 캠페인을 통한 직접 광고 수익이 1,733,539원입니다. '세션 수동 광고 콘텐츠'의 ad는 직접 캠페인을 의미합니다. 2209_fb_feed_CELE_30_COUPON / ad 캠페인은 구글 애즈 캠페인보다도 훨씬 높은 성과를 보였습니다. 주목할 만한 것은 2209_fb_feed_CELE_30_COUPON / ref 캠페인입니다. '세션 수동 광고 콘텐츠'의 ref는 페이스북 게시판 링크를 말합니다. 즉, 페이스북 게시판에 올렸던 게시글을 통해서도 908,789원의 총 수익이 발생했습니다. 이는 직접 캠페인의 약 50%에 달하는 수익으로 페이스북 게시물 공유를 통한 수익으로 생각됩니다. 즉, 입소문에 의한 간접 캠페인 수익이라는 것이죠."

분석 "놀랍군요! 직접 캠페인 외에도 입소문으로 수익 창출이 이루어졌단 거군요! 게다가 그 비중이 직접 광고 수익의 50%에 달하다니……"

지아 "맞습니다. 그 외에도 '자연 검색(Organic Search)', '추천(Referral)' 채널에서도 수익이 발생했습니다. 이 말은 디지털 마케팅 캠페인을 실행하면 역시 간접 채널을 통해서도 수익이 창출된다는 의미입니다."

> **분석** "재미있군요. 직접 광고 캠페인이 다른 채널에도 영향을 줘서 간접 광고 수익이 난다라… 좋은 인사이트입니다!"

3 전환 이벤트

애널리틱스 계정	속성 및 앱	보기	
datachef	DATA CHEF - GA4	–	
메뉴 경로	관리 〉 속성 〉 전환수 (Admin 〉 Property 〉 Conversions)	날짜	2022/09/19 ~ 2022/09/25

> **분석** "아, 지아 대리님, 이번 캠페인은 제휴 캠페인도 진행했잖아요? 구매 이벤트 외에 구매 링크 버튼 클릭 이벤트를 '전환 이벤트'로 설정했고요. 구매 링크 버튼 클릭 이벤트 이름은 'Click - 구매링크 Button' 이벤트였던가요? 제휴 전환 성과도 무척 궁금합니다."

> **지아** "네, 맞습니다. 그럼 '전환 이벤트'의 성과도 확인해 보겠습니다. '전환 이벤트'의 성과는 [관리 〉 속성 〉 전환수] 메뉴에서 확인할 수 있습니다."

그림 8-38 | 전환 이벤트 수 확인

> **지아** "전용 구매 링크를 클릭한 'Click - 구매링크 Button' 이벤트 수는 총 13건입니다. purchase(구매) 이벤트가 55건이니까 전체를 합한 68개의 전환 중에 13건이면 약 19%로, 적지 않은 비율을 차지하고 있습니다. 이것은 제휴 전환도 우리 서비스에서 중요한 역할을 할 수 있다는 증거라고 생각됩니다!"[13]

> **분석** "흥미롭군요. 우리 서비스를 다른 플랫폼과 연결해서 시너지를 낸다라……"

---

13 값이 전자상거래 구매 수익과 근소한 오차가 있는데 GA4 내부 계산에 의한 것이므로 감안합니다.

잠시 생각에 잠겼던 최분석 팀장이 침묵을 깨고 말했습니다.

분석 "디지털 마케팅 캠페인과 GA4 분석을 통해 우리 서비스에 대해 많을 것을 알게 되었습니다. 지아 대리님, 우리가 실행했던 디지털 마케팅 캠페인과 분석 내용을 최종 정리해 봅시다!"

8.6 GA4 분석 결론

김지아 대리는 지금까지의 디지털 마케팅 실행 내용과 분석 결과를 다음과 같이 정리해서 최분석 팀장에게 보고했습니다.

표 8-4 | 캠페인 실행 및 분석 결론 요약

구분	번호	실행 및 분석 내용	결과	확인 사실 요약(비고)
서비스 현황 분석	1	인구통계 개요 보고서	– 두 달 동안 약 6.2천 명의 사용자가 우리 웹 사이트를 방문 – 관심사는 Technology/Technophiles, Shoppers/Value Shoppers – 18세에서 44세 사용자가 다수	– 인구통계 정보 확인
	2	기술 개요 보고서	– 사용자들의 사용 플랫폼은 대부분 웹	– 웹을 필수로 하는 광고 플랫폼 활용 필요
	3	사용자 획득 보고서	– 하루에 100명이 넘는 새 사용자, 평균 참여 시간은 53초 – 자연 검색(Organic Search)으로 최대 유입 – 소셜 검색(Organic Social) 유입 많음	– 사용자 규모와 채널/패턴 확인 – 소셜 사용자 다수 확인
	4	서치 콘솔 쿼리 보고서	– '오라클 sql', '타입폼', 'data studio' 최다 유입 검색어 확인	– 사용자들의 데이터 분석 니즈 확인
	5	이벤트 보고서	– 내부 검색어 '온라인 교육', 'IT 온라인 강의', '모두의 SQL' search_term이 많음	– 사용자들의 데이터 분석/교육 니즈 확인
	6	페이지 및 화면 보고서	– '[웹기획가이드] 화면설계서 v1.0' 양식 공유 가장 많이 조회	– 콘텐츠 품질의 중요성을 확인
	7	전자상거래 구매 보고서	– '모두의 R 데이터 분석', '모두의 SQL' 상품의 조회 수 높으며 일부 매출 발생	– 사용자들의 데이터 분석 니즈 확인

○ 계속

구분	번호	실행 및 분석 내용	결과	확인 사실 요약(비고)
	8	유지 보고서	– 5명 중에 1명이 재사용자	– 재방문자 비율이 높음을 확인
첫 번째 캠페인 준비	9	구글 애즈 캠페인 가설	– 구글 애즈 캠페인 실행 – 가설: 우리 웹 사이트를 방문한 사용자는 데이터 분석 관련 콘텐츠에 관심이 많을 것이다.	– 4, 5, 6, 7, 8 서비스 현황 분석 근거
첫 번째 캠페인 성과 분석	10	잠재고객 생성	– '새사용자 and 비구매자' 잠재고객 생성, 최종 2,700명 잠재고객 예상	– 4, 5, 6, 7, 8 서비스 현황 분석 근거
	11	전자상거래 구매 보고서	– 캠페인 상품 조회 85회, 상품 수익 593,479원 – 캠페인 외 다른 상품에 대한 관심도 확인	– 가설 확인, 캠페인 외 상품 홍보 가능성 확인
두 번째 캠페인 준비	12	페이스북 캠페인 가설	– 2209_fb_feed_CELE_30_COUPON 캠페인 실행 – 가설: 소셜 미디어 사용자들은 우리 상품 콘텐츠에 많은 관심을 가질 것이다.	– 1, 2, 3 서비스 현황 분석 + 구글 애즈 캠페인 결과 근거
	13	UTM 설정 / 전환 이벤트 설정	– 페이스북 캠페인에 대해 UTM을 설정, 구매 링크 버튼 이벤트를 전환 이벤트로 설정	– 구분된 성과 측정을 위함
두 번째 캠페인 성과 분석	14	전자상거래 구매 보고서	– 전체 판매 개수 55개, 전체 판매 수익 2,936,347원 – 캠페인 성과만은 판매 개수 37개, 판매 수익 2,568,778원 – '모두의 SQL'이나 '모두의 R 데이터 분석'의 간접 수익은 전체 매출의 12% – 조회 수 대비 장바구니 추가 비율과 조회 수 대비 구매 비율 높음, 연관 상품 판매 높음	– 가설 확인 – 연관 상품 마케팅의 가능성 확인 – 구글 애즈 캠페인의 4배 성과
	15	자유 형식 보고서	– 총 수익 2,936,347원 중에 2209_fb_feed_CELE_30_COUPON / ad 캠페인 총 수익이 1,733,539원 – 2209_fb_feed_CELE_30_COUPON / ref 캠페인 총 수익이 908,789원 – 자연 검색(Organic Search), 추천(Referral) 채널에서도 수익이 발생	– 페이스북 게시물 공유를 통한 50% 수익 발생(입소문) – 다른 채널에서도 간접 수익 발생
	16	전환 이벤트 성과 확인	– 68개의 전환 중에 13개, 약 19%의 제휴 전환 이벤트 발생	– 제휴 전환 성과 확인

지아 "다음과 같이 정리됩니다."

최분석 팀장이 눈빛을 반짝이며 이야기합니다.

분석 "수고했습니다. 지아 대리님. 의미 있는 사실을 많이 발굴했군요! 우리의 디지털 마케팅 실행과 데이터 분석의 목표는 신사업 아이템의 발굴이었지요. 어떻게 해야 할지 막막했던 가운데 GA4의 다양한 기능을 이용해 우리 서비스 현황부터 먼저 파악한 것은 적절한 실행이었습니다."

분석 "서비스 현황 분석 결과로 도출된 인사이트를 바탕으로 '우리 웹 사이트를 방문한 사용자는 데이터 분석 관련 콘텐츠에 관심이 많을 것이다.'라는 가설을 세웠고요. GA4와 연계성이 좋은 구글 애즈로 검증해 본 것이 탁월했습니다."

분석 "실제 캠페인 효과를 검증하기 위해 추가로 페이스북 캠페인을 실행한 것도 적절했습니다. 이를 통해 '소셜 미디어 사용자들은 우리 상품 콘텐츠에 많은 관심을 가질 것이다.'라는 가설을 검증했고 상당한 성과를 확인했습니다. 특히 직접 광고 성과뿐 아니라 게시물 공유, 다른 채널에서의 수익 등 간접 마케팅 효과도 확인되었습니다. 제휴 전환 성과도 확인했죠. 즉, 우리가 실행하고 분석한 내용을 바탕으로 우리의 주요 고객 특성과 광고 채널, 주력 서비스 콘텐츠 상품의 가능성을 확인할 수 있었습니다!"

지아 "맞습니다. GA4는 기본적으로 전자상거래 데이터와 디지털 마케팅 캠페인 분석에 최적화된 분석 도구입니다. 우리의 온라인 사업부의 업무 목적에 딱 들어맞는 도구라고 생각됩니다."

분석 "도구가 아무리 좋아도 업무를 분석하는 사람이 탁월하지 못하면 좋은 결과를 얻기 어렵죠. 그런 면에서 지아 대리님이 이번 업무를 훌륭하게 기획하고 수행했다고 생각합니다."

지아 "과찬이십니다."

분석 "지아 대리님 덕분에 우리 온라인 사업부의 사업 방향성이 좀 더 명쾌하게 정리된 것 같습니다. 이번에 실행하고 분석한 결과를 정리해서 다음 주 경영 회의 때 보고하겠습니다. 당연히 긍정적인 반응일 것이라고 확신합니다. 지아 대리님, 앞으로의 업무도 적극적으로 지원해 줄 수 있을까요? 지아 대리님이 맡아 준다면 향후 업무도 든든할 것 같네요."

지아 "당연하죠. 제 업무인 걸요."

분석 "지아 대리님, 긍정적인 답변 감사합니다. 이번 업무를 계기로 향후에는 우리 온라인 사업부에게도, 그리고 지아 대리님 개인적으로도 크게 의미 있는 일이 있을 거라고 생각합니다."

지아 "팀장님, 그 말씀은…?"

최분석 팀장은 알 듯 모를 듯한 미소로 웃었습니다.

GA 활용과 분석에 대한 이 책의 모든 과정이 마무리되었습니다. 마지막으로 GA를 잘 활용하기 위한 두 가지를 여러분에게 제안하려 합니다.

첫 번째로 제안하는 것은 웹/앱에 대한 이해입니다. GA는 웹/앱의 데이터를 기본으로 동작하는 분석 도구입니다. 데이터 분석, 그중에서도 온라인 데이터 분석 영역은 웹 사이트와 앱의 특성과 구조와 밀접한 관련이 있습니다. 따라서 여러분이 GA 활용과 분석을 잘 하려면 GA 분석 자체뿐만 아니라 기본이 되는 앱과 웹에 대해서도 어느 정도 알아야 합니다. 예를 들어 내가 분석하려는 웹 사이트가 어떤 구조로 되어 있고, 어떤 동작을 하는 모듈이 탑재되어 있으며, 이벤트 매개변수가 어떤 항목을 원천 데이터로 하는지를 알지 못하면, GA 데이터 분석은 엉뚱하게 흘러갈 수 있습니다. 즉, GA 분석에 앞서 내가 분석하려는 대상을 이해하고 있어야 한다는 의미입니다.

두 번째 제안은 GA4와 연계 제품의 활용입니다. 구글은 자사 제품들끼리 연계해서 사용하는 생태계를 오래전부터 구축해 왔고, 많은 기업이 이런 생태계 내에서 비즈니스를 수행하고 있습니다. 이런 생태계, 즉 GMP/GCP 내의 일원인 GA4는 단독 도구로서도 사용할 수도 있지만 여러 제품과 연동하여 확장해서 사용할 수도 있습니다. 이렇게 하면 단독으로 사용할 때보다 훨씬 큰 시너지를 낼 수 있습니다. 따라서 GA4를 기반으로 그 와 관련된 GMP 제품들, 예를 들어 옵티마이즈, GTM, 루커 스튜디오, 빅쿼리 등을 같이 익히는 것을 추천합니다. 특히 빅쿼리는 GA4의 하나의 기능처럼 보이지만, 자유롭게 데이터를 처리하고 분석할 수 있다는 특성상 앞으로 GA4 내에서도, GA4 밖의 환경에서도 매우 중요한 역할을 할 것으로 예상됩니다.

지금까지 우리는 GA의 데이터 수집 방법과 저장 구조, 분석 방법을 학습했습니다. 또한, UA와 GA4의 같은 점을 배우고, 다른 점은 비교하면서 GA 전체에 대한 감을 잡았습니다. GA의 주요한 것들은 모두 경험했다는 의미입니다. 사실 2023년 하반기에 UA의 데이터 수집이 종료되고 갑작스럽게 GA4로 교체된 것은 철저하게 계획된 일이라기보다는 환경 변화가 크게 작용했습니다. 그래서 GA4는 지금 이 순간에도 새로운 개념들과 지표 항목들이 생겨나고 있고, 보고서들이 추가되고 있습니다. 다만 이유야 어찌 되었든 우리는 계속해서 새로운 것을 학습하고 변화에 적응하지 않으면 안 됩니다. 이제 남은 것은 이 책에서 익힌 지식을 기반으로, 제가 제안한 내용에 대해서도 계속해서 지식을 덧붙이고 응용해서 GA4의 진화와 함께 여러분도 발전해 나갈 일뿐입니다.

GA의 중심이 GA4로 넘어가는 시기에 집필된 이 책은 여러모로 고민과 노력을 많이 한 책입니다. 이 책에 정리된 내용이 여러분에게 많은 도움이 되기를 바랍니다. 감사합니다!

찾아보기

영어

MEMO